LA MAUVAISE VIE

DU MÊME AUTEUR

Lettres d'amour en Somalie, Regard, 1985.

Tous désirs confondus, Actes Sud, 1990.

Destins d'étoiles, tomes 1 à 4, P.O.L.-Fixot, 1991-1992.

Monte-Carlo : la légende, Assouline, 1993.

L'Ange bleu : un film de Joseph von Sternberg, Plume, 1995.

Madame Butterfly, Plume, 1995.

Une saison tunisienne, avec Soraya Elyes, Actes Sud, 1995.

Les Aigles foudroyés, France 2 éditions/Robert Laffont, 1997.

Mémoires d'exil, France 2 éditions/Robert Laffont, 1999.

Un jour dans le siècle, Robert Laffont, 2000.

Tunisie entre ciel et terre, Mengès, 2003.

Frédéric Mitterrand

LA MAUVAISE VIE

ROBERT LAFFONT

Pour Misia,
qui ne lira jamais ce livre.

ISBN 2-221-09225-2

Enfance

Il a rangé sa bicyclette dans la courette devant la maison. Il était parti faire un dernier tour en m'attendant et il s'était pressé en voyant arriver la voiture. J'avais acheté la bicyclette quelques semaines plus tôt en prenant un modèle un peu trop grand pour son âge car je voulais qu'il puisse s'en servir lorsqu'il reviendrait pour les grandes vacances ; il s'en était très bien arrangé et je l'apercevais de temps en temps filant à vive allure à travers les terrains vagues de son quartier ; c'était un cadeau qui lui avait fait encore plus plaisir que les ballons de foot et les chaussures de sport. Ensuite, il s'est arrêté un instant devant la cage de l'oiseau qu'il avait attrapé au début de l'été dans les roseaux près de l'oued. Les enfants de là-bas sont très forts pour attraper les oiseaux ; ils s'approchent doucement, très doucement, ils sont presque immobiles, et puis ils les saisissent avec leurs mains d'un geste vif ; après ils les vendent aux oiseleurs du village. Il avait gardé celui-là et il hésitait sans doute à lui rendre sa liberté puisqu'il allait le laisser derrière lui, mais il s'est ravisé et il l'a confié à sa mère ; enfin, c'est ce que j'ai cru comprendre, ils ont leur langue à eux. Il est entré dans la maison et je suis resté sur le seuil avec elle qui essayait de ne pas pleurer. J'ai regardé moi aussi l'oiseau dans sa cage et j'ai pensé au Rosebud de *Citizen Kane*, mais il était désormais beaucoup trop tard pour reculer. Des voisins, d'autres enfants sortaient de partout et me considéraient en silence. C'était un de ces matins de vent de plaine qui découpait les reliefs et faisait scintiller la mer en contrebas, un peu comme le mistral en Provence quand il souffle cette lumière d'argent si particulière. Un autre jour, il serait certainement allé à la plage avec ces gosses qui me fixaient. J'ai entendu un remue-ménage par les fenêtres, certainement ses sœurs qui le serraient dans leurs bras, l'une après l'autre. Quand il est sorti de la maison avec sa petite valise elles le suivaient en versant de grosses larmes. Le père n'était pas là, il aurait préféré que je prenne l'autre frère, celui du milieu qui n'était pas là non plus. Mais on s'était mis d'accord comme ça ; après le frère aîné dix ans plus tôt, j'avais opté pour le petit dernier parce qu'il lui ressemblait et qu'il fallait agir le plus tôt possible pour qu'il ait une meilleure chance de s'adapter. C'était d'ailleurs ce que j'avais affirmé au consul, pour le visa, avec l'exubérance forcée de celui qui se croyait soupçonné. Pour celui du milieu, j'avais dit que l'on verrait plus tard et le père n'avait pas insisté. On n'a rien vu du tout, il est encore sur le carreau, triste et désœuvré, et ses frères réclament constamment que je le fasse venir ; il faudra bien que je m'y résolve un jour. Les voisins étaient de plus en plus nombreux autour de la voiture ; depuis que la nouvelle avait germé dans le quartier les habituels commentaires avaient dû aller bon train, entre convoitise et humiliation ; on disait que c'était au prix de la protection apportée aux parents que j'achetais leurs enfants, on n'allait pas plus loin sur mes intentions mais c'était à un moment comme celui-là que je pouvais sentir peser le plus fort sur moi la rumeur de la combine louche.

À neuf ans, ce sont des gamins qui perçoivent beaucoup de choses ; il a embrassé sa mère furtivement, sans dire un mot, et puis il est monté dans la voiture en s'installant directement sur la banquette avant ; il a baissé la vitre pour mieux regarder sa mère ; il ignorait ses sœurs, les voisins, ses camarades de jeu, il ne regardait que sa mère, de ses grands yeux secs et intenses, seulement sa mère. Elle ne pouvait plus s'empêcher de pleurer mais elle ne disait rien non plus, comme lui. J'ai voulu faire un geste pour la réconforter comme de mettre ma main sur son épaule, mais j'ai senti que ce serait inutile, complètement déplacé ; tout ce qui venait de moi lui était alors insupportable ; je n'ai jamais eu autant la sensation du caractère fusionnel de leur relation que devant cet échange muet au milieu de cet entourage si familier pour eux et dont l'attitude les oppressait davantage. Je n'avais rien d'autre à faire que de ranger sa valise dans le coffre, monter à mon tour dans la voiture, de l'air le plus naturel possible et démarrer en négociant calmement mon demi-tour. J'étais pressé d'en finir ; on ne sait jamais dans ces cas-là, il peut se passer quelque chose d'inattendu qui remette subitement tout en question. Comme je m'engageais enfin dans la descente, il s'est retourné pour la regarder encore et elle a répandu un seau d'eau dans notre direction pour conjurer le mauvais sort et obtenir qu'il revienne comme promis. Ce n'est qu'après, bien après, alors que nous étions déjà sur l'autoroute, qu'il m'a lancé un coup d'œil farouche et plein de méfiance ; le premier depuis que j'avais garé la voiture en face de chez lui pour le prendre. Il s'était laissé emmener sans me voir. À l'aéroport il m'a tout de même donné la main, la foule et l'agitation l'impressionnaient et il était aussi excité à la perspective de prendre l'avion. Ce n'était plus qu'un petit garçon qui ne pouvait compter que sur moi. Je n'en ai retiré aucun sentiment de satisfaction particulier ; je savais qu'il me faudrait beaucoup de temps pour acquérir sa confiance et je n'étais même pas sûr d'y parvenir tout à fait.

Il n'avait pas plus de deux ans la première fois que je l'ai vu. J'accompagnais son grand frère adolescent pour l'une de ces séances éprouvantes où j'expliquais à ses parents devant un verre de Coca-Cola tiède et avec forces mimiques enjouées que tout allait très bien pour lui en France. Salon plus que modeste mais en voie de lente amélioration avec des banquettes, des couvertures et un téléviseur tout neuf en fond sonore, éclairage resté blafard sous l'ampoule suspendue au plafond, des courants d'air, des enfants partout, des visites à chaque instant de voisins venus observer les deux espoirs de la famille, le frère aîné qu'ils avaient laissé partir et moi qui l'avais emmené et pris en charge. Le petit tournait comme une toupie des uns aux autres, pieds et jambes nus, en couche-culotte, assourdissant d'agitation. C'était un bel enfant enrhumé et turbulent encore épargné par cette passivité inquiète de la pauvreté, de la crainte et de l'agglutination générale. Bien dans mon rôle de parrain protecteur et attendri, j'avais envisagé de le prendre sur mes genoux mais il s'était dégagé d'un mouvement rageur et on avait ri comme de juste, moi un peu plus fort que les autres ; je n'étais évidemment rien pour lui.

La deuxième fois, il devait avoir quatre ou cinq ans, et son grand frère l'avait emmené chez moi. Cette maison étrangère l'intimidait, il avait certainement entendu parler de moi mais comme d'une créature venue d'ailleurs, et il ne comprenait rien à mon sabir franco-arabe; il s'agrippait donc à son frère en me jetant des regards inquiets. Sa mère l'avait soigneusement habillé pour l'occasion, peut-être sur l'injonction de l'aîné, et il était le vrai chérubin des cartes postales, celui qui sourit avec un bouquet de jasmin, sauf qu'il ne souriait pas, tendu par l'effort et l'angoisse de la visite. Mes tentatives pour l'apprivoiser échouèrent ce jour-là et il hésita longtemps avant d'accepter avec une sorte de gravité soucieuse l'esquimau glacé que je lui proposai. Au fond, cette défiance me plaisait tout comme l'éclair d'étonnement et d'avidité qui était passé sur son visage lorsque j'avais ouvert le réfrigérateur bien garni. Si l'on peut dire d'un tout petit garçon qu'il a du charme, alors celui-là en avait énormément. En partant, il était d'humeur moins sauvage mais en le voyant gambader près de son frère j'avais senti qu'il était quand même bien content de s'en aller. Il s'est ensuite un peu habitué à moi. Il pouvait me voir en photo sur le nouveau buffet du salon, il entendait de belles histoires à propos de la vie de son frère avec moi en France, il m'apercevait dans la rue lorsque je rendais visite à ses parents durant les vacances. Mais il n'avait aucune raison de venir à moi, je n'étais qu'un adulte et français de surcroît, un vague parent lointain de la famille. Les choses ont vraiment commencé à changer lorsque je lui ai offert son premier ballon. Il avait alors sept ans et jouait interminablement au foot devant chez lui avec les gosses du quartier, comme tous les gosses de tous les quartiers de tous les pays du Sud. Mais il ne possédait que des balles de chiffons effilochés et je pouvais sans peine imaginer qu'il désirait éperdument un vrai ballon de foot comme ceux qu'il voyait dans les matchs à la télévision. Je ne m'étais pas trompé; il s'était illuminé en découvrant le ballon dans le sac de sport que je lui avais tendu et il m'avait regardé dans les yeux joyeusement en me disant merci en français avant de s'enfuir dans la rue avec son trésor qui ferait provisoirement de lui le roi du monde. Mais il y a beaucoup de cailloux sur le sol près de chez lui et il devait sans doute taper trop fort, le ballon n'a pas résisté longtemps. J'en ai acheté un autre, plusieurs autres, il pouvait toujours compter sur moi et il s'enhardissait de plus en plus après chaque crevaison irréparable pour me faire comprendre que son avenir de champion reposait entre mes mains. Un jour où je passais en voiture dans les alentours, je l'ai vu surgir à un feu rouge comme les gamins qui vendaient du jasmin aux touristes ; il m'a tendu un ballon dégonflé avec une mine désolée ; sa mère m'a dit plus tard qu'il me guettait depuis plusieurs jours et qu'il demandait si je reviendrais les voir avant de retourner en France. Je leur avais déjà rendu visite plus fréquemment que d'habitude, il me restait peu de temps avant mon départ et la perspective d'une autre languissante réunion familiale ne m'attirait guère, mais je ne voulais pas non plus le laisser derrière moi avec sa pauvre baudruche inutilisable. Je suis donc repassé chez lui, sur le chemin de l'aéroport, en apportant le modèle indestructible que j'avais réussi à dénicher et qui coûtait une petite fortune. Et là, pour la première fois, il n'a plus voulu me quitter jusqu'à ce que je m'en aille ; quand j'ai regagné ma voiture, ils sont tous rentrés dans la maison, tandis qu'il restait sur le pas de la porte à me fixer, immobile et attentif, son ballon qualité « agrément-professionnel-fédération-française » sous le bras. Je me suis fait plein d'idées ; il voulait me dire merci autrement qu'en affrontant la barrière de la langue, il venait de prendre conscience qu'il ne me reverrait pas avant plusieurs mois et il en était triste, il mesurait soudain avec étonnement que le semi-inconnu que j'étais ne lui avait jamais manqué pour un problème crucial auquel les autres adultes ne s'étaient pas intéressés. Il ne pensait peut-être à rien de tout cela mais le fait est que j'ai gardé l'image du petit garçon au ballon se détachant sur le seuil de sa maison dans une rue déserte et qui me suivait des yeux sans bouger jusqu'à ce que je disparaisse dans des volutes de poussière ocre. L'idée de le prendre avec moi est sans doute née de cet instant et de cette image qui s'était gravée aussi profondément qu'un souvenir de ma propre enfance ; je l'ai chassée assez vite cependant car c'était une autre de ces idées folles qui m'assaillent à chaque fois que je rencontre un enfant perdu au cours de mes voyages ; et puis ce n'était pas un enfant perdu mais un enfant avec une famille, une vie bien enracinée, heureux et protégé ; restait l'image qui ne me quittait pas.

Je ne sais plus au juste ni quand ni comment la décision a été prise. Je mentirais bien sûr si je niais que c'est moi en définitive qui ai donné mon accord et si je refusais d'admettre que je l'ai fait avec joie et espoir ; je serais également très malhonnête si je contestais le fait d'avoir résolument préféré le petit à celui du milieu quand il m'est apparu à peu près certain que l'un des fils viendrait me rejoindre en plus de celui qui était déjà avec moi. Pourtant, malgré les apparences, je ne me suis livré à aucune manipulation particulière pour parvenir à ce résultat. Je me contentais très bien de penser que j'avais gagné l'affection d'un petit garçon auquel je m'attachais de plus en plus et il me suffisait encore de savoir que je continuerais à lui prodiguer mon aide à distance jusqu'à ce qu'il devienne adulte. Je ne doute pas qu'on puisse frémir à l'aveu d'une faiblesse aussi étrange mais il était loin, je le voyais peu et je n'envisageais pas sérieusement que cette situation pût changer, je ne souhaitais pas lui faire courir le risque de souffrir d'une manière ou d'une autre de mon excès d'investissement personnel. Je n'avais certes pas complètement effacé le fantasme de l'avoir plus complètement pour moi, mais ce n'était précisément qu'un fantasme dont l'expérience vécue avec son frère aîné m'avait révélé la vanité et les dangers. Il me semble d'ailleurs que c'est lui qui a commencé à en parler le premier à ses parents et il est plus que probable qu'ils avaient évoqué entre eux l'éventualité de me confier un fils après l'autre ; c'était pour eux l'exact contraire d'un abandon, la chance d'un avenir meilleur pour chacun des garçons et pour le bloc monolithique de toute la famille. La mère souffrait le plus devant cette perspective mais elle était aussi la plus déterminée ; la dureté de sa propre vie l'incitait à rééditer la transaction qui faisait loucher d'envie les voisins car elle avait sauvé, à ses yeux, son aîné du sort malheureux des autres garçons du quartier. Elle avait aussi confiance en moi et ses fils étaient le prolongement d'elle-même. J'ai d'ailleurs résisté assez longtemps ; malgré toute la tendresse que je ressentais pour lui, son fils aîné ne m'avait pas rendu la vie facile et j'avais ressenti de plein fouet les désordres de son adolescence ; la perspective d'être confronté à une nouvelle expérience du même ordre ne m'attirait aucunement et je voyais se profiler à nouveau le cauchemar des papiers et des visas, les contraintes d'organisation, les montagnes de dépenses de temps et d'argent qui aliéneraient encore un peu plus ma liberté. Les efforts, la fatigue la suspicion générale. En revanche, la responsabilité ne me faisait pas peur, j'avais aimé m'occuper de mon fils et j'avais bien assumé le frère aîné, j'avais le pli des rhumes et des profs, des petits et des gros chagrins, et j'avais même la certitude que je commettrais moins de fautes. Je me demandais parfois si je serais capable de me donner tant de mal pour une petite fille. Les garçons touchaient évidemment à quelque chose de plus intime et de plus ambigu – quoique...

L'été de ses huit ans, il a pris l'habitude de venir régulièrement à la maison. Je l'emmenais se baigner, je le bombardais de cadeaux, je lui achetais des vêtements, des chaussures ; l'entreprise de corruption était à l'œuvre sans même que j'en aie pleinement conscience. Pourtant, il prenait tout ce que je lui donnais sans remerciements excessifs et il demandait très peu. Lorsqu'il désirait vraiment quelque chose il me le faisait comprendre nettement, sans flatteries. Changer de monde n'entamait ni sa réserve ni sa pudeur ; il m'était impossible de connaître l'idée qu'il se faisait de moi et s'il lui arrivait parfois de m'embrasser il ne s'agissait que d'une sorte de formalité ; chez lui les petits embrassent les adultes, les visiteurs, les autres, comme un signe d'allégeance coutumier destiné à leur assurer un peu de tranquillité ; rien à voir avec la manière dont il se lovait contre sa mère ni avec l'abandon et la tendresse qu'il manifestait à son frère. Il avait exploré tous les recoins de la maison où la surabondance de livres, de gravures et de bibelots lui semblait extraordinaire et il pouvait s'amuser longtemps tout seul si j'étais occupé ; à vrai dire, je l'étais rarement quand il venait me voir. Il m'enchantait par sa curiosité, son allant, sa voix curieusement rauque et je ne me lassais pas de le voir arpenter la terrasse, pieds nus et corps gracile coiffé d'un chapeau de paille trop grand pour lui, tout à ses découvertes et à ses pensées secrètes. La langue n'était pas une difficulté, nous avions fait l'un et l'autre quelques progrès et nous nous comprenions très bien dans cette atmosphère de jeux et de vacances. En fait, je me laissais entraîner avec bonheur dans son enfance de petit garçon aventureux et séducteur. C'était une situation étrange ; la maison était pleine d'amis comme chaque année, je menais une vie sociale active, je ne dormais pas toujours seul, mais la seule chose que j'attendais vraiment c'était les visites imprévisibles d'un petit garçon du pays à la voix rauque et aux rêves mystérieux. Quand je le raccompagnais chez lui le soir, après chacune de ses visites, il ne cachait pas son plaisir de traverser le village en voiture tandis que je me demandais anxieusement s'il reviendrait, une inquiétude que je prenais soin de lui cacher ; au retour, je m'interrogeais sur mes symptômes, sur la place de plus en plus grande qu'il prenait insensiblement dans ma vie ; et quand il n'était pas là, je ne l'oubliais pas, oh non, je ne l'oubliais pas du tout. Un de ces soirs-là, alors que nous étions bloqués par le trafic, une femme entre deux âges m'a apostrophé violemment en s'approchant de la voiture ; elle me demandait avec une ironie cinglante si j'étais content d'avoir un petit garçon si mignon à côté de moi sur la banquette et si nous, les étrangers, les touristes, n'avions pas honte de salir les enfants sans défense de son pays. Sous la violence de son attaque, je lui ai bredouillé qu'elle se trompait : je m'occupais de lui comme si c'était mon fils et je le ramenais dans sa famille. Mon explication n'a pas désarmé sa hargne ; ce n'était pas surprenant puisque la situation était à peu près inexplicable. Elle a donc continué en s'adressant au petit dans sa langue et il lui a répondu très calmement. Je ne comprenais pas ce qu'ils se disaient mais j'ai deviné qu'elle lui ordonnait de descendre de la voiture et qu'il refusait toujours sur le même ton tranquille ; elle s'est quand même un peu calmée sans cesser de me considérer avec méfiance et j'ai pu heureusement repartir sans m'empêtrer dans une nouvelle série de justifications confuses; l'incident m'a frappé, sans doute bien plus que l'enfant qui s'était mis à chantonner en actionnant les vitres électriques comme s'il ne s'était rien passé. Il est revenu deux ou trois jours plus tard et lorsque je l'ai à nouveau raccompagné j'ai remarqué qu'il observait l'endroit où la femme m'avait agressé; il semblait soulagé qu'elle ne fût plus là.

Quand il était à la maison, il appelait souvent sa mère au téléphone; il gardait sa photo sur lui dans un petit portefeuille où il avait également rangé une de mes cartes de visite qu'il m'avait dérobée, seul larcin que je lui ai connu alors qu'il aurait pu en commettre beaucoup d'autres. Et, comme je le prenais en photo, il insistait toujours pour qu'il y ait un tirage pour elle. En revanche, je ne voyais pas de trace de son père. Comme nos échanges verbaux restaient néanmoins limités je n'en tirais pas de conclusions précises. Il en avait peur peut-être; j'avais constaté qu'il détestait les éclats de voix, les mouvements brusques des adultes alors qu'il ne rechignait pas à se disputer et même à se battre avec les gamins qui se baignaient avec lui sur les rochers. Son grand frère semblait occuper plus ou moins la place paternelle, mais cet été-là on ne l'a pas beaucoup vu à la maison, il avait passé son permis de conduire et il menait la vie essentiellement nomade et nocturne des jeunes gens de son âge.

J'évitais de parler de la France au petit mais son frère et sa famille lui en parlaient certainement pour moi, là-haut, dans leur salon blafard où ils restaient les uns sur les autres sans pouvoir s'enfuir. Et puis il ne serait jamais venu si souvent chez moi sans l'assentiment de sa mère. Il avait dit à son frère qu'il le suivrait au bout du monde s'il le lui demandait, c'était une phrase qu'il avait dû entendre dans une chanson ou bien que son frère avait inventée pour voir l'effet qu'elle me ferait. Il avait aussi confié au cuisinier médusé qu'il irait bientôt à l'école à Paris ; toujours selon ses dires j'avais promis à ses parents que je m'occuperais bien de lui pour qu'il devienne instruit et riche ; quand il serait grand, il s'achèterait une grosse voiture et construirait une belle maison pour sa mère où elle pourrait se reposer en regardant la télévision. En somme, une variante enfantine du programme habituel que les petites gouapes de son quartier tentaient de mettre en œuvre en agrippant les touristes étrangers, sans exclusive d'âge ou de sexe. À huit ans, l'avenir et l'ailleurs n'ont pas de contours ; je tenais surtout à protéger notre présent et pour le bout du monde ma maison à l'extrémité du village faisait très bien l'affaire. Solidaire des siens et naturellement secret, il restait prudent au milieu de toutes ces intrigues qui le dépassaient et il en retirait sans doute un sentiment d'importance personnelle qui le démarquait déjà de ses copains de foot. Il ne me disait rien des projets qu'on élaborait pour lui parce que j'étais le premier intéressé et qu'il ne fallait pas brusquer cet étranger qu'il n'aimait pas encore. Cependant, je sentais bien qu'on se rapprochait de l'échéance. À la fin de l'été, je promis que j'allais réfléchir et je le quittai le cœur serré. Mais c'était fait, je n'avais plus qu'à revenir pour le charmer.

Il a été très malheureux à Paris les premiers temps. Comment avais-je pu penser qu'il en serait autrement ? Il était tellement perdu, ce n'était pas seulement la langue, rien ou presque ne ressemblait à ce qu'il avait connu ; l'appartement était trop petit, la rue inamicale et dangereuse, les horaires trop stricts, le climat triste et rigoureux, ma famille inconnue et bruyante, les autres enfants indifférents et inaccessibles. Une directrice

compréhensive avait accepté de le prendre dans son établissement, où des institutrices bienveillantes animaient
des classes spéciales pour les jeunes étrangers mais il
était incapable de suivre car en fait il n'était quasiment
jamais allé à l'école. Sans son cadre habituel, ses
repères, ses camarades, sa mère lui manquait affreusement; je lui avais montré comment lui téléphoner et il
l'appelait à tout instant; elle ne le soutenait pas car elle
pleurait à l'autre bout de la ligne; à contrecœur j'ai dû
mettre le holà; il a continué à lui téléphoner en cachette
dès que j'avais le dos tourné. J'avais engagé une dame
marocaine pour s'occuper de lui en attendant que je
rentre le soir et durant mes absences. C'était une personne excellente, intelligente et douce, qui avait eu des
enfants et qui pouvait lui parler dans sa langue; elle
l'aima aussitôt avec le fond d'inépuisable bonté et
d'asservissement que les femmes arabes réservent aux
petits garçons mais il se figurait qu'elle avait l'intention
de remplacer sa mère et il se montra tout de suite cruellement hostile envers elle, refusant de marcher à ses
côtés quand elle allait le chercher à l'école, et lui parlant
comme à une ennemie. Elle en avait les larmes aux
yeux quand elle repartait chez elle, mais elle lui pardon-
nait et ne se plaignait jamais de son attitude. Il retrouvait la même indulgence dont sa mère l'avait entouré et,
loin de l'apaiser, cette ressemblance augmentait son animosité et le rendait encore plus méfiant et désagréable.
Il pleurait souvent, pissait la nuit dans son lit, refusait la
nourriture qu'on lui préparait. Sa mère lui ayant coupé
les cheveux ras avant son départ il avait l'air morose et
sombre des petits lanceurs de pierres en Palestine et je
m'attendais sans cesse à des crises de révolte et de rage
qui ne venaient pas; sa détresse l'avait enfoncé bien plus
loin que la colère et il ne lui restait plus que les larmes,

le repliement et le silence; dans cet enfant apeuré et sans défense qui ne m'adressait presque plus la parole je ne retrouvais pas le petit garçon fier et indépendant qui savait si bien me faire comprendre ce qu'il attendait de moi; je souffrais de le voir souffrir, j'étais bourrelé de remords et de plus en plus inquiet. Son frère tentait de conjurer la catastrophe en venant le voir à la maison; en sa présence il reprenait alors un peu de son ancien entrain et se lançait dans de longs récits sur sa misère. J'entendais la petite voix rauque qui débitait ses griefs mais je me gardais bien d'intervenir; de toute façon c'étaient des moments où je n'existais pas pour lui. Son frère était réticent à me traduire le détail de ses plaintes et ce n'était pas vraiment nécessaire, je mesurais la gravité de la situation et j'étais déjà suffisamment crucifié comme ça. Lui-même n'y pouvait pas grand-chose, il essayait de réconforter le petit en l'écoutant mais il n'allait pas plus loin; j'avais résolu pour lui bien des difficultés, il pensait que je saurais guérir cette blessure après les siennes; à vingt ans et sans réelle expérience de la vie il continuait à mener l'existence chaotique de bien des garçons de son âge; filles, boîtes et escapades; il disparaissait des jours durant sans que j'arrive à le joindre. En ce temps-là je ne pouvais pas compter sur son aide. Je craignais même que l'enfant fût entraîné par ce désordre et se retrouve encore plus désorienté qu'il ne l'était. Je n'avais donc pas d'illusion à me faire, toute sa famille s'était déchargée sur moi; au fond, c'était ce que j'avais voulu, réellement, je ne pouvais plus reculer, je n'avais qu'à me débrouiller.

J'avais profondément changé ma manière de vivre pour accueillir le petit, renonçant à mes sorties et à la plupart de mes loisirs, modifiant mes horaires pour travailler autrement et encore plus afin d'être près de lui autant que possible et de faire face à des dépenses importantes car je voulais qu'il ne manque de rien. Je m'y étais résolu d'un cœur relativement léger, le plus dur pour moi étant finalement de me lever très tôt comme les écoliers ; je lui avais aménagé une chambre pour lui seul, acheté des vêtements et toutes sortes de choses qui pourraient lui faire plaisir ; un transistor, une Game Boy ou un autre vélo à n'utiliser que sur les trottoirs ; je l'avais inscrit à un club de foot, j'avais veillé à ce que la dame l'emmène au bois ou au cinéma le mercredi, j'avais accompli toutes sortes de démarches très ennuyeuses et signé des montagnes de paperasses, visites médicales, assurances, certificats divers. J'avais affronté les règlements administratifs, les airs surpris, les malveillances. Compte tenu du choc de l'arrachement à son milieu d'origine et des risques que j'avais pris pour lui, je voulais lui assurer les meilleures chances de s'adapter en veillant au moindre détail. Mais ni le sentiment de culpabilité pour avoir joué avec une vie innocente qui n'était pas la mienne, ni la peur de faire du mal à un petit être désarmé, et pas non plus les vagues d'angoisse insupportable qui m'arrachaient au sommeil ne pouvaient m'inciter à laisser tomber et à le renvoyer dans son pays. Il me semble aujourd'hui que je ne me suis jamais occupé de quelqu'un comme je me suis occupé de lui.

Cependant, il continuait à refuser. Il s'enfermait dans la salle de bains à double tour quand il faisait sa toilette comme une réponse bien réfléchie à la femme qui m'avait agressé, et j'en étais bêtement mortifié. Il insistait pour que j'achète des cadeaux à sa mère que je ne savais pas comment lui faire parvenir et s'il m'arrivait de dire non, il me faisait les cornes de la malédiction avec ses mains en maugréant dans sa langue. Malgré toutes mes tentatives pour lui confectionner des petits déjeuners à son goût il persistait à rester devant son bol sans se nourrir. À l'école, on se plaignait de lui, il perturbait la classe, se battait à la récréation et se déshabillait devant des petites saintes-nitouches qui allaient le raconter à leurs parents. On me convoqua pour me prévenir qu'on ne souhaitait pas le garder ; je plaidai tant et si bien que j'obtins un sursis mais l'alerte avait été chaude. La douce Marocaine commençait à se décourager et me regardait avec commisération. Il faisait néanmoins des progrès rapides en français et il m'obéissait en général sans résister ; je remarquais qu'il était content que je l'emmène en scooter à l'école le matin, que je lui fasse faire du cheval à la campagne et que nous allions dans les grands magasins où il sautait de rayon en rayon comme le petit voleur qu'il n'était pas. Il téléphonait moins souvent à sa mère et, lorsque ma famille ou des amis nous voyaient ensemble, ils étaient surpris de me sentir inquiet ; l'enfant qui se comportait d'une manière si distante à leur égard ne me lâchait pas d'une semelle et anticipait mes mouvements comme s'il avait peur que je ne l'abandonne. Je sentais qu'il était partagé, d'un côté il s'attachait à moi faute d'avoir quelqu'un d'autre à qui se raccrocher et de l'autre il s'enfermait dans un monde à lui où il me repoussait en attendant impatiemment les prochaines vacances qui lui permettraient de s'échapper ; ce conflit l'écrasait et je ne savais pas comment il se résoudrait.

Un soir où j'étais particulièrement anxieux et fatigué, je me suis mis en colère, criant très fort et tapant du poing sur la table avec véhémence ; je n'en pouvais plus ; toute la tension accumulée s'épanchait d'un seul coup, je lui reprochai ses méchancetés et je lui rappelai en même temps tout ce que j'avais fait pour lui ; ce n'était peut-être pas très loyal puisqu'il n'avait personnellement rien demandé et que c'était surtout à moi que j'aurais dû m'en prendre mais enfin j'évitais aussi d'user de la menace de le ramener dans sa famille, ce qui aurait été une forme de chantage encore plus malhonnête ; il était terrifié et dans ses yeux je lisais qu'il s'attendait à ce que je le batte. Au lieu de quoi, regrettant de m'être emporté, je me suis réfugié dans ma chambre sans pouvoir contrôler des larmes qui devaient m'attendre depuis le temps où j'avais eu son âge. Peu après, alors que j'étais assis à mon bureau, pétrifié par la violence de ma réaction, je l'ai senti approcher derrière mon dos ; il n'avait plus peur et il m'observait silencieusement avec cet air tranquille que je ne lui avais plus connu depuis son arrivée en France ; je lui ai demandé de me laisser seul et il est allé se coucher toujours sans rien dire. Le lendemain, je n'avais pas envie de lui parler, mais il a pris son petit déjeuner normalement et il a voulu mettre en marche le scooter luimême ; en arrivant à l'école, chose qui n'était jamais survenue, il m'a embrassé brusquement avant de s'éclipser en riant. Des filles l'appelaient gaiement et je me suis aperçu qu'il était finalement plus populaire que je ne l'avais imaginé. À la fin de la journée, comme je rentrais à la maison, j'ai entendu de la musique arabe et des éclats de rire. La dame marocaine avait mis un disque et il dansait devant elle comme un petit chaouch, avec le fez et la djellaba des Marocains ; des cadeaux qu'elle lui avait faits et qu'il n'avait jamais regardés. Il m'a expliqué avec enthousiasme qu'il s'entraînait pour une fête qu'on donnerait bientôt à son école, puis il m'a raconté les Pokémons et il m'a demandé s'il pourrait inviter le petit Coréen qui était devenu son meilleur ami. Il était intarissable et je ne l'avais jamais vu aussi gai, ni là-bas, ni ici bien sûr. Le seul moment d'inquiétude, ce fut au moment de se coucher, quand il m'a demandé si j'allais ressortir; je l'ai rassuré mais il a voulu que je laisse la porte de sa chambre ouverte, pour la lumière et pour être bien sûr que je resterais là. Il venait enfin d'arriver chez lui et d'ouvrir ses bagages. Après, c'est toute une autre histoire, il la racontera peut-être un jour.

Malgré les années écoulées, la porte reste ouverte pour la lumière et il ne s'endort que s'il sait que je suis là. Il est très rare que je ressorte après qu'il s'est endormi et tout le temps que je passe dehors je ne suis pas tranquille. Je l'ai trouvé plusieurs fois les yeux grands ouverts dans la semi-obscurité, à m'attendre. Il s'était réveillé. Avant de me coucher, je m'assure que tout va bien, je le regarde un instant dans son sommeil, j'écoute son souffle régulier. Il grandit vite. Je pense qu'il s'habituera bientôt à dormir la porte fermée et sans le rai de lumière. Lorsque ma grand-mère est morte, il y a six ans, j'ai eu le sentiment que je ne m'en consolerais jamais; elle était très âgée et j'avais eu la chance de pouvoir la garder bien plus longtemps que cela n'arrive; l'enfant est venu peu après sa mort; il ne sait rien d'elle; pourtant je voudrais être pour lui ce que ma grand-mère fut pour moi.

Litanie

Ceux que j'ai croisés et que je n'ai pas oubliés. Ce fut parfois l'affaire d'un instant ou de quelques jours tout au plus, et depuis ils n'ont pas cessé de m'accompagner sans le savoir. Certains n'ont même pas remarqué ma présence, d'autres ont échangé quelques mots avec moi sans imaginer l'effet qu'ils me faisaient, quelques-uns ont senti quelque chose et ont poursuivi leur chemin sans y attacher d'importance. Ils m'ont tous laissé un éclair qui ne s'éteint pas, un sentiment violent de perte et de nostalgie, un désir en rêve qui flambe encore. Il ne s'est jamais rien passé d'ouvertement sensuel et aucun d'entre eux n'est vraiment devenu mon meilleur ami non plus ; ni geste ni glissement vers une camaraderie durable un tant soit peu fervente ou simplement banale. Seulement des flashes qui se sont imprimés pour toujours. Il m'arrive d'en oublier, mais ils ne sont jamais très loin et même les plus cachés reviennent à l'improviste un jour ou l'autre ; il suffit d'une de ces brèves rencontres sans parole et sans espoir que je fais encore si souvent pour qu'ils passent à nouveau comme une brise sur la mer intérieure des regrets et du manque ; chaque inconnu désirable me fait reconnaître quelqu'un d'autre, plusieurs autres. Les premières fois, j'étais si jeune ; j'ai vécu ces moments dans une grande confusion pleine d'ardeur, d'élan et d'inquiétude mais je ne comprenais pas la raison de mon émotion ni vers quoi pouvait m'emmener sa force extraordinaire. Je n'ai deviné la vérité que lentement, très lentement, un peu plus à chaque fois ; et par bribes puisqu'il m'était impossible d'envisager nettement le sort inexplicable et mystérieux qui s'appesantissait sur moi ; je n'avais alors personne à qui me confier et je ne disposais d'aucun repère ; les caricatures que j'apercevais çà et là étaient effrayantes. Dès le début, j'ai instinctivement choisi le secret, la clandestinité a suivi avec la peur, l'exaltation avec la honte. On ne s'évade pas d'une prison pareille ; il y a des étrangers qui me poursuivront toute ma vie ; ce sont mes complices involontaires, parfois je les sens plus proches que mes proches et je pense à eux avec une précision qui ne me surprend plus.

Enfance. J'ai six ou sept ans. Un ami de mon frère aîné retire sa culotte de cheval dans la salle de bains. Je lui avoue que j'ai menti à mon père à propos de mon carnet de notes. Il me regarde en souriant mi-compréhensif et mi-gêné par cet aveu que je n'ai révélé à personne d'autre. Il me dénoncera peu après suscitant une avalanche de catastrophes. Blond, avec déjà des poils sur les jambes ; j'ai interrogé mon frère il y a quelque temps, il ne se souvient pas de lui et je ne l'ai jamais revu. Peu après, en neuvième au petit lycée Janson, un camarade de classe vietnamien, je l'invite à la maison pour le jeudi, je lui montre le chemin à la sortie pour être bien sûr qu'il ne se perdra pas, c'est tout près, c'est tout simple. Je l'attends tout un après-midi, le cœur battant ; il n'est jamais venu ; jaune, bridé, cheveux noirs très poli; il me dit que ses parents n'ont pas voulu, j'ai de la peine et je n'insiste pas. Ensuite, c'est vague, je ne sais pas ce qu'il est devenu. À la même période, un petit blond, habillé à l'anglaise avec une casquette ronde et un short de flanelle, très gai, très souriant; il me demande en sortant de classe, sous les marronniers de l'avenue Henri-Martin, si l'on peut devenir amis. Il a une mère très sympathique et je dis oui bien sûr. Ils meurent l'un et l'autre quelques jours plus tard dans un accident de voiture dont on reparlera jusqu'aux vacances. En huitième, le voyou de la classe, celui qui embête les filles et tire les meilleurs buts au foot; il ne m'adresse pas la parole jusqu'à ce que je m'accuse d'une faute qu'il n'a pas commise, malgré le scepticisme hargneux de la prof qui affiche un plaisir sadique à le brimer; début d'une relation passionnée, il me prend sous sa protection, je suis son fidèle lieutenant, je parle de haut aux lécheuses de cul du premier rang et je cours après le ballon aussi mal qu'un autre, mes résultats sont en chute libre, peu importe, nous sommes collés ensemble et il en profite pour me montrer des numéros de *Paris-Hollywood* avec des starlettes en bikini. L'air d'un gosse des rues, les cheveux noirs en tignasse bouclée, le regard et la peau sombres, toujours dépenaillé comme si le corps agile et mince sortait de partout; adresse inconnue, il ne parle jamais de ses parents, un chauffeur à la limousine noire avec plaque CD vient le chercher parfois à la sortie, le vagabond doit être fils de diplomate et ce mystère m'excite encore plus. Mais, très vite, la prof assouvit sa vengeance en le faisant renvoyer, je suis doublement malheureux de le voir partir et de constater qu'il s'en fiche; il promet quand même de m'écrire et il m'envoie une carte postale bourrée de fautes avec des loups dans la neige où il est question d'un pensionnat en Suisse où il fait du ski avec plein de filles ; je réponds par un serment d'amitié éternelle, puis je ne vois plus rien venir. La même année, un peu plus tard, un gosse de riches dont le père travaille dans le pétrole ; il m'a pris en grippe et me tape dessus selon ses humeurs ; je le déteste officiellement mais je rêve en secret d'être plus ou moins son esclave ; les traits fins, la peau blanche, des vêtements impeccables de chez Manby, on raconte que son père le frappe à coups de ceinture lorsqu'il rapporte de mauvaises notes. Je commets l'erreur de me plaindre de lui à mon autre frère qui l'attrape à la sortie en menaçant de lui casser la figure. Ce n'est plus qu'un petit garçon apeuré et je souffre de son humiliation ; on devient amis sur ces nouvelles bases et il m'invite chez lui dans un immense appartement sombre et triste, sa mère est une grande femme aux cheveux gris, distante et sèche, et je pense qu'il ne doit pas avoir la belle vie tous les jours malgré son train électrique géant et sa collection de raquettes de tennis. Mais c'est la fin de l'année scolaire, les vacances nous séparent et je suis déjà certain que l'administration aveugle et sans cœur du lycée s'ingéniera à nous mettre dans des classes différentes pour l'an prochain. C'est ce qui se passe, on ne rappellera jamais assez le chagrin de ces ruptures imposées par des anonymes à des enfants impuissants et fragiles. Je l'ai croisé dans la rue il n'y a pas si longtemps, je l'ai reconnu tout de suite, très beau, très chic, une femme élégante à son bras et je n'ai pas osé me faire connaître près de cinquante ans plus tard. Je suis aussi tombé récemment sur sa mère dans un restaurant, elle devait être très âgée, mais elle avait peu changé ; cette fois, j'ai pris mon courage à deux mains, je me suis présenté et je lui ai demandé des nouvelles de son fils ; elle a fixé son regard bleu acier derrière mon épaule, elle m'a répondu qu'il allait très bien merci, comme on chasse une mouche d'un coup d'éventail ; elle avait l'air furieux, des brouilles d'héritage sans doute ou des griefs plus anciens. J'ai lu quelque part qu'il a repris les affaires de pétrole de son père. Il doit jouer au golf et partir en vacances avec ses enfants à La Baule ou en Corse ; seul le hasard pourrait nous remettre en présence. D'un autre genre et toujours en huitième, le chouchou de l'aumônerie, l'angelot qui rafle toutes les premières places et sur qui rejaillit le prestige supplémentaire d'être le petit-fils du directeur du lycée, un gentil vieux monsieur à col cassé et chapeau de feutre noir ; la prof, décidément sournoise, en est folle, elle le cite tout le temps en exemple ; moi je suis fasciné par ses fossettes, ses oreilles un peu décollées, ses genoux écorchés ; je ne l'intéresse pas du tout, il ne se préoccupe que de sa sœur jumelle, une timide un brin pleurnicharde qui a du mal à suivre. À la distribution des prix où il reçoit un tombereau de livres à reliure rouge et or, j'éprouve un sentiment de panique à la perspective de le perdre ; encore ce mal de la séparation finale qui est mon unique récompense ; je rêve qu'il y a un incendie, un typhon, une bombe atomique lâchés sur la cérémonie des bons élèves pour lui montrer ce dont je suis vraiment capable en le sauvant in extremis, il m'en garderait certainement une reconnaissance perpétuelle ; mais rien n'arrive, il reste de marbre et passe devant moi en me remerciant très poliment d'avoir consolé sa sœur qui n'a rien obtenu. Je l'avais fait pour me rapprocher de lui mais ce sont des ruses qui ne marchent pas souvent. Aujourd'hui sur la photo de classe, il me paraît bien fade mais dès que je ferme les yeux je revois quelqu'un d'autre.

Ce ne sont pas les seuls. Je voudrais tous les noter ceux que j'ai côtoyés durant des mois en les ignorant et qui se sont révélés soudain par un regard, un sourire, une phrase que nous avons échangée par hasard, et ceux qui n'ont laissé qu'une empreinte si légère que je pensais quand même les avoir oubliés. Il y en a peut-être aussi qui se souviennent de moi comme je me souviens d'eux, ils ne me l'ont jamais fait savoir ; je les inscris sur ma liste comme on jette une bouteille à la mer. Jean par exemple ; nous écoutons le disque de *Toi le venin* pendant des heures, il me parle de Marina Vlady qui lui paraît si belle et je regarde la photo de Robert Hossein sur la pochette ; il est un peu plus âgé que moi, très fin, très amusant, il me raconte que je ferai bientôt comme lui des cartes de géographie sur les draps et que c'est normal, ça arrive à tous les garçons, les parents comprennent, il ne faut pas en avoir honte. Je n'ose pas lui demander de me les montrer. On se raccompagne au métro, on devient de plus en plus copains, ce n'est pas la même chose, malgré la confiance je me replie sur mes petits secrets. Je ne sais plus comment on s'est perdus de vue. Presque à chaque fois que je passe par Auteuil, je fais un détour dans sa rue et je lève la tête devant la fenêtre du premier étage d'où nous sifflions *Le Pont de la rivière Kwaï* en nous moquant des passants. Guillaume de T., gracile et gai, la mèche dans l'œil, si candide que je pose pour lui au grand expert de la vie, si dévoué que je le voudrais tout le temps avec moi ; avec cet ascendant que j'ai pris sur lui nous vivons dans une sorte d'éther et nous faisons des plans pour nous inscrire aux louveteaux ; on ira en forêt, on fera des feux de camp, on dormira sous la tente, je le soignerai s'il est blessé. Un autre cruel transfert de classe nous sépare sans recours. J'ai appris tout récemment qu'il dirigeait un grand journal de province, j'ai noté le numéro de téléphone, j'avais une furieuse envie d'appeler et je ne l'ai pas fait. Il me semble que nous nous retrouverons un jour ou l'autre. Patrick dont la mère est morte et que son père oblige à dîner avec des femmes qui ont mauvais genre ; elles ont hâte que le gosse aille se coucher ; il aimerait que je vienne avec lui pour les vacances en Catalogne, on y danse la sardane en se tenant par le cou ; il est si perdu qu'il vient dormir quelquefois à la maison, je le trouve très beau et on se déshabille dans le noir ; une fois au gymnase, il me montre qu'il commence à avoir des poils, il n'est pas plus heureux pour autant et je rougis jusqu'aux oreilles. Son père le flanque en pension à la fin de l'année. Son pote François avec qui je ne m'entends pas mais qui a un petit corps de singe, vif et nerveux ; il meurt brusquement au troisième trimestre, on ne saura jamais de quoi. Georges qui me persécute avec sadisme et me coince dans les toilettes, pour me montrer sa bite, l'arrivée d'un pion interrompt la démonstration ; il est devenu agent immobilier et je suis tombé sur lui en cherchant un appartement ; très gentil, très poli, il se rappelait le bon vieux temps sans préciser ; je n'ai pas eu envie de reprendre l'expérience là où elle s'était interrompue. Gérard, le meilleur joueur de foot de la classe ; blond, taciturne, un peu voûté avec de longues jambes toujours couvertes de boue et d'égratignures, mi-souffrant mi-athlète ; il me trouve nul mais il me prend toujours dans son équipe ; on ne se parle pas beaucoup, j'ai beaucoup de mal à améliorer mon jeu et ce n'est pas le gars à faire des compliments injustifiés ; il me dit un jour en regardant ailleurs qu'il a un cousin pédé ; le cousin a essayé de l'embrasser, il trouve ça dégueulasse, je prends l'air désolé pour lui et j'essaye d'imaginer l'affreux cousin ;

mais il ajoute aussi, en se tournant brusquement vers moi et en me mettant la main sur l'épaule, qu'avec moi s'il m'embrassait ce ne serait pas pareil, ce serait presque comme avec une fille; il est vrai que je suis le plus jeune de la classe et que certains d'entre eux tournent déjà aux petits mâles. C'était sans doute des mots en l'air, à moins qu'il ait cherché à m'éprouver. Il ne met pas son projet à exécution et il me laisse tomber en disant partout que je ne comprendrai décidément jamais rien au foot; je me sens triste et humilié mais je renonce à me venger, même si je suis sûr au fond qu'il s'est laissé embrasser par son cousin. Et puis François qui fait le malin en me caressant les cheveux dans le noir quand le prof montre les diapos des pyramides d'Égypte. Jacques dont les yeux pleurent à la piscine et à qui j'apporte les mouchoirs parfumés que je subtilise à ma mère. Raoul, le blond solitaire arrivé de Nouvelle-Calédonie et dont le corps sec et musclé ressemble à celui d'*Alix l'Intrépide*; je le retrouverai quelques années plus tard en compagnie d'un type plus âgé qui n'était certainement pas seulement son parrain; Bernard, un autre blond au sourire mélancolique toujours flanqué d'un pion huileux qui lui donne des cours particuliers; Luc, le petit Luc à qui je raconte les films de Vadim que je n'ai pas vus; Hervé le rigolo qui passera bien avant moi de l'autre côté; David le ténébreux, attirant comme les comploteurs olivâtres sur les dessins racistes de *Tintin au pays de l'or noir*, d'autres encore...

J'ai dans les douze ans maintenant. Un jeune Tahitien amené en France par un type de l'immeuble avec qui on sympathise depuis longtemps dans l'ascenseur. On le trouve mignon, moi je le trouve sauvage; il jette des marrons sur les voitures depuis le sixième étage et se tient mal à table. Mais j'ai échappé aux orphelins hongrois que ma mère parlait d'adopter après le drame de Budapest et devenir le copain parisien de l'enfant des îles me semble un compromis acceptable. On regarde la télévision qui vient d'arriver, on va faire du vélo au Bois. Il est très marrant, le corps souple et l'âme fantasque et il me raconte Tahiti avec un accent chantant qui me paraît délicieux; il me dit qu'il ne faut pas se fier aux filles, elles sont toutes comme sa mère, elles abandonnent leurs enfants à des étrangers qui les emmènent loin de chez eux; il y a un mystère entre son faux papa et lui, mais il l'aime bien et il n'a pas l'air d'en avoir peur. Les adultes disent qu'il a beaucoup de chance; il ne sera plus pauvre, il pourra faire de bonnes études; en revanche, mes frères ricanent quand ils croisent son protecteur, un grand et bel homme qui ressemble à Jean Marais, manteau cintré en poil de chameau, reflets blonds et Chevrolet décapotable; je m'attache à mon Mowgli et je sens bien que c'est réciproque. Un jour, il déclare qu'il ne veut plus retourner au sixième étage et qu'il préfère rester avec moi pour toute la vie; je ne suis pas contre mais Jean Marais surgit, l'air furieux, et l'emporte avec lui; il repart un peu plus tard dans sa vraie famille à Tahiti sans avoir eu le temps de devenir méchant comme le nègre Zamor. Le hasard m'a remis en présence de son protecteur, tout récemment, en Thaïlande; il ne ressemblait plus à Jean Marais, mais il avait encore de l'allure; j'ai reparlé du petit Tahitien; il m'a confié qu'il venait de mourir d'un cancer; il avait les larmes aux yeux et j'ai compris qu'il n'avait jamais cessé de s'en occuper et qu'il l'avait sans doute aimé autant qu'un fils. Il m'a montré des photos; on voyait un homme d'une cinquantaine d'années avec une femme et des enfants dans un décor tropical. Je ne l'ai pas reconnu.

Il y a même un affreux, tout gros, tout moche, qui me colle à la récréation. Il a des stylos en or, il fait du ski en Autriche, ses parents sont très riches mais personne ne s'intéresse à lui. Il m'invite plusieurs fois, l'ascenseur entre directement dans l'appartement et sa mère fait mon éducation artistique en me montrant les tableaux de maîtres sur les murs. Je suis surpris, elle est très belle, comment a-t-elle pu mettre au monde un monstre pareil qui louche et qui transpire. Il lui déclare que je suis son meilleur ami avec un grand sourire béat qui découvre son appareil dentaire. Je suis tout de même flatté et il me fait aussi un peu pitié. Je pourrais facilement en faire mon jouet ; il est prêt à tout pour que je continue à le voir. Au fait, il n'est pas bête, il lit toutes sortes de livres et il sait beaucoup de choses. Ses parents partent pour l'Amérique et l'emmènent avec eux. Sa gentillesse, son affection me manquent bien plus que je ne l'aurais imaginé et je suis désolé d'apprendre qu'il ne reviendra pas. Je l'ai retrouvé il y a quelques années dans un magazine de décoration américain consacré aux beaux appartements de New York. Il n'y avait pas de doute ; c'était bien le même nom. Devant une baie vitrée ouvrant sur Central Park, un type superbe, mince, bronzé, une barbe soignée et des lunettes élégantes ; l'avocat du big business comme on le voit dans les téléfilms ; tout ce qui était horrible avant devait être encore là ; mais affiné, recomposé par le temps, méconnaissable ; l'article évoquait des liaisons célèbres, une réputation de play-boy à qui aucune femme ne résiste. J'ai eu envie de lui écrire mais je me suis ravisé. Il n'avait sans doute pas de très bons souvenirs de sa jeunesse et je me sentais un peu coupable de ne pas lui avoir montré assez d'affection. On ne saurait être trop regardant, rien ne se passe comme prévu.

À Évian, pendant les grandes vacances, ça ne marche pas pareil, les familles reprennent le contrôle de leurs enfants. À la plage, en balade, dans les villas, il y a toujours des mères qui occupent la place et qu'il faut amadouer, toutes sortes de parents et de cousins envahissants à qui on n'a rien à dire et qu'on ne reverra sans doute jamais. La météo et des visages inconnus décident du programme des invitations et des sorties, ces brouillons de petites aventures remplacent la routine initiatique de la classe et la promiscuité libératrice du lycée où l'on vit entre nous. Tout est imprévisible, incertain, décevant, je suis encore plus aux aguets et j'hésite à sortir trop souvent du territoire de la maison et du jardin; moi aussi, le giron familial m'a récupéré. Et cependant il y passe des hommes. L'un de mes oncles est un journaliste sportif réputé dans le circuit des courses automobiles, il connaît tous les grands pilotes, ils viennent fréquemment à la maison; jeunes, beaux, sympathiques; ils parlent anglais pour la plupart et je comprends à peine ce qu'ils disent; ils sont aussi entourés d'une aura de romantisme car ils risquent leur vie au volant de leurs caisses d'enfer; on ne sait pas s'ils reviendront.

Il paraît que c'est aussi pour cela qu'ils ont beaucoup de succès auprès des femmes; enfin, c'est ce que mon oncle me raconte. Phil Hill n'a pas trente ans, les cheveux blonds coupés ras, un sourire éclatant de pirate de cinéma; il est de taille moyenne mais incroyablement baraqué, ses bras musclés jaillissent comme des jambons de son tee-shirt rouge. Dans le salon de ma grand-mère au milieu des meubles anciens et des bibelots, il me fait penser à Godzilla perdu dans les rues vermoulues de Tokyo. Un Godzilla très gentil, timide et doux, comme souvent les champions, je le constaterai plus tard

lorsque je cesserai d'être un garçon paralysé d'ignorance et d'admiration muette devant la virilité des sportifs. Je ne sais pas ce qu'est devenu Phil Hill, je crains
qu'il ne se soit tué dans une course au début des années
soixante. À moins qu'il n'ait un boulot terne d'ancien
champion pour une firme automobile. Le seul Hill dont
on parle encore c'est Graham, un Britannique à moustaches qui ne souriait pas aux petits garçons. Stirling
Moss est aussi un homme fait, chauve et a priori peu
bavard, avec la brutalité sourde et les manières policées
que l'on prête aux Anglais dans les histoires de la guerre
de Cent Ans. Mais il dégage une impression de maîtrise
et de force qui ne tarde pas à me subjuguer; il aime les
enfants et se montre très amical avec moi, il corrige les
phrases que j'ânonne dans sa langue et il m'emmène à
la plage en Ferrari; du bout des doigts, il conduit très
lentement, je sens le fauve prêt à bondir. Sur la luge du
grand toboggan qui a disparu aujourd'hui et où j'ai
affreusement le vertige, il me place entre ses jambes et
me serre de ses bras dans la descente; j'entends une
sorte de cri rauque à mon oreille quand la luge entre
brusquement au contact de l'eau; on recommence plusieurs fois jusqu'à ce qu'il juge que je peux désormais
me débrouiller tout seul; au retour il m'achète une
glace et me tapote cordialement sur la tête comme si je
venais de remporter les 24 Heures du Mans. Je l'ai revu
quelquefois à la télévision dans les émissions où l'on
interroge les vieux pilotes; un monsieur âgé, très chic
sur fond de gazon et de manoir en brique. Jim Clark,
Jean Behra, Jacky Stewart qui débute; à la maison on
est à cent lieues d'imaginer les vraies raisons pour lesquelles je m'intéresse autant aux courses automobiles.

Je rejoins aussi de temps en temps une petite bande
qui séjourne dans un chalet au bord du lac. Après le

déjeuner, sur injonction des parents, le rite sacro-saint de la digestion nous enferme dans une sorte de hangar à bateaux qui sert de salle de jeux ; j'ai l'âge du milieu et il y a un petit rouquin sentimental qui n'est pas plus porté que moi sur les plaisanteries salées des grands à propos des filles et les virées au golf miniature avec les petits. Quand on se baigne, il est un peu tard et l'eau du lac est froide. Je nage mieux que lui et il se fatigue vite, on reste longtemps tous les deux sur le radeau pendant que les autres retournent dans le hangar. Il vit à Lyon et il est dans la même classe que moi ; gai et narquois, curieux de tout, le gosse dont les parents disent avec un soupçon de méfiance qu'il est plus mûr que son âge ; les siens justement ont divorcé et il ajoute dans un souffle que sa mère va se remarier ; ce sont des confidences qui pèsent lourd et scellent un début d'amitié. Quand on ressort de l'eau on claque des dents, on a la chair de poule, le maillot colle, on se frotte très fort avec les serviettes en riant, on se change sans se regarder, la lumière s'allume dans le hangar. Ma mère qui n'aime pas Évian dit que c'est la rive du Léman orientée au nord, il n'y a pas assez de soleil, la côte suisse est plus chaude, plus agréable et même la vue sur les montagnes y est plus belle. C'est vrai que les chalets du bord du lac sont humides et qu'ils deviennent vite sombres. Nous, on en profite pour s'aventurer dans le parc où les platanes commencent déjà à perdre leurs feuilles. On se raconte des histoires de Bob Morane, on s'en invente d'autres ; avec ce lac qui est grand comme la mer et la frontière au milieu il y a de quoi imaginer des scénarios ; tempêtes, naufrages, contrebandiers, villas mystérieuses, avec lui c'est aussi bien que d'habitude, il y en a toujours un pour sauver l'autre. On aime aussi beaucoup les couvertures des livres, Bob Morane est très beau, il ressemble au prince Éric, en plus moderne. Sa mère n'apprécie pas que nous fassions bande à part, elle sort du chalet toujours trop tôt pour me dire qu'il est temps de rentrer, on doit certainement s'inquiéter chez moi. Il me fait de grands gestes d'adieu sur la route quand je m'éloigne en vélo. Une visite dans ce genre, il y en aura deux ou trois fois cet été-là, pas plus hélas. Il est probable que le rouquin me réclame, ça doit agacer sa mère. L'usage des invitations à rendre m'est tout de même favorable. Un certain après-midi, la petite bande vient me retrouver dans le jardin de ma grand-mère. Les autres plongent dans la piscine mais nous on grimpe dans un sapin pour se construire une cabane ; on a trouvé des caisses, des planches, de la toile de sac, c'est tout un travail de les hisser dans les branches, et c'est une telle joie aussi de se retrouver et de monter ensemble notre maison dans l'arbre ; il est bien plus agile que dans l'eau, mes maladresses, ma peur de tomber le font rire ; la situation s'est inversée, c'est lui maintenant le plus fort ; un partout, nous sommes des égaux, nous devrions être frères. J'irai lui rendre visite à Lyon, il viendra à Paris, on se reverra l'été prochain, on ne se quittera plus. On sait bien que ça ne se passe jamais comme ça, mais à ce moment-là, dans notre sapin, on est quand même les rois du monde. Il a plu la veille, certaines branches sont glissantes, il fait une fausse manœuvre et se retrouve sur le sol détrempé où il reste inerte. Je l'appelle de toutes mes forces, je descends comme je peux, il ne bouge toujours pas, quand je m'approche enfin de lui, mon cœur battant à se rompre, il se relève en riant ; il ne s'est pas fait mal, il n'a rien du tout, il voulait seulement voir la tête que je ferais ; elle est livide, décomposée, ma tête, j'ai bel et bien marché et il regrette soudain sa mauvaise farce ; on reste un moment face à face sans se parler, la tension est venue brutalement et on va peut-être se battre; il sent bien que je suis furieux contre lui et que j'ai envie de pleurer en même temps; il est de plus en plus triste et il me redit qu'il est désolé. Et puis il a eu peur, ce fut une sacrée chute malgré tout. Tant pis pour la cabane qui n'est pas terminée, nous n'y monterons plus. Il a déchiré complètement son pantalon, il est couvert de boue et ça me donne quand même envie de rire. La tendresse doit avoir besoin de ce genre de brouilles, après elle est encore plus forte. Il faut réparer les dégâts, je lui prêterai un pantalon, des vêtements propres.

En ce temps-là, Berthe travaille à la maison. C'est une jeune Corse très belle fille et gentille comme tout. Alors que nous allions en excursion à la montagne quelques jours plus tôt, un ami de ma mère qui s'était débrouillé pour nous avancer en voiture lui a fait du gringue sans se gêner; elle riait poliment mais je voyais bien qu'elle avait honte pour moi et qu'elle se fichait de ce vieux vicelard; un copain de mes frères aussi en était fou, il fait le tour par les toits pour la surprendre dans sa chambre. C'est un cœur pur, elle aime Marino Marini et me confie qu'elle fréquente un Algérien qui veut l'épouser, à la grande fureur de ses parents. Berthe prend les choses en main quand elle nous découvre dans la lingerie; cet enfant est sale, on ne peut pas le rendre à sa mère dans cet état, elle lui fait couler un bain et le met de force dans la baignoire; je les entends rire derrière la porte de la salle de bains, je suis un peu jaloux, je ne résiste pas à l'envie d'entrer. Elle lui shampouine les cheveux, il a la tête entre ses gros seins sous la blouse, il garde les yeux fermés pour éviter la mousse qui pique et il ronronne de plaisir; je suis venu sans faire de bruit, ils ne font pas attention à moi, c'est la première fois que je le vois vraiment tout nu ; je regarde son joli corps blanc de petit rouquin et je voudrais plonger moi aussi dans la baignoire pour qu'elle nous savonne tous les deux ensemble avec ses beaux bras forts, son rire clair et gai. Ce n'est qu'un instant avant qu'ils ne remarquent ma présence, mais un instant de bonheur intense qui dure encore. On le laisse se sécher et s'habiller tout seul. On avait oublié les autres, ils sont sortis de la piscine et ils veulent rentrer chez eux, la mère vient les chercher. Le petit rouquin porte un de mes shorts et un de mes chandails, Berthe a mis le pantalon déchiré et les affaires sales dans un sac en plastique ; la mère dit qu'elle aurait au moins pu les laver. On se quitte tristement, très vite, sous le poids de l'autre monde, celui qui morigène les enfants et parle mal aux domestiques ; on ne se reverra plus, la fin des vacances est pour bientôt. Je lui écris un peu pendant l'année et il me répond avec des cartes qu'il signe « Poil de carotte ». Quand reviennent les vacances, j'arrive à Évian à la fin du mois de juillet seulement. Je cours à vélo au chalet au bord du lac. Tout est fermé. À travers la grille, je ne vois que des branches mortes et des herbes folles sur la pelouse. Une dame m'observe depuis une maison de l'autre côté de la route, elle me fait signe d'approcher, elle a l'air pressée de me raconter son histoire ; il y a eu un drame affreux au troisième jour des vacances, un jeune garçon s'est noyé dans le lac, on ne fait jamais assez attention, un gosse très gentil, vous le connaissiez peut-être, oui c'est bien cela, un petit roux, excusez-moi, je suis désolée, je ne savais pas, ils sont tous partis, mon petit rouquin, pleurez, pleurez, ça fait du bien, vous ne voulez pas que j'appelle chez vous, le radeau, la cabane, Berthe, pauvres enfants, mon petit rouquin d'amour.

Berthe ne travaille plus à la maison. L'Algérien l'a quittée, ses parents ont refusé de la revoir, elle a trouvé un emploi dans un magasin à Albertville, puis un autre ; elle ne répondra pas à mes lettres, j'ai perdu sa trace. Je suis seul devant un été sinistre avec mon petit rouquin caché dans mon cœur, débordant de chagrin. Il y est encore, gai, narquois, souriant comme au premier jour, mais c'est incroyable, j'ai beau chercher, je ne me souviens pas de son nom.

À partir de la rentrée de cette année-là, tout ne se passe plus seulement au lycée. Mes parcours sont soumis à des horaires précis et limités au périmètre réduit du XVI\ :sup: doré, autour de Janson, mais il y a de timides possibilités d'évasion le jeudi et le dimanche ; les invitations des copains de classe, le bois de Boulogne, la patinoire Molitor, les cinémas des Champs-Élysées. Ce domaine bien rangé, ces déplacements sagement ordonnés ne laissent pas beaucoup de place à l'exploration sociale et à l'aventure amoureuse, pourtant je devine qu'elles marchent ensemble, j'ai toujours été attentif aux surprises de la rue. Il flotte par exemple une atmosphère intrigante sur l'avenue Montespan apparemment si tranquille ; c'est une sorte de voie privée bordée de petits hôtels particuliers que j'emprunte en revenant du lycée, et on raconte en classe que l'un des discrets pavillons aux volets constamment clos abrite un bordel ; ce genre d'établissement n'existe plus et il doit plutôt s'agir d'une maison de rendez-vous mais enfin je n'ai pas encore l'âge pour saisir la différence et le fantasme est suffisamment éloquent pour alimenter les discussions entre nous ; on voit entrer et sortir des femmes fardées, des hommes sans regard, et on sonne rituellement à la porte avant de s'enfuir à toutes jambes. C'est dans ce passage déjà très attirant que je tombe brusquement sur un ouvrier débraillé, chemise ouverte sur un torse mouillé de sueur qui chante à tue-tête en plein soleil pour des comparses rigolards des « lolos à Bridgida ». Gina est très célèbre ; on m'a traîné à *Fanfan la Tulipe*, j'ai trouvé Gérard Philipe fade et ennuyeux, en revanche la belle Italienne m'a tout à fait conquis ; elle susurre aussi « bonjour Paris », avec une aigrette sur la tête, un décolleté vertigineux et un délicieux accent, au public de *La Joie de vivre*, l'émission d'Henri Spade qui donne à tout le monde l'envie d'avoir la télévision, et puis il y a ce nom invraisemblable qui colle à ses appas et déclenche les fous rires de toute la classe. « Bonbons, caramels, esquimaux, chocolats. Tétez les lolos à Bridgida », je n'ai jamais retrouvé la chanson, peut-être qu'il l'a inventée, mais ce qui est sûr c'est qu'il la chante avec une énergie sexuelle épouvantable. Il frappe en cadence sur le capot d'une voiture, les autres se marrent de plus belle, je ne sais pas où il les emmène mais j'ai une folle envie d'y aller moi aussi. Je le dépasse en rentrant la tête dans les épaules et juste après je traîne pour continuer à l'écouter et l'observer en cachette. C'est totalement nouveau pour moi, très vulgaire et très excitant, cet homme dont je n'ai pas osé regarder vraiment le visage, qui est peut-être ivre, mais dont le corps tendu et la voix syncopée m'aspirent comme un formidable aimant. Un type du Sud en tout cas, tellement chaud, emporté par un rêve si violent et mystérieux. Un autre jour, à l'entrée de la même petite avenue qui ne paye décidément pas de mine mais qui m'intéresse de plus en plus, sous l'affiche des *Dix Commandements*, où le pharaon Yul Brynner, tout en muscles cuivrés et regard de braise, dévore le panneau et moi avec, trois ouvriers encore boivent de la bière dans une baraque de chantier dont la porte est restée ouverte ; le même souffle de chaleur revient me lanciner, attisé par le secret de la baraque où j'aperçois aussi des vêtements d'homme accrochés sur les parois et d'où fusent des rires, des paroles incompréhensibles; ce sont des Maghrébins à demi nus dont les muscles luisent en clair-obscur. On ne parle que des Arabes qui égorgent les petits Français en Algérie mais quelque chose de bien plus fort que la peur me pousse vers le trou noir de la baraque. La journée de travail s'achève, je suis sûr qu'ils sont gentils et pourquoi ne seraient-ils pas contents de ma visite? L'un d'entre eux passe la tête au-dehors et il s'aperçoit que je l'observe; jeune, la peau mate, les cheveux sombres et en broussaille, les traits marqués, exactement le genre dont j'entends dire chez le marchand de journaux en bas de la maison « ils ont tout de même une sale gueule »; il me sourit, il a les yeux noirs et une dent en or sur le devant, et je ne trouve pas du tout qu'il ait une sale gueule; pourtant, quelque chose le gêne sans doute dans le petit garçon qui se tient immobile sur le trottoir et qui continue à regarder en faisant maladroitement semblant de ne pas regarder. Il passe une chemise, la boutonne lentement et me sourit encore; mais ce n'est pas exactement le même sourire, j'ai l'impression qu'il me transperce et, quand il me fait un clin d'œil, pour le coup j'ai un peu peur; enfin je ne sais pas ce qu'il veut me dire et pas non plus ce que je dois faire. Ses camarades l'appellent, il disparaît à l'intérieur, évidemment je n'entre pas, je n'ai pas encore l'âge d'une telle révolution. Le lendemain, la baraque n'est plus visible, on a fermé le chantier avec une palissade, mais au-dessus il y a toujours le pharaon Yul Brynner; même si c'est encore bien confus dans ma tête c'est comme une prophétie, la tentation arabe est en marche. Quelques jours plus tard, je vais voir *Les Dix Commandements* au cinéma avec mes frères, je n'ai d'yeux que pour le pharaon dont l'image se superpose à celle de l'ouvrier au seuil de la baraque et j'en parle tellement au retour dans l'autobus que mes frères en sont tout étonnés. Je comprends qu'il y a des choses qu'il faut garder pour soi.

En ce temps-là, justement, ma mère s'installe au Maroc avec mon beau-père. Je sens que leur mariage bat de l'aile, ce qui m'attriste. Le séjour exotique ne devrait donc pas durer longtemps mais quand même assez pour que nous allions la rejoindre, mes frères et moi, pour les vacances de Pâques. Et là, bien sûr, ça recommence, bien que ça n'arrive plus du tout comme à Paris. Le Maroc vient d'accéder à l'indépendance et les Français, plus que jamais, vivent entre eux dans une sorte d'aquarium d'où ils ne voient pas les Arabes, hormis leurs domestiques ou ceux qui leur ressemblent, une élite fortunée qui gravite autour du roi. Avec le temps printanier, on se met en short, on va de tennis en piscine, on se rend à des clubs de plage très contrôlés où l'on se méfie des coups de soleil pour ne pas devenir comme eux, les autres. Atmosphère propice à l'expansion des corps qui est déjà troublante. Mais l'absence des Arabes est intenable, moins on les considère et plus ils nous frôlent ; ils occupent les conversations, alimentent les angoisses au-delà d'une frontière impalpable que l'on n'arrête pas de longer. Chez nous, il y a sans doute moins de malveillance que dans la plupart des familles qui ont toujours vécu au cœur de l'arrogance coloniale et qui se braquent aigrement contre l'érosion de leurs privilèges. On fait néanmoins comme tous les Français, c'est l'état normal dans un monde strictement cloisonné. Moi je viens d'ailleurs et je ne vais certainement pas rester beaucoup ; la sensualité diffuse de la rue arabe, les terrasses de café où il n'y a que des hommes, les gosses qui jouent au foot sur des terrains vagues poussiéreux, les cireurs de chaussures et les petits métiers qui s'agrippent aux étrangers, la musique même qui appelle à la radio, tout m'attire immanquablement. Et d'autant plus que c'est interdit même si on ne le précise jamais nettement. Je suis aussi trop jeune pour poser des questions, et je navigue comme jamais dans le brouillard et le vague à l'âme, collé à la vitre de la voiture qui dépasse des jeunes traînant sur les trottoirs ou remontant vers le port et la mer.

De brefs contacts quand même. À Mazagan, un petit Laouled qui fait le guide, dans les douze ans comme moi, mais bien plus dégourdi grâce à la misère qui permet aux enfants de ne pas aller à l'école. Mignon comme tout, déluré juste ce qu'il faut pour plaire. Les belles amies de ma mère voudraient lui acheter des vêtements comme on joue à la poupée, elles n'osent pas dire quel dommage qu'ils grandissent mais il ne faut pas être très malin pour deviner qu'elles le pensent. Le gamin connaît les règles du jeu, il sait que le temps lui est compté, nous ne visiterons pas éternellement les remparts portugais et dans deux ou trois ans de toute façon pour lui ce sera déjà trop tard. Il force sur le charme, la tchatche de ses explications touristiques approximatives les fait fondre. Je suis à la fois jaloux et subjugué; il est le roi du jour et je voudrais qu'il ne s'intéresse qu'à moi; mais il m'a jaugé d'un coup d'œil et il repart vers les dames; c'est elles qu'il travaille. Je ne sais plus ce qu'elles lui ont laissé. Les moches, teigneux, bigleux, édentés, parmi l'essaim de gosses qui nous ont assaillis, demandaient de quoi s'acheter des cahiers et des crayons, pieux mensonge auquel on m'a expliqué qu'il ne fallait pas croire, mais lui, le préféré qui les a chassés rageusement à coup de menaces obscures, il a

45

dû obtenir bien plus sans s'embarrasser de prétextes inutiles. Cela fait longtemps que Mazagan a retrouvé son nom d'El Jadida et toute grâce envolée il doit être bien vieux maintenant, là-bas ça vient plus tôt qu'ici ; à moins qu'il ne soit mort. Comme les garçons sur la digue, au port de Casablanca, qui plongent en caleçon troué entre des rafiots rouillés, remontent le long des chaînes comme des couleuvres et font jouer leurs muscles en dansant d'un pied sur l'autre, avec des cris et des rires de sauvages, apparemment indifférents au jeune Français qu'ils ont pourtant bien remarqué et qui a demandé qu'on s'arrête pour acheter une glace au bout du quai. Abruti par le soleil qu'il a dans l'œil, l'angoisse de faire des taches sur son short blanc avec la glace qui coule, la peur de sa ruse dérisoire et de bien d'autres choses encore.

À la maison, survient un autre genre de choc qui a l'avantage de me dessiller les yeux et de me faire progresser sur le chemin de la connaissance. Le cuisinier qui prépare de si bons tajines et se montre si respectueux avec madame quand il vient prendre ses ordres, m'embrasse à tout bout de champ lorsque je m'approche de ses casseroles ; gras, goulu, gluant, il me harcèle d'effusions baveuses qui me dégoûtent et m'intéressent ; je devine qu'il ne m'arrivera rien de bon si je l'accompagne au jardin où il me presse de le suivre mais je continue à folâtrer dans la cuisine ; j'ai découvert que j'exerce un pouvoir insolite sur ce type aux dents gâtées qui roucoule et transpire à chaque fois que je suis à sa portée et je retire un plaisir méchant à le savoir à ma merci quand il me touche de ses pattes baladeuses. Il doit aussi avoir peur que je le dénonce car il fait semblant de ne pas remarquer ma présence lorsque je suis avec mes frères ; ce serait si facile, mon beau-père lui casserait la gueule et j'aurais le beau rôle de la victime innocente. Je ne sais pas aujourd'hui pourquoi j'ai finalement laissé tomber ; son air de plus en plus hagard peut-être et au fond une sorte de pitié pour son triste sort ; j'en avais assez vu. Je n'ai donc rien dit, pour éviter les complications ; et j'ai cessé de jouer avec le feu en évitant la cuisine. Là-dessus, ma mère tombe gravement malade, ma grand-mère accourt de France pour s'occuper d'elle, mon beau-père est fou d'inquiétude, mes frères m'oublient, la maison tangue, je me sens coupable comme tous les enfants dont la mère souffre et se retrouve happée par le monde des adultes ; en même temps, j'ai l'impression d'être livré à moi-même pour la première fois de ma vie. Un autre domestique devient mon ami, c'est un vieil homme qui respire la bonté. Quand il sert à table, il ne se trompe jamais comme si maman était encore avec nous et il reste en retrait entre les plats, son visage aux rides profondes, un tatouage sur le menton, attentif et tranquille ; j'essaie d'être le mieux éduqué possible lorsque je lui demande quelque chose. Il m'emmène en promenade sur le porte-bagages de son vélo ; cet effort le fatigue et me touche ; il n'a pas beaucoup de mots en français, mais sa gentillesse m'enveloppe et je me sens tout à fait en confiance avec lui ; un sentiment de sécurité protectrice que je lui dois et que j'éprouve encore lorsque je me retrouve parmi les siens. Nous allons dans de petites épiceries où il achète du tabac à rouler et m'offre des bonbons, dans un gourbi où il me présente sa femme, une bédouine édentée qui me serre contre elle dans de grands rires, au café où il salue longuement de vieux types comme lui qui jouent aux dominos. On pousse parfois jusqu'au souk où tout le monde gesticule en arabe et où il y a des photos de Nasser à chaque étal ; les Français ne se gênent pas pour dire que le raïs égyptien est un nouvel Hitler mais mon compagnon n'a pas l'air de le prendre pour un épouvantail et moi je le trouve très beau avec son regard d'aigle et son sourire éclatant sur des dents de loup. Quand on rentre de balade, le vieil homme me regarde doucement avec une affectueuse mélancolie de grand-père avant d'aller remiser sa bicyclette. Je pense qu'il a compris pour le cuisinier et qu'il tente de me dire à sa manière qu'il est désolé de toute cette histoire, au risque de perdre sa place, car un Arabe qui emmène un jeune enfant français dans la médina sans prévenir quiconque est suspect par les temps qui courent où il n'est question que d'Européens qui disparaissent, lynchés par des foules fanatisées. Je ne parle pas de nos équipées et lui aussi me fait confiance ; ce silence vaut bien l'autre ; je ne saurais pas l'expliquer mais j'en suis sûr, si je ne dénonce pas le voyou comment pourrais-je trahir mon camarade ? Je rentre quelques jours plus tard en France avec mes frères dans un gros avion à hélices, l'hôtesse de l'air nous montre Port-Liautey par le hublot, à Paris les marronniers ont déjà leurs feuilles et on vend le muguet du 1er Mai ; mon beau-père reste au Maroc, ma mère va mieux, ils se séparent comme je le redoutais, c'est une autre vie qui commence ; j'apprendrai que le cuisinier a été chassé parce qu'il volait et que le vieux serviteur a dû partir aussi, un homme seul n'a pas besoin de tant de personnel ; inutile de chercher Port-Liautey sur la carte, cela s'appelle Kenitra maintenant. Je repense souvent à mon ami, c'était une belle âme, il m'a appris la tendresse des hommes.

Le cheik Ben Toukouk, c'est un souvenir entre les deux ; je pense qu'il avait les intentions du cuisinier tempérées par l'affectueuse générosité du vieux serviteur ; je suis un peu plus âgé maintenant, ma mère s'est remariée avec un autre beau-père qui nous traite aussi bien que le précédent; c'est l'une de ses innombrables qualités, elle n'épouse que des hommes qui nous prennent avec elle, et de bon cœur. Ce n'est pas pour rien que mes frères et moi on la compare à Liz Taylor. Mon nouveau beau-père a des affaires en Algérie, il y a fait la connaissance du cheik; c'est un notable musulman pro-Français qui s'est exilé à Paris après le massacre de toute une partie de sa famille par le FLN. Il a fière allure, toujours en habit traditionnel immaculé comme s'il commandait un détachement de cavalerie indigène, la barbe noire et les moustaches soigneusement taillées, mais il est aussi un peu ridicule avec sa manière cérémonieuse d'appeler au téléphone en ânonnant « Allô Trocadéro 2612 » pour s'assurer qu'il a fait le bon numéro, de rouler les *r* en parlant le français de la communale et de se perdre régulièrement dans le métro. On ne sait pas où il habite, dans une petite chambre du XVe où il écoute toute la journée des sourates du Coran, dit ma mère qui l'a pris en pitié et le traite gentiment en l'invitant à dîner régulièrement. On sent qu'il n'a pas d'autres amis, qu'il est très seul et certainement très malheureux même s'il ne se plaint jamais. Je le prends pour un vieillard alors qu'il ne doit guère avoir plus de quarante ans et je l'aime bien sans savoir pourquoi; cette atmosphère romanesque de drame et de tristesse muette qu'il traîne avec lui sans doute. Quand je suis assis à ses côtés, sur le canapé du petit salon rouge, il profite des moments où l'attention générale s'est relâchée pour me serrer contre lui et me respirer comme une fleur; il me caresse aussi les bras et les cheveux; je perçois bien qu'il y a quelque chose de sensuel pour le cheik quand il me cajole ainsi mais c'est très doux, très gentil et je n'éprouve ni crainte ni répulsion. On ignore s'il a été marié et je lui rappelle peut-être quelqu'un dans son passé. Ça ne va jamais plus loin et il ne veut sans doute pas trahir la sollicitude de ma mère. Avec le temps, ses visites s'espacent, il doit éprouver de la gêne à ne pas pouvoir rendre les invitations. Je l'ai vu passer dans la rue, trois ou quatre ans plus tard, son burnous blanc flottait au vent parmi la foule indifférente ; il avait les yeux perdus, des fils blancs dans la barbe et la démarche mal assurée ; un accès d'égoïsme juvénile m'a empêché d'aller le saluer et je me le reproche encore ; en le voyant s'éloigner je repensais à l'un des beaux *Contes du lundi* d'Alphonse Daudet où un émir algérien dérive misérablement de ministère en ministère à la recherche de la Légion d'honneur qu'on lui a promise. Ma mère a retrouvé une dernière fois sa trace un peu plus tard en lisant un entrefilet dans le journal : il venait d'être assassiné par un commando parisien du FLN.

Maintenant, je sais à peu près à quoi m'en tenir. C'est une attraction ténébreuse, incompréhensible, mais elle ne me lâche pas ; une sorte de jeu aussi qui rend heureux et triste. Je pense qu'il y a certainement d'autres garçons comme moi mais je n'ai pas eu beaucoup de chance puisque je ne les ai pas rencontrés ; je sais plus ou moins où ça me mènera, mais j'ai encore du mal à imaginer les détails. C'est curieux, mes frères n'en parlent pas devant moi. Enfin, quelquefois quand même et alors sur un ton de plaisanterie légère qui me donne l'impression d'être moins seul ; mais je saisis au vol ce que disent leurs copains, les plus grands en général, quand ils abordent le sujet ; ils sont alors pleins de mépris, d'insultes, de moqueries. D'ailleurs, prudemment, quand on me cherche, je hurle avec les loups. Il faut donc que je garde le secret, que je ne le confie à personne, absolument personne, jusqu'au jour où je pourrai le partager avec celui qui l'aura également gardé. Le glissement vers la clandestinité, l'état d'alerte permanente s'amorcent mais je ne m'en rends pas bien compte. Brève période dans l'œil du cyclone où je ne ressens toujours pas de honte ni de crainte particulière ; pas encore, cela viendra bientôt, rétribution au centuple. Au fond, je ne crois pas que ce soit irrémédiable. Au lycée Janson il y a aussi des filles, je me plais en leur compagnie, elles m'invitent, on se passe des petits mots, je m'invente des amourettes et je me persuade que ça marchera très bien ; je suis un peu moins sûr de moi, il est vrai, quand elles me présentent leurs frères. Enfin tout bouge, rien n'est fixe, je changerai peut-être comme mon corps d'enfant qui grandit et se transforme trop lentement à mon goût. Allez, tout ira bien, le principal souci dans la vie c'est de ne pas se faire coller un zéro en maths par Mme Martin, une autre méchante femme aux traits délicats.

Le Sud encore, d'autres vacances. Mon père s'est remarié lui aussi, ma belle-mère est jeune et sympathique, ils ont loué pour le mois de juillet une belle maison sur la plage à Formentor dans l'île de Majorque, mes frères ont amené des amies, des invités passent, on ne fait pas trop attention à moi. L'Espagne de Franco est encore une destination exotique, vaguement condamnable et là où nous sommes il n'y a pratiquement personne d'autre que nous hormis quelques familles qui viennent le dimanche du village de Pollensa pour pique-niquer sur le sable. Le temps est magnifique, je passe des heures dans l'eau, je suis un enfant heureux et tranquille qui ne pense plus aux complications de l'hiver. La vie sociale sur ce cap isolé se concentre un peu plus loin dans un grand hôtel auquel on accède depuis la maison par une longue allée qui traverse la pinède ; nous y allons de temps en temps le soir, c'est un endroit qui fait rêver, on y sert des cocktails aux milliardaires, il y a un orchestre qui joue des paso doble et tout le monde est très agité parce que George Hamilton, le jeune premier américain, y danse en sarong balinais, un collier de fleurs sur son torse nu et bronzé, avec une femme à bijoux qui pourrait être sa mère ; je ne suis pas le dernier à le trouver magnifique et il me signe un autographe où il dessine une fleur à côté de son nom ; mon frère aîné qui lit *Cinémonde* chaque semaine et qui doit être envieux de cet extraterrestre ricane un peu, George Hamilton a peut-être tourné dans de grands films à Hollywood, mais c'est aussi un gigolo de luxe, il suffit de le regarder à l'œuvre ; un beau gosse que tout le monde peut avoir en lui offrant de l'argent, oui tout le monde, mais à condition d'y mettre le prix. Première nouvelle, je ne savais pas que cela existait, les gigolos. Je découvre des horizons inespérés et je rêve de devenir très riche un jour, bien plus riche encore que la femme à bijoux car je calcule que ça doit quand même être plus cher pour les hommes. Je suis impatient de devenir cet homme très fortuné qui emmènerait George Hamilton dans des palaces où on danse le paso doble sur la terrasse. À l'hôtel, il y a aussi un autre beau gosse, celui qui conduit le chris-craft pour le ski nautique, il a les épaules larges, le ventre comme une tablette de chocolat, il porte un maillot en élastique d'où l'eau coule sur ses jambes musclées lorsqu'il monte dans le canot et il sourit tout le temps. Il me prend avec lui quand mes frères font un tour de ski. Il ne parle pas français, il est évidemment un peu plus rustique que George Hamilton, mais je me dis que s'il était lui aussi gigolo il serait sans doute aussi moins cher. J'en suis là de mes estimations quand j'apprends que la star américaine, profitant d'une insolation de sa protectrice qui garde la chambre, s'est découvert une passion pour le ski nautique et réquisitionne en permanence le jeune Espagnol pour son usage personnel; ils disparaissent en canot des heures entières. La situation est trop compliquée, elle me dépasse, je ne serai jamais qu'un pauvre petit Français sans le sou condamné à sécher sur des désirs insensés. On récupère le chris-craft avec son pilote quelques jours plus tard, George Hamilton a quitté l'hôtel avec la femme à bijoux, le jeune Espagnol sourit toujours autant mais je n'ose plus m'asseoir à côté de lui quand il fait faire des tours de ski à mes frères; je reste dans le fond du canot et je regarde son dos, son profil quand il se tourne; lorsque je m'aperçois qu'il m'observe du coin de l'œil dans le rétroviseur, je fais semblant d'admirer les skieurs et je me renfrogne un peu plus; il ne comprend pas mon attitude et moi non plus d'ailleurs. Il ne faut pas moins d'un incendie pour me sortir de cette morosité où je me complais. La pinède a pris feu et les flammes se rapprochent de l'hôtel, on a rassemblé les clients sur la plage, ils contemplent le spectacle avec inquiétude. Des pompiers accourus de toute l'île et les employés de l'hôtel tentent de maîtriser le sinistre mais les arbres s'embrasent les uns après les autres, d'un seul coup, en craquant comme des boîtes d'allumettes. J'ai peur pour mon pilote qui combat le feu en première ligne; dans toute cette panique, ce n'est malheureusement pas le meilleur moment pour lui montrer que je ne suis plus de mauvaise humeur. Je remarque alors un garçon qui doit avoir à peu près mon âge, il se tient parmi les clients, légèrement à l'écart de sa famille, des adultes et des petites filles qui lui ressemblent. Le brasier ne l'intéresse pas, c'est moi qu'il regarde sans sourire, fixement. Il est en short et mocassins blancs, il ne porte pas de chemise, c'est un blond bruni par le soleil, tout est beau en lui, mais ce qui me frappe le plus ce sont les yeux qu'il porte en vrille sur moi et puis aussi un détail curieux qui me fascine, il a des touffes de poils sous les bras ; je n'en suis pas encore là. S'il a ces touffes sous les bras c'est qu'il a dépassé un cap que je désespère d'atteindre et pourtant cette différence n'a pas l'air de le gêner puisqu'il continue à braquer son regard sur le retardé que je suis. Il ne m'adresse pas la parole, il doit être allemand ou quelque chose dans le genre, une autre langue, mais c'est sans importance, je ne doute pas de ce que ses yeux me disent. J'échafaude des rêves d'évasion, on pourrait s'échapper tous les deux en empruntant le canot abandonné par le pilote, s'enfuir ensemble dans l'hôtel vide en déjouant la surveillance du personnel débordé par l'incendie. Je ne sais pas encore tout à fait précisément ce que deux garçons du même âge peuvent faire ensemble, mais lui avec ses touffes sous les bras, il le sait certainement, il n'y a qu'à le suivre. Cependant, une flamme plus haute que les autres disperse les assiégés, les clients sont emmenés plus loin sur la plage et on commence à les évacuer par bateau. Nous sommes renvoyés en même temps vers notre villa à l'autre bout. Il me fait un petit signe de la main en s'embarquant pour me dire adieu et peut-être aussi quel dommage ; moi qui rêve si souvent de catastrophes propices aux évasions héroïques et aux aventures, je me retrouve plutôt dans un de ces films sur la guerre où on sépare brutalement des réfugiés qui s'aiment et ne se reverront plus jamais. Je tente de le suivre des yeux le plus longtemps possible mais la confusion est extrême, le vent rabat des nuages de fumée sur la plage et le bateau s'éloigne à vive allure pour échapper aux arbres enflammés qui tombent de la falaise dans la mer. Une fois l'incendie éteint, l'hôtel reste fermé, les clients ne reviennent pas. Et puis on arrive à la fin du séjour, mes frères et leurs amis vont au Tito's à Palma, il paraît que c'est la plus belle boîte du monde, on assiste à une corrida et on écoute les événements de Bizerte à la radio ; on fête aussi l'anniversaire de mes treize ans avec un peu d'avance et ça ne me fait pas grand-chose. Depuis l'incendie c'est comme s'il s'était mis à pleuvoir.

Je suis repassé par Formentor il y a une vingtaine d'années au cours d'une croisière avec des amis ; la pinède avait repoussé et il n'y avait plus de traces de l'incendie ; l'hôtel était intact avec encore de jeunes Américains torse nu et des femmes à bijoux dansant le paso doble sur la terrasse ; malgré la présence de quelques nouvelles villas luxueusement espacées le long de la plage, l'endroit demeurait isolé et magnifique. Seul le pilote du canot avait vraiment changé ; c'était maintenant un homme corpulent et chauve qui n'avait plus très envie de sourire ; à force de trimbaler des riches qui s'amusent et qui vous laissent tomber, on vieillit vite et on finit par s'aigrir. Je l'ai quand même reconnu tout de suite et je lui ai parlé de George Hamilton, du grand feu qui avait menacé l'hôtel et chassé les clients. Il se rappelait tout très bien et il était un peu surpris qu'un inconnu évoque ces vieilles histoires ; je n'ai pas insisté, je ne voulais pas qu'il me mente en me disant qu'il se souvenait aussi de moi. Au fond, j'avais demandé à mes amis qu'ils fassent escale à Formentor pour pouvoir repenser tranquillement au garçon de l'incendie, celui qui m'avait choisi en plein désastre en se moquant de tout le reste, mais je n'ai pas eu vraiment le temps, dans les croisières il y en a toujours qui sont pressés de repartir alors que moi j'ai mal au cœur en mer.

C'est une petite annonce dans *France-Soir*, on cherche un jeune garçon de mon âge pour tourner dans un film avec Michèle Morgan et Bourvil; le genre fils de famille; le rôle est important mais l'expérience du cinéma n'est pas indispensable. Le tournage est prévu pour les grandes vacances. J'ai déjà participé à un jeu télévisé avec Jean Nohain et cette annonce me fait rêver. Ma mère ne voit pas d'inconvénient à ce que j'aille me présenter; le jeudi suivant, je suis dans la salle d'attente de Corona films aux Champs-Élysées. Il y a déjà une bonne douzaine de candidats accompagnés de leurs parents; ils ont tous des dossiers photos, les références de précédentes apparitions au cinéma, parfois même des coupures de presse qui les mentionnent; ils sont tirés à quatre épingles, certains arborent un nœud papillon pour faire plus enfants des beaux quartiers. De vrais professionnels. Les parents parlent entre eux avec animation, il n'est question que des grands modèles, Georges Poujouly et Joël Flatteaux; les mères sont particulièrement redoutables, elles serrent leurs trésors avec des regards de louves et sourient à la standardiste comme si elles étaient dans un commissariat. Je suis venu tout seul, je transpire car j'ai couru dans le métro, je me sens perdu dans cette atmosphère qui respire l'avidité et le chacun pour soi. Ma présence embarrassée intrigue justement un assistant. Le gosse solitaire qui se tient dans son coin, les mains vides et sans parler à personne doit lui paraître insolite; il me propulse dans un bureau où plusieurs messieurs me considèrent avec curiosité et m'interrogent gentiment; on me donne un rendez-vous pour le jeudi suivant; quand je ressors, les mères me regardent sans aménité, elles devinent que j'ai remporté la première manche. De retour à la maison, je ne parle de rien et ma mère n'y pense plus; au fil des jeudis où l'on me dit à chaque fois de revenir, je sens que je progresse; on me prend en photo, on me fait lire des répliques du scénario, on m'essaye des vêtements à la mode des années quarante ; il n'y a plus d'enfants de mon âge dans la salle d'attente. Quand on me demande où sont mes parents, j'explique qu'ils sont en voyage mais qu'ils sont tout à fait d'accord pour que je fasse le film. Je dois mentir avec conviction car on se contente de mes réponses ; cette volonté opiniâtre de me débrouiller tout seul doit aussi leur plaire. Finalement, le metteur en scène, un gros type sympathique, me convoque pour faire un bout d'essai. À la maison, je continue à m'accrocher à mon secret ; il me paraît tellement extraordinaire que je n'en touche pas un mot non plus en classe. On me transporte des Champs-Élysées au studio de Saint-Maurice ; je n'ai pas voulu me trahir en laissant le chauffeur de la production venir me chercher chez moi. En arrivant, je découvre un rival dont je n'avais pas soupçonné l'existence, un neveu du metteur en scène, très charmant, très à l'aise. La situation est compliquée, je devrais l'ignorer et le détester mais c'est le genre de garçon qui m'intéresse et l'attraction est réciproque. Avec l'élan de générosité des subites amitiés d'enfance, on se persuade mutuellement que c'est l'autre qui sera préféré. Il y a aussi un petit garçon, bien plus jeune, il devrait jouer le frère cadet, brun aux yeux bleus, mignon et gai, il ressemble à mon concurrent inattendu. Je n'ai franchement plus beaucoup d'espoir, c'est eux qui joueront dans le film et j'ai bien eu raison de tenir ma langue. D'ailleurs, on les appelle pour passer en premier et je reste seul sur mon banc devant l'entrée du plateau. J'ai affreusement envie de rentrer à la maison pour cacher ma déception, mais comment faire, je ne sais même pas où ça se trouve Saint-Maurice et il n'y a certainement pas de métro pour regagner Paris. J'en suis là de mes sombres réflexions quand je vois s'approcher une Cadillac, la voiture des stars ; une magnifique femme blonde est au volant, elle passe lentement devant moi comme un nuage doré ; c'est Michèle Morgan ; je devrais courir après elle, lui expliquer que c'est moi qu'il faut prendre ; le temps que je rassemble mon courage, elle a déjà disparu ; pourtant cette vision m'a requinqué ; je veux désormais tenir jusqu'au bout et je monte à l'assaut quand on m'appelle enfin. Je n'ai pas peur du tout pendant le bout d'essai, je ne vois que l'œil de la caméra, je n'entends que la voix du metteur en scène, tout le reste est noir et silencieux. Je fais le bon garçon attentif à se montrer sous son meilleur jour, désireux de plaire et bien content d'être là. La voix me pose des questions dans le style des rédactions au lycée, mon meilleur copain, mon plus beau jour de vacances, et je raconte aussi ce que j'ai retenu de l'histoire du film bien qu'on ne m'ait pas vraiment laissé le temps de lire le scenario. Ça se passe pendant la guerre, Michèle Morgan est obligée de fuir les Allemands avec ses deux garçons ; elle est d'un milieu très chic, une vraie grande dame de Paris ; l'aîné est déjà un peu snob tandis que le petit est encore très gentil. Un réseau de résistance commandé par Gaby Morlay confie à Bourvil la mission de protéger la fugitive et ses enfants ; il s'appelle Fortunat, c'est un brave garçon de village très rigolo mais sans éducation et un peu vaurien sur les bords. Au début, ça ne se passe pas bien entre eux, mais comme ils sont obligés de se cacher et que la guerre s'éternise, ils tombent amoureux l'un de l'autre. Le petit frère qui adore Bourvil ne se rend compte de rien, mais l'aîné est furieux, Michèle Morgan se fâche contre lui et il a aussi des remords quand il joue Chopin au piano, Bourvil lui pardonne et tout le monde se réconcilie. À la fin, c'est quand même très triste car Michèle Morgan retrouve son mari qui est revenu d'un camp de concentration et Bourvil que les gens de son village n'ont pas reconnu tant il a changé en bien s'éclipse comme un gentleman, le cœur brisé. Il y a aussi plein de séquences dramatiques quand un parachutiste américain trouve refuge dans la maison secrète et quand les gentils voisins juifs sont emmenés par la Gestapo. Mon résumé doit être assez fidèle car la voix derrière la caméra me dit que c'est très bien. Je n'ose évidemment pas ajouter que je n'aime pas beaucoup le nom du fils aîné qui s'appelle Maurice et qu'il me sera peut-être difficile de claironner « c'est chouette » presque à chaque réplique, comme la voix me demande de le faire puisque c'était paraît-il l'expression de joie favorite des garçons de ce temps-là. En sortant, un assistant me glisse qu'on appellera mes parents pour les informer du résultat et je pense à la tête qu'ils feront quand ils apprendront toute cette histoire. Mon rival est déjà reparti, c'est mieux comme ça, je suis regonflé à bloc mais j'ai un peu honte vis-à-vis de lui. On peut donc trahir ceux qu'on aime. À cette pensée, je me calme dans la voiture qui me ramène à la maison. Les jours qui suivent, je me comporte comme si de rien n'était mais je n'arrive pas à me délivrer de l'image de cet ami déjà perdu. Et s'il en était de même pour lui ?

Je n'ai jamais vu ce bout d'essai, j'imagine aujourd'hui que ce devait être un numéro de cabotinage éhonté ; pourtant, il m'a permis d'obtenir le rôle. Quand la production téléphone à la maison quelques jours plus tard pour négocier un contrat mes parents sont évidemment stupéfaits ; la perspective de me voir tourner un film, même pendant la période des grandes vacances, n'entre pas du tout dans le programme d'éducation bourgeoise sur lequel ils renchérissent d'autant plus depuis leur divorce ; mais ils sont surtout affolés de constater que j'ai pu conduire toute l'intrigue sans qu'ils s'en aperçoivent; leur petit garçon docile est un dissimulateur qui mène une double vie. Ma mère se sent coupable de ne pas être assez attentive à ce que je peux ressentir, mon père s'inquiète pour l'avenir d'un enfant qui se construit un monde à part; ils ne me font aucun reproche mais pour eux c'est un choc pénible. Ils n'imaginent pourtant pas plus que moi les vraies raisons qui m'ont donné cette capacité à me cacher, l'aptitude à mentir par omission, ce début d'habitude à exister ailleurs. Le projet de film est le premier rêve d'évasion qui aura surmonté les obstacles de la sécurité et de la confiance familiale. Tout autre enfant en aurait parlé à ses parents. Mais de quoi veux-tu t'évader mon chéri et pourquoi tant de secret? Je ne peux pas répondre et si je le savais j'en dirais encore moins. Ils sont aussi un peu épatés et se renseignent autour d'eux. Le producteur a très bonne réputation, mon père lit le scénario et n'y trouve rien à redire, ma mère rencontre le metteur en scène qui lui assure qu'il prendra soin de moi comme si j'étais son propre fils; tout compte fait, ce sera un bon apprentissage, ces gens de cinéma travaillent aussi dur que les autres, il n'y a pas de raison d'empêcher cet enfant de faire cette expérience intéressante; ils signent le contrat. Juste avant de commencer, j'apprends qu'on a changé mon petit frère, le gentil fils de famille si mignon a été remplacé par un jeune comédien en herbe qui a déjà fait un peu de cinéma et qui est constamment accompagné par sa mère; j'aime surtout les enfants tristes, celui là est turbulent et protégé; nous ne serons jamais très proches. Dès les premières prises, il éclate de naturel et de talent et je suis sans doute un peu jaloux; il y a pourtant une fêlure sous l'enveloppe du petit prodige mais je ne peux pas m'en rendre compte dans ces circonstances et je ne fais pas assez d'efforts pour essayer de comprendre son caractère et m'attacher à lui. Je le regretterai un jour avec beaucoup d'abattement, mais ce sera trop tard pour y changer quoi que ce soit. Enfin sur le moment cette déception ne m'empêche pas de découvrir avec jubilation l'atmosphère d'un tournage. La camaraderie de l'équipe, l'odeur si particulière du plateau et des décors, l'instant magique où on lance le moteur et même les à-côtés des trajets en voiture, des loges, de la cantine du studio. Je suis de tous les jours et, quand on n'a pas besoin de moi, je reste avec les techniciens dans un recoin obscur, j'écoute leurs plaisanteries, j'observe leur travail. Il y a des types formidables, Micheline l'énorme habilleuse cerbère de Michèle Morgan qui est aussi celle de Jean Gabin et qui raconte à la ronde et à longueur de journée des anecdotes de sa carrière, une Boyard papier maïs collée à la commissure des lèvres ; Raoul l'accessoiriste communiste moustachu qui râle tout le temps et me prend en amitié parce que je m'intéresse à la vie des mineurs et des cheminots ; Liliane la photographe de plateau tendre et poétique dont j'emprunte le Leica pour jouer au paparazzi lorsque Jean Marais ou Brigitte Bardot passent à l'improviste sur le décor pour dire bonjour car ils tournent dans d'autres studios tout à côté. Il y a plus que tout cette sensation inouïe d'être complètement emporté par le tournage, d'être délivré de tout le reste sans avoir ni le temps ni le besoin de penser à autre chose ; celle de vivre dans le monde du film brusquement bien plus vrai que la vraie vie. Une sensation qui marque une enfance et qui me paraît encore être l'une des plus belles de celles que l'existence m'aura réservées.

Pourtant, pour moi, dès le début ça se passe plutôt mal. En lisant enfin le scénario, j'avais repéré des scènes où j'avais le meilleur rôle et qui me paraissaient très émouvantes, larmes dans les bras de Michèle Morgan, nobles échanges virils avec Bourvil ; j'allais pouvoir donner le meilleur de moi-même. Mais le film s'annonce trop long et on les supprime avant le premier jour de tournage. En revanche, tous les affreux « c'est chouette » que je dois assener avec la conviction d'un jeune imbécile heureux me narguent et me font perdre mon assurance. Le metteur en scène s'en aperçoit évidemment et me prend en grippe ; le bon papa rassurant se révèle un homme emporté, désagréable et singulièrement injuste ; perpétuellement mécontent de tout le monde, il n'ose évidemment pas se plaindre des stars ni s'attaquer franchement aux techniciens ; la mère de mon petit frère ne laisserait pas brimer son chérubin sans réagir ; il ne lui reste que moi à se mettre sous la dent. J'étais certainement cabot, emprunté, manquant de naturel, mais sans indication claire, apeuré, désorienté, je deviens de plus en plus mauvais. Déjà complexé par ma voix suraiguë et mon corps en plein âge ingrat, je sens que mes intonations sont fausses et que je bouge mal. J'ai beau apprendre attentivement mon texte et bien respecter mes places je mesure la différence avec mon petit frère qui joue comme il respire. Je sais que certains metteurs en scène se comportent comme des tyrans sur les tournages ; l'équipe parle souvent de Clouzot et d'Autant-Lara avec une sorte de ressentiment rageur nuancé d'admiration ; mais ce sont des artistes tourmentés à qui l'on pardonne leur despotisme. Le mien ne fait que s'escrimer sur plus faible que lui. Il grommelle durant les rushes quand j'apparais, il multiplie les prises qui me concernent d'un air excédé, la vexation est si flagrante que l'équipe est doucement solidaire de moi ; on me confie que c'est sa méthode, il se choisit un bouc émissaire à chaque tournage. Et puis un jour spécialement électrique, il me demande devant tout le monde si je n'ai pas un frère jumeau, celui qui serait venu aux Champs-Élysées et au bout d'essai et que l'incapable que je suis aurait remplacé sans qu'on le prévienne. Toute la tension accumulée se décharge d'un coup, je fonds en larmes, lui hurle que je le déteste et m'enfuis dans ma loge, ravagé d'humiliation et de détresse. Je revois encore son visage stupéfait devant cette rébellion inattendue. Enfermé dans ma loge, je refuse d'ouvrir aux assistants qui viennent me chercher ; je sens qu'ils sont inquiets derrière la porte ; puis c'est Bourvil en personne qui frappe à son tour ; je n'ai pas encore eu beaucoup de scènes avec lui et je n'ai pas osé lui parler entre les prises ; Michèle Morgan et lui n'apparaissent sur le plateau que lorsqu'on a besoin d'eux ; on règle les lumières sur les doublures ; ils sont toujours très aimables mais un peu lointains et très intimidants, surtout pour un enfant débutant et orgueilleux comme moi. C'était aussi le système du cinéma à cette époque-là. Si Bourvil se déplace c'est que la situation est grave, je suis sans doute allé trop loin, on ne doit pas se révolter contre le metteur en scène et interrompre une journée de travail quel qu'en soit le prétexte ; j'ai un peu repris mes esprits et je m'attends à une autre engueulade en lui ouvrant. Il me sourit pourtant avec une extrême gentillesse, s'assied sans façon et commence à me parler des difficultés du métier que je suis en train d'apprendre. Je recommence à pleurer mais ce ne sont plus des sanglots de colère et de dépit, seulement un chagrin d'enfant qui demande à être consolé. Bourvil au cinéma c'était un comique ahuri qui me faisait mourir de rire, en face de moi maintenant c'est un type curieusement massif, grave, qui respire l'expérience et la bonté. Il m'oblige à m'asseoir à côté de lui et à sécher mes larmes; il continue à me parler des déceptions de ses débuts, et insensiblement peu à peu il m'encourage; non, je ne suis pas mauvais, mon rôle n'est pas facile, à l'arrivée après le montage le résultat sera très bien. Il ne me réconforte pas seulement, il me remonte comme une pendule. Je dois me souvenir qu'en cas de nouveau pépin je n'aurais qu'à venir le retrouver dans sa loge, sa porte sera toujours ouverte pour moi. J'ai envie de l'embrasser pour le remercier mais je sens que Bourvil est un homme émotif et j'ai l'impression que ça le gênerait. De toute façon, nous nous sommes compris et c'est le début d'une amitié. Maintenant, il me ramène sur le plateau, le metteur en scène fait comme s'il ne s'était rien passé mais il n'est plus désagréable, le tournage reprend. Il n'y aura pas d'autre incident de ce genre, on me racontera que Bourvil s'était enfermé avec le metteur en scène après ma fuite et qu'en sortant il sifflotait d'un air gai tandis que le metteur en scène paraissait sombre et mécontent. Durant les semaines qui suivent, je vais souvent le voir dans sa loge, non pour m'épancher mais simplement pour l'écouter; il s'est vraiment pris d'affection pour moi et il me parle de ses enfants, de sa famille, des femmes aussi dont il entreprend de m'expliquer le mécanisme compliqué; il peut être très drôle mais son sens du comique n'est plus celui des films, il pratique un humour toujours un peu désenchanté et mélancolique; bien qu'il ne paraisse pas s'intéresser à la politique il n'a pas de sympathie pour de Gaulle et malgré toute la bienveillance de son caractère il ne cache pas sa méfiance pour les honneurs, son dédain des compliments officiels et des décorations. Il y a quelque chose de solitaire et d'intègre en lui qui me touche profondément; en fait, à ce moment-là, je n'ai encore jamais rencontré un homme aussi libre.

Michèle Morgan me prend aussi sous sa protection ; les assistants m'avaient affirmé qu'elle était très différente de l'image de la grande dame du cinéma français ; celle que l'on retenait habituellement de ses rôles dramatiques ; mais je n'imaginais pas que ce serait à ce point. Loin d'être froide et distante, elle se révèle gaie, chaleureuse, avec des enthousiasmes de jeune fille romanesque. La presse a beaucoup parlé du combat qu'elle mène pour récupérer son fils Mike que son ex-mari américain a enlevé et garde aux États-Unis. J'ai vu dans les journaux des photos de Mike qui m'ont évidemment chaviré, un adolescent sur une plage de Californie, beau comme sa mère, souriant comme seuls sourient les garçons de là-bas, qui ont le droit de conduire une voiture à quatorze ans, portent des maillots boxers et vont au cinéma avec leur girl-friend. Je ne ressemble pas à Mike mais j'ai l'impression que sa mère retrouve quelque chose de lui dans l'enfant à peine plus jeune et un peu perdu que je suis. Elle se montre très attentionnée, m'apporte des timbres de tous les pays dont elle sait que je fais la collection et me complimente régulièrement devant le metteur en scène. Les soirs où je vais coucher chez ma grand-mère à Saint-Mandé, elle me raccompagne elle-même dans la somptueuse Cadillac et m'embrasse légèrement, vivement en me disant « à demain mon lapin ». Oui je suis le lapin de Michèle Morgan, ce qui n'est déjà pas donné à tous les garçons de mon âge, mais je suis aussi presque son fiancé. En effet des journalistes anglais lui consacrent un grand reportage et elle insiste pour que ses enfants de cinéma apparaissent avec elle sur les photos. Mais pour une raison dont je ne me souviens plus mon petit frère n'est pas là ce jour-là et les Anglais qui cherchent une idée originale proposent que l'on fasse des photos au lit ;

l'image insolite de Michèle Morgan câlinant le jeune imposteur qui lui sert de fils l'amuse et je me retrouve sous les draps, tout près d'elle, la tête émergeant sur son épaule ou entre ses bras selon les poses demandées par les reporters passablement allumés. Elle est en chemise de nuit et moi en pyjama. Ce n'est pas très intime car nous sommes dans la chambre du décor ; on entend les machinistes qui préparent un plan derrière la cloison et Michèle commente l'action en me comparant à certains des partenaires des films précédents ; elle évite tout de même Gabin et Henri Vidal mais j'ai droit à quelques surnoms italiens qui me semblent flatteurs. Et surtout je sens le parfum, le corps souple et ferme, la peau fraîche de Michèle Morgan contre moi. Je ne sais plus si c'est ma mère de cinéma ou la première femme qui me prend dans son lit. Elle devine d'ailleurs que le jeu est ambigu et qu'il me trouble ; elle me taquine gentiment. « Le petit lapin se souviendra de son amoureuse. » Oui, il s'en souvient encore délicieusement et d'autant plus qu'il n'en a pas connu beaucoup d'autres.

Et puis il y a Érica, la doublure lumière de Michèle Morgan à qui elle ressemble suffisamment pour assurer cet emploi étrange et plutôt frustrant. Cruelle ironie du sort, la doublure lumière est le calque éteint de la star ; elle vit dans son ombre en suivant anxieusement le déroulement de sa carrière ; sa propre survie en dépend ; ses espoirs personnels de devenir vedette ayant été complètement laminés depuis longtemps, la doublure lumière cultive jusqu'à l'obsession une similitude qui reste assez vague malgré ses efforts, se pénètre des attitudes et des habitudes de son modèle, change et vieillit si possible en même temps avant de disparaître comme une contrefaçon inutile lorsqu'on cesse de faire appel à la star. C'est un sort dont la tristesse n'échappe pas à un enfant fasciné par le double, le désir dangereux d'être un autre. Mais tel n'est pas le cas d'Érica ; elle remplace le temps du film la titulaire habituelle qui s'est enfuie avec un machiniste au cours du précédent tournage et qui ne donne plus de ses nouvelles. Érica est une jeune comédienne suisse de vingt-six ans pour qui ça n'accroche pas et qui n'en fait pas toute une histoire ; elle est pleine de vie et de fantaisie, extrêmement jolie et attirante, sans doute peu farouche si j'en juge par les plaisanteries des assistants qui se vantent les uns après les autres devant moi d'avoir couché avec elle ; le genre de fille dont les seins remontent quand elle retire son pull-over, disent-ils. Moi-même j'imagine encore ces seins parfaits comme si je les avais vraiment vus. Tout le monde aime Érica sur le tournage et je bénéficie de la chance particulière de passer beaucoup de temps avec elle ; je suis trop jeune pour avoir une doublure lumière quand on règle les plans où je serai avec Michèle Morgan. Autrement, on se promène dans le jardin du studio, on va à la cantine ou dans sa loge. J'apprends beaucoup de choses sur sa vie à Genève, ses sœurs, ses parents, qui l'ont laissée partir avec appréhension et sont toujours prêts à lui venir en aide lorsqu'elle a des difficultés. Ce sont des gens tranquilles et à l'abri du besoin alors qu'elle est un peu la cigale qui ne se soucie jamais du lendemain. Je connais Genève, l'air de prospérité paisible qu'on y respire et je me représente facilement une famille ordonnée et sympathique qui accueille la fille prodigue à bras ouverts à chaque fois qu'elle revient de ses escapades parisiennes. Lorsqu'elle sent que mon petit frère m'agace, elle prend sa défense en me rappelant qu'il n'a pas encore l'âge de tout comprendre et lorsque le metteur en scène redevient menaçant elle reste près de moi et me rassure. Elle est intuitive et foncièrement bienveillante ; on parle quelquefois de politique, la guerre d'Algérie n'en finit pas et j'ai un avis sur la question, celui de mes parents bien sûr ; il faut accorder l'indépendance qu'on nous réclame et en finir au plus vite mais elle m'assure n'y rien comprendre et se contente de sourire en regardant ailleurs quand je m'enferre dans mon point de vue. Je me dis qu'elle a des excuses, en Suisse ils n'ont jamais eu de colonies et ils sont neutres depuis si longtemps. On fait aussi des projets pour après, quand le film sera terminé ; elle est décidée à tenter sa chance une dernière fois en sonnant aux portes de tous les producteurs mais au fond elle n'y croit plus beaucoup et pense qu'il lui faudra rentrer prochainement à Genève ; elle y a des amis qui font du théâtre ; c'est tout près d'Évian, je pourrai aller la voir pendant les prochaines vacances. Aujourd'hui, je ne me souviens plus très bien du détail de nos interminables conversations, mais je me rappelle l'essentiel, elle est toujours disponible pour moi, amicale et complice. Curieusement, elle n'évoque jamais sa vie amoureuse, je ne sais pas si elle a un petit copain et elle ne fait aucun commentaire sur les assistants qui sont pourtant si bavards à son sujet. Je vois bien qu'elle dégage quelque chose d'électrique lorsqu'elle passe parmi les hommes de l'équipe et qu'elle s'en amuse mais avec moi c'est la grande sœur qui ne pense qu'à rire et la jeune fille à ses romans secrets. Je n'y crois qu'à moitié, mais ça m'arrange, j'ai l'impression de l'avoir tout à moi dans le vague bienheureux d'une enfance qui se prolongerait sans limite. Un incident pourtant me trouble et insinue en moi l'idée que je me trompe ; mon père vient me chercher un soir au studio, on emmène Érica, elle n'habite pas très loin de la maison ; le retour est très gai comme toujours avec elle ;

comme je suis tout de même fatigué, mon père me dépose en premier ; je vois repartir le bel homme de cinquante ans et la jeune femme au pull-over. Le lendemain, quand j'interroge papa sur Érica, il se montre bizarrement évasif et change de sujet ; j'insiste un peu mais il reste alors silencieux et je lis dans son attitude une gêne indéfinissable ; Érica pour sa part l'a trouvé charmant, absolument charmant et elle enchaîne sur son propre père, la chance d'avoir un père encore jeune, Genève et le reste ; on s'éloigne à toute vitesse ; je n'en saurai pas plus. Mais je suis désormais persuadé qu'il s'est passé quelque chose entre eux, quelque chose que je ne dois pas connaître et que je n'ai pas de mal à deviner ; où, comment, jusqu'à quel point, je préfère ne pas y réfléchir, ça s'en va dans les tréfonds rejoindre les racontars des assistants.

Vers la fin du tournage, Érica disparaît soudainement ; elle était avec nous la veille, d'humeur aussi joyeuse que d'habitude ; elle n'est plus là, le chauffeur ne l'a pas trouvée, elle ne répond plus au téléphone ; la journée se passe à la chercher partout, le metteur en scène est furieux, je suis triste et inquiet ; sans me l'expliquer je suis aussi certain qu'elle ne reviendra pas. Avant qu'on ne quitte le studio, la dernière prise en boîte, *France-Soir* passe de main en main, il y a sa photo sur toute la première page, menottée, entourée de flics, l'air traqué. Le titre annonce : « L'apprentie comédienne suisse travaillait pour le FLN, la police a découvert une cache d'armes à son domicile, de l'argent et des tracts. Le réseau terroriste est démantelé. » L'article en page trois raconte toute l'histoire en détail, chargeant Érica comme une nouvelle Mata-Hari ; les porteurs de valises, les attentats, la longue filature par la police, l'arrestation violente, l'amant algérien qui était le chef du réseau et qui a réussi à s'échapper in extremis en laissant Érica dans la souricière. Dans le contexte de l'époque, même pour un petit malin anticolonialiste dans mon genre, ce sont des aventures qui font peur. Je pense à ses parents qui mènent une existence si calme à Genève et qui aiment tant leur fille ; ils doivent être dévorés d'angoisse et peut-être de honte et puis je pense aussi qu'il n'y a peut-être pas de parents à Genève, pas de famille chaleureuse et indulgente mais une suite de ruptures, d'amours en cavale, d'Arabes forcément, beaux et dangereux qui caressent ses seins qui remontent et lui apprennent le maniement des armes. Les assistants n'osent plus parler d'elle ; je résiste à l'envie que j'ai de leur dire que j'ai eu la meilleure part. Ils ne comprendraient rien. La disparition d'Érica me renvoie brutalement à mon état de garçonnet qui se replie sur ses secrets et ses silences ; en même temps, je suis content de cette fin abrupte ; Érica m'a floué, mais je suis sûr qu'elle m'aimait aussi un peu quand même au milieu des risques et des turbulences qu'elle me cachait si bien ; j'admire ses mensonges et son courage, elle sort de ma vie par la grande porte, celle de la désobéissance et de la rébellion. Après tant d'années, j'espère qu'elle se souvient encore de moi et, quand je traîne à Genève, je regarde attentivement les femmes d'environ soixante-dix ans que je croise dans la rue. J'aurai peut-être la chance de tomber sur elle, un jour ou l'autre.

Sur ces entrefaites, le parachutiste américain tombe du ciel. Il n'a qu'une scène mais elle est très importante, c'est le tournant du film. La Résistance a confié à Bourvil la mission de l'exfiltrer vers l'Espagne mais durant la soirée où il le cache dans notre refuge, son charme agit sur Michèle Morgan qui en est encore à jouer les grandes bourgeoises esseulées. Elle danse et flirte avec lui devant ses fils également conquis par le nouveau venu ; Bourvil taraudé par la jalousie s'enivre, interrompt brusquement la petite fête et enlève son rival qui n'a pas d'autre choix que de le suivre. Michèle Morgan, d'abord ulcérée par cette sortie, regrette bientôt de s'être laissée aller et comprend finalement que c'est Bourvil qu'elle aime. Quand il rentre, tout penaud et mission accomplie, elle se donne à lui. Bien que cette scène clef se trouve au milieu du scénario, on ne la tourne que dans les derniers jours ; on ne trouvait pas le comédien idéal et il a fallu modifier plusieurs fois le plan de travail. Lorsqu'il arrive enfin sur le plateau, dans une atmosphère de nervosité et de suspens, je me dis que ça valait la peine d'attendre car je le trouve aussitôt sensationnel.

Il appartient à la famille des Tab Hunter et des Troy Donahue, les blonds adonis hollywoodiens dont je regarde longuement les photos sur les *Cinémonde* de mon frère aîné. Des acteurs aujourd'hui bien oubliés mais qui eurent leur heure de gloire au début des années soixante dans des comédies de plage pour teen-agers et des mélos flamboyants où ils vivaient des passions fatales dans les bras de stars sur le retour. En scope couleurs. Je crois que je n'ai jamais vu un beau gosse pareil avec la grâce des jeunes héros de là-bas, toujours souriants, résolument optimistes et apparemment innocents. Je n'ai qu'un ou deux échanges de répliques avec lui mais durant les trois jours qu'il passe au studio je m'arrange pour ne pas le quitter. Il est en fait australien, ses cheveux d'or ont été décolorés pour le film et il vit à Paris depuis plusieurs mois, ce qui explique son français excellent, agrémenté d'un accent que j'essaye de copier en imitant sa manière de parler devant le miroir de sa loge quand il se change sans avoir l'air de remarquer que ce miroir me permet aussi de l'observer. Il a la peau très blanche, il porte des caleçons américains imprimés comme mes frères en achètent dans les surplus du Shape et il se lave les dents avec une solution mentholée qui me semble le comble du raffinement. Ma présence n'a pas l'air de l'ennuyer, il s'intéresse à moi, il me pose des questions sur ma vie, et je devine que la sienne a sans doute été plus mouvementée qu'il n'y paraît ; il est parti de chez lui très jeune et il n'a plus de contacts avec sa famille, il a beaucoup voyagé avec des amis et il a découvert le cinéma par hasard à Rome où un producteur l'a remarqué alors qu'il travaillait dans un bar ; depuis, il a tourné de petits rôles avec Danielle Darrieux, Pascale Petit et Françoise Arnoul, il préfère les vedettes françaises à toutes les autres. Il ne sait pas s'il va rester en France, on le redemande à Cinecittà où les garçons qui ont le look américain sont très recherchés. Tout cela me semble romanesque et un peu trouble ; j'ai toujours vécu tellement protégé, quasiment sans sortir de chez moi, je m'étonne discrètement qu'on puisse mener aussi jeune une existence internationale et sans attache. Il me répond en me décochant un sourire d'ange qu'il faut apprendre à se débrouiller tout seul et que j'y arriverai certainement aussi moi-même ; d'un coup je sens qu'il est au fond impénétrable, secret et dur ; d'ailleurs, si je n'étais pas constamment à ses côtés, il serait plutôt seul sur le tournage ; en dehors des prises, personne ne se préoccupe de lui et cette indifférence de l'équipe me paraît étrange. Si Érica était encore là, je lui demanderais ce qu'elle en pense ; en revanche un assistant, à qui on a sans doute dit de le faire, ne se gêne pas pour me mettre en garde avec une hargne déplaisante ; selon lui, ce mec-là n'est qu'un pédé qui traîne avec des vieux types, l'un d'entre eux vient le chercher après le tournage, il gare sa voiture anglaise à l'écart du studio pour ne pas se faire remarquer mais tout le monde a quand même constaté leur petit manège. Je m'offusque un peu pour la forme, mais en réalité cette révélation me convient très bien et je continue à serrer mon louche héros comme si on ne m'avait rien dit. Hélas, c'est son dernier jour et on se séparera tous bientôt. Je l'imagine dans la voiture anglaise avec le vieux type qui l'attendait en fumant une cigarette; il lui raconte ses trois journées de tournage, Michèle Morgan est encore mieux que Danielle Darrieux, on ne peut rien attendre de bon d'une équipe française où des assistants arrogants et désagréables font la loi, le jeune garçon qui est amoureux de lui a voulu absolument prendre son numéro de téléphone; ça le fait rire, le vieux s'en fout, il l'emmène sur la Côte d'Azur.

Les fins de tournage sont déchirantes comme des chutes de réseau dans les histoires sur la Résistance; on était si proches et tout d'un coup on ne sait pas si on se retrouvera un jour. Chaque fois que je tombe sur le film à la télévision, un flux de souvenirs revient à chaque plan et je revois les membres de l'équipe derrière les images. Le metteur en scène est mort il y a quelques années, on se rencontrait les derniers temps; malgré ses succès passés, personne ne l'aidait à redémarrer et il s'épuisait à tenter de monter un nouveau film; il était content de parler du bon vieux temps avec moi et je n'avais aucune envie de le décevoir en remuant des vieux griefs; il m'avait tout de même donné une chance extraordinaire qui m'aura servi toute ma vie. Au fond, ce n'était pas un mauvais type, il aimait de toutes ses forces ce métier difficile qu'il faisait plutôt bien; je suis content que l'on se soit retrouvés vers la fin. Le parachutiste américain n'a pas disparu comme Érica; en suivant un itinéraire que je ne me suis jamais expliqué il a épousé une amie de mes frères et je l'ai revu une fois avec elle dans un restaurant à la mode ; tout ce passé sulfureux s'était envolé, j'avais en face de moi un homme d'affaires anglo-saxon dans la trentaine, brun, aimable et libre qui disait « ma chérie » à une jeune femme élégante et manifestement amoureuse ; il se rappelait à peine avoir tourné dans des films ou ne souhaitait pas en parler. Ils ont vécu longtemps en Nouvelle-Zélande où ils se seraient occupés de pierres précieuses et après leur divorce j'ai encore retrouvé sa trace dans un livre où il était longuement question de lui. Un beau portrait en vérité où l'auteur ne faisait pas mystère des sentiments qu'il lui avait portés et de toute la nostalgie qu'il en gardait encore. Je ne sais pas quel est le jugement qu'il porte sur sa vie ; d'après les bribes que j'ai pu glaner ici et là, j'espère qu'il n'en est pas trop mécontent ; se faire aimer trois jours, des années ou plus longtemps encore n'est pas donné à tous les garçons qui ont décidé de se débrouiller tout seul et d'être sans attache. Il semblerait qu'il habite près de Paris ; j'ai parfois envie de partir à sa recherche mais j'appréhende aussi qu'il ne soit devenu comme l'un de ces vieux types qui l'attendaient à la sortie du studio.

Au fond, celui qui me manque le plus c'est mon petit frère. Érica avait raison dans ses reproches, je n'ai pas su le comprendre. Il ne s'est jamais tout à fait remis du succès du film où il était délicieux et la carrière de musicien qu'il a voulu mener quand il est devenu un homme ne lui a sans doute apporté que de piètres satisfactions comparées à celles qu'il avait connues enfant. Les jeunes prodiges ont du mal à oublier, mais il est rare qu'on se souvienne d'eux lorsqu'ils ont grandi. Je l'ai croisé une fois sur un plateau de télévision pour je ne sais quel programme de variétés sans intérêt ; c'est lui qui a fait le premier pas car je ne l'avais pas reconnu, il était agréable et presque un peu trop humble, je n'ai senti la mélancolie qu'après, en revenant chez moi et en retrouvant cette solitude qui me fait penser aux autres. Il avait soudain les traits du mal-aimé. On s'était promis de se revoir et il m'a téléphoné pour que l'on dîne ensemble, mais j'étais occupé, je n'avais pas le temps. Quand j'ai cherché à le recontacter un peu plus tard, je n'ai pas retrouvé son numéro et puis je n'y ai plus pensé. Je ne sais plus qui m'a appris qu'il s'est suicidé en me donnant des raisons que je connais. Je garde le remords de ne pas avoir été sur son chemin au bon moment et je doute que sa mère ait survécu à son chagrin.

Été 47

Il faisait tellement chaud cette année-là que maman n'en pouvait plus. En fin de journée, papa l'emmenait respirer sur l'autoroute de l'Ouest; il décapotait la voiture et il roulait à toute allure jusqu'à Orgeval et retour. Il n'y avait pratiquement pas de trafic à cause des restrictions, seulement deux voies dans chaque sens et de toute façon l'autoroute n'allait pas plus loin. Mais enfin, passés les haras de Boussac, on entrait dans la forêt de Marly, la fraîcheur à l'ombre des grands arbres.

Je ne connais pas la marque de la voiture. Maman a bien conduit une superbe Alfa Romeo mais c'était pour un concours d'élégance et les organisateurs la lui avaient seulement prêtée pour l'occasion; comme on lui avait décerné le super-prix ils devaient être contents et ils lui ont peut-être laissé la magnifique auto quelques jours, mais certainement pas plus. Mme Carven en revanche lui a laissé la robe, un ensemble à rayures vertes, l'un de ses modèles, pour «jolie Parisienne piquante», même si maman était plus Danielle Darrieux que Dany Robin. C'était bon pour la publicité de la nouvelle maison Carven et d'ailleurs elles ne l'ont pas oublié, ni l'une ni l'autre ; elles se sont croisées l'autre jour au restaurant et elles en ont reparlé de ce concours, de cette robe à rayures vertes et puis de ces si beaux étés tellement chauds à Paris il y a plus de cinquante ans. C'était émouvant de les voir toutes les deux ensemble, égrenant ce genre de souvenirs qui sont de petites choses propres à rendre la vie plus agréable. Mme Carven a étonnamment peu changé et maman non plus ; je la trouve toujours aussi belle ; il est vrai que Danielle Darrieux n'est pas mal non plus comme on a pu s'en rendre compte aux Molières. Mais quel dommage pour Dany Robin, brûlée vive dans son appartement, perdue pour le cinéma, presque oubliée.

Donc, ce n'était pas l'Alfa Romeo. Papa a bien eu une belle américaine dont la capote se repliait électriquement, mais c'était après le divorce ; un peu pour se consoler et un peu pour tenter d'épater maman car il espérait encore qu'elle lui reviendrait ; nous les enfants, on sentait qu'il la réclamait sans cesse rien qu'à voir comme il avait du mal à nous parler d'autre chose que de nos études ; nous, les trois témoins de sa solitude et de son chagrin. Ça s'est arrangé ensuite ; ces choses au fond s'arrangent toujours d'une manière ou d'une autre. Enfin, j'imagine que ce devait tout de même être une belle voiture ; les décapotables roulant à grande vitesse ne couraient décidément pas les rues en ce temps-là.

Et en plus c'est impossible de leur demander, papa est mort et maman ne se rappelle que la chaleur, l'autoroute, le labeur éprouvant d'être enceinte de moi qui tardais à arriver. Ils avaient compté les jours, j'étais en retard, ça n'en finissait plus dans toute cette canicule. Maman m'a souvent raconté cette histoire quand j'étais petit, sans doute pour que je sache qu'ils avaient eu de bons moments ensemble, papa et elle ; des moments de couple jeune avec une attention, une prévenance, une confiance mutuelles qui n'appartenaient qu'à eux ; pour que je sache aussi qu'elle lui vouait toujours une grande tendresse malgré cette séparation qui me semble encore plutôt mystérieuse. La faute à personne ; aux années trop dures de la guerre ; à la jeunesse qu'ils avaient crue perdue et qui était revenue en force ensuite pour les éloigner l'un de l'autre ; elle plus que lui me semble-t-il, les femmes souffrent mieux que les hommes, elles en sortent plus résolues. Il y a des exceptions mais pas dans ce cas-là. Quand j'ai grandi, maman ne m'a plus aussi souvent parlé de la chaleur et de l'autoroute ; je pense qu'elle craignait que je ne culpabilise puisque c'était moi déjà en retard, moi cette autre chaleur dans ses entrailles qui l'empêchait de respirer. Elle évite tous les sujets qui pourraient me faire penser que j'aurais été une gêne ou un tourment pour elle. Ça se comprend, je ne me suis pas privé de l'être plus tard en cessant d'être le petit prince, le petit ange. Papa, quant à lui, a presque tout oublié de cette époque lorsqu'il s'est remarié, ce qui me paraît aussi naturel ; il préférait évoquer un autre été où j'étais resté seul avec lui à Paris ; il m'avait emmené voir le jeu d'artifice du 14 Juillet et la fournaise était encore telle que l'asphalte, la nuit, fondait sous nos pas ; il me laissait dormir sans pyjama et se relevait la nuit pour voir si je n'avais pas soif. On était tous les deux dans *L'Étoile mystérieuse* de Tintin.

C'est un de ces soirs-là, en revenant d'Orgeval, que maman a senti qu'elle allait enfin accoucher. Tout avait été prévu pour que cela se déroule à la maison, mais le médecin était introuvable ; il était parti prendre le frais à la campagne et papa a dû se débrouiller tout seul en ayant la bonne idée d'appeler les pompiers qui savent faire face à toutes les situations. Tout s'est quand même assez mal passé dans la fournaise de la chambre où papa et les pompiers transpiraient à grosses gouttes tandis que maman se débattait sur son lit de douleur. Elle a bien failli mourir cette nuit-là et moi-même je n'étais pas très en forme pour faire mes premiers pas dans la vie ; je m'étais étranglé avec le cordon, papa et les pompiers se sont relayés pendant plusieurs minutes pour me ranimer en me tenant par les pieds, la tête en bas, et en me donnant des claques vigoureuses sur le corps. Je me suis toujours demandé si ça n'avait pas pris trop de temps, avec le manque d'oxygène il y a des lésions irréversibles au cerveau, ce qui au fond expliquerait pas mal de choses. Papa et maman n'y ont jamais cru ; ils se contentaient de me dire « avec toi, mon chéri, on a eu chaud cette nuit-là ». Je n'en saurai jamais plus ; après, le lendemain, il y a eu des orages ; avec la pluie tout a recommencé normal.

La méchante et la gentille

Il y a eu la méchante et la gentille ; je les ai retrouvées l'une et l'autre. Quand j'étais petit, la méchante me battait tous les jours. C'est ce que je dis, surtout par rancœur et un peu aussi pour embêter ma mère que le rappel de ces histoires crucifie. À force, c'est devenu une vérité familiale officielle. Au fond, je ne suis pas si sûr que la méchante me battait tous les jours, maman s'en serait rendu compte ou quelqu'un d'autre autour de nous, je n'y aurais pas résisté, je serais devenu fou, même si je pense maintenant qu'il y eut des jours, des années où je n'étais pas loin du compte avec toute cette terreur et ce secret qui m'étouffaient. Mais ce qui est certain c'est que les coups pleuvaient souvent avec une très grande violence, à la moindre peccadille et parfois même sans raison, à l'improviste. Les coups, c'était principalement des gifles, parfois des coups de poing et des coups de pied aussi quand je ne marchais pas assez vite devant elle, pendant nos promenades à la hussarde au bois de Boulogne. Les coups, c'était la tête plongée sous l'eau froide dans la baignoire parce que, selon elle, je n'étais pas assez réveillé en apprenant mes lettres, les cotons-tiges enfoncés jusqu'au tympan pour avoir les oreilles bien propres, les suffocantes inhalations pour déboucher les bronches debout contre le radiateur, les successions de potions dégueulasses, le porridge brûlant du matin qu'il fallait avaler sitôt servi. Les coups, c'était l'interdiction absolue de tousser quand j'étais malade, de laisser traîner mes petites affaires et de salir un tant soit peu mes vêtements, le soupçon obsessionnel du moindre écart, aussitôt sanctionné, au code de bonne conduite à table et quand le petit perroquet se tenait devant les adultes, le dénigrement permanent de tout ce que je pouvais faire en présence des autres enfants de mon âge et qui, même malpolis, étaient cités en exemple, le cortège infernal des obligations absurdes et des humiliations. Les coups, c'était enfin l'atmosphère, cette sensation effarante de l'avoir toujours sur mon dos même quand elle n'était pas là, cette vie perpétuellement aux aguets dans l'attente des punitions. Ça a duré dix ans, depuis mon premier souvenir d'enfance jusqu'au voyage au Maroc, la séparation de ma mère et de mon premier beau-père ; elle y est restée avec lui, bombardée gouvernante d'une clinique où les patients arabes ont eu la chance de lire avant l'heure le scénario de *Vol au-dessus d'un nid de coucou*. Mes frères ont eu leur part, je me souviens de l'aîné battu comme plâtre et pleurant de détresse et de solitude sous les horions de la méchante déchaînée ; devant moi, tétanisé par l'horreur du spectacle et par la peur. L'autre s'en est mieux sorti, elle le craignait sourdement. Mais ils étaient plus grands, ils sont allés vivre assez vite chez notre père ; c'était tout près et cependant hors de sa portée, à l'abri de son pouvoir. Elle et moi nous sommes restés face à face.

J'aimais la méchante, beaucoup moins que ma mère idéale, mais je l'aimais quand même. Elle occupait toute la place, elle faisait écran entre moi et le reste du monde, et elle m'avait brisé depuis le début. Elle était jeune, presque belle, avec de gros seins ronds qui collaient à son corsage quand elle était en nage. Elle était souvent en nage puisqu'elle était presque tout le temps en colère contre moi. Il m'arrivait de la voir nue dans la salle de bains, elle se déshabillait sous mes yeux, sans gêne et sans me regarder ; je ne comptais pas pour elle ou peut-être que je comptais beaucoup ; elle avait un corps ferme de sportive ; je n'avais pas le choix pour me détourner : c'était elle toute nue à ses ablutions au lavabo ou bien la sinistre baignoire où je passerais tôt ou tard. Parfois, il y avait des sortes de langes tachés de sang qui traînaient sur le sol carrelé ; je ne savais pas ce que c'était mais je comprenais que ce n'était pas pour moi ou le contraire encore. Autrement, elle était plutôt jupe grise et corsage clair, imperméable et talons plats, jamais de maquillage. Ma mère lui donnait des robes mais je ne les voyais pas sur elle. Elle pratiquait l'équitation avec ardeur, c'était son seul loisir ; elle montait le vendredi soir au club de l'Étrier, toujours en reprise et saut d'obstacles, les promenades c'était juste bon pour les amateurs et les chochottes, disait-elle. Entre autres choses, elle détestait particulièrement les chochottes et elle ne ratait pas une occasion de me l'assener en me faisant les gros yeux quand elle me voyait au bord des larmes ; il est vrai qu'heureusement j'avais appris à me tenir et ne pleurais que très rarement. L'incommensurable bêtise de tout cela, dont j'ai gardé la hantise et qui m'angoissait sans doute déjà encore plus que la menace obsédante des coups. Lorsqu'elle partait pour ses reprises avec son attirail de cavalière et sa cravache à pommeau d'argent, j'étais déjà en pyjama, bien poncé et bien peigné, paré pour mes prières et prêt à me coucher. Je n'aurais jamais songé à profiter de la liberté que sa sortie m'entrouvrait ni à enfreindre l'horaire strict de l'extinction de la lumière ; le parfum agressif de son eau de Cologne flottait dans la pièce.

Quelquefois, rarement, elle se montrait affectueuse, avec brusquerie mais affectueuse quand même, ça n'allait jamais jusqu'aux câlins ni aux épanchements sentimentaux, il s'agissait plutôt d'une sorte de camaraderie virile, au travers de moments où elle m'expliquait par exemple qu'elle avait dû casser la glace pour se laver dans son internat de jeunes filles durant la guerre, et qu'elle était alors bien contente de pouvoir manger de la viande une fois par semaine quand tout le monde en France mourait de faim. La leçon sur les bienfaits de la discipline et de l'assiette qu'on doit finir n'était jamais loin. Un jour, elle m'a acheté un petit car Dinky Toy, une promesse inopinée qu'elle m'avait faite dans un instant de défaillance à titre de récompense si j'obtenais le tableau d'honneur. J'ai longtemps gardé le petit car avec moi, je le préférais à tous mes jouets, je l'emportais dans mon cartable comme un grigri pour me protéger, et puis un autre jour j'y ai mis le feu sur le balcon avec de l'alcool à 90° que j'avais dérobé dans l'armoire à pharmacie. Il a mis longtemps à se consumer, c'était du solide les Dinky Toy. J'avais très peur qu'elle me surprenne mais elle ne s'est rendu compte de rien, elle ne m'a pas demandé où était passé le petit car, elle l'avait sans doute oublié. Un soir, elle a pleuré, elle avait reçu un télégramme lui annonçant que son frère, lieutenant dans l'armée, venait de se faire tuer en Indochine ; je l'ai aperçue qui sanglotait dans sa chambre, des photos de militaire étalées sur le lit ; ma mère m'a dit que c'était un grand chagrin et elle est restée avec elle en me demandant d'aller jouer et de ne pas faire de bruit ; j'étais triste pour elle, j'aurais voulu la consoler mais elle ne m'a pas fait appeler ; après on n'en a plus parlé ; en fait, elle n'avait pas eu besoin de moi. De toute manière, je ne savais pas grand-chose de sa famille. Une grande femme en noir, l'air d'un corbeau, venait la voir de temps en temps. C'était sa mère. Je ne les ai jamais vues s'embrasser, leurs rapports me semblaient froids et compassés et très vite elle me rappelait sèchement à l'ordre, j'avais bien mieux à faire que de traîner dans l'entrée avec de grandes personnes. Je ne lui connaissais pas d'amis, les domestiques la redoutaient et se tenaient à carreau. J'ai du mal à imaginer ce qu'elle pensait de ma mère, malgré l'aimable formalisme de leurs relations ; subjuguée comme tout le monde et jalouse en cousine pauvre sans doute. On l'appelait d'un petit nom charmant qui fleurait bon l'enfance et l'harmonie des familles mais son vrai nom était à particule et sonnait comme un résumé sur mon livre d'Histoire ; elle portait une chevalière armoriée car elle appartenait à la branche désargentée d'une dynastie d'aristocrates de province et je pense qu'elle abhorrait le fait d'avoir dû se placer comme gouvernante dans un milieu qui n'était pas le sien ; le XVIᵉ, les bourgeois à belles voitures qui sont dans les affaires, sortent le soir et prennent des vacances dans le Midi. Et de surcroît, contents de leur sort, libéraux, plutôt à gauche. Elle devait en être secrètement horrifiée en plus de se sentir déclassée. Et avec ce gosse que l'infortune avait collé à ses basques, si soumis et désireux de lui plaire, exaspérant comme un fardeau, un devoir, un remords peut-être...

Certains de mes camarades de classe avaient aussi des gouvernantes, jeunes filles au pair scandinaves ou nannies à l'anglaise ; quand ils s'en plaignaient auprès de leurs parents on en changeait facilement ; il y en avait aussi de très gentilles qui avaient élevé une génération après l'autre. Moi, je les enviais mais je n'étais pas dans la même situation, plié en mille morceaux et incapable de relever la tête ; il était tout simplement hors de question que je proteste. La méchante et moi nous étions liés comme des drogués, nous n'avions rien à raconter à personne ; notre stupéfiant, la violence, nous avait enfoncés trop tôt, trop loin, il était impossible d'en sortir. On connaît désormais par cœur ces récits où l'enfant se tait parce qu'il en est arrivé au point où il pense qu'il mérite ce que le bourreau lui inflige et où le bourreau y trouve une excellente raison pour continuer. Une vie stable en somme. Apparemment, elle était une gouvernante parfaite, certes un peu stricte, mais qui avait réponse à toutes les situations, rhumes et mauvaises notes, rendez-vous chez le dentiste et départs en vacances. Car elle ne me lâchait pas non plus pendant les vacances, s'absentant à peine deux semaines chez de mystérieuses cousines dans le Sud-Ouest d'où elle me bombardait d'interdictions sévères d'une belle écriture régulière à l'encre bleue et dont elle revenait remontée à bloc. Et apparemment j'étais une sorte de merveille de petit garçon, peut-être un peu rêveur, mais admirablement armé pour l'avenir ; positif et gai, poli avec tout le monde et d'une conversation au-dessus de son âge. Car je savais parfaitement donner le change, même à ma mère lorsqu'elle était effleurée par le doute. Un soir pourtant, alertée par une amie qui avait vu ce qui échappe au regard du quotidien, elle revint subitement d'un dîner où elle avait prétendu se rendre, surgissant en pleine scène de brutalité ordinaire ; j'avais le visage encore rouge des gifles que je venais de recevoir, celui de la méchante était démonté par la rage. Atterrée, maman lui donna son congé sur-le-champ. J'aurais pu saisir ma chance, mais on ne casse pas si facilement une telle complicité. Je fondis en larmes, prétendant qu'il ne s'était rien passé ; juste une chiquenaude sans gravité. Ma mère, troublée par mon évidente détresse, convoqua la méchante partie faire sa valise dans sa chambre ; elle s'avança, humble et désolée, affirmant que son geste lui avait échappé ; ça n'était jamais arrivé et ça ne se reproduirait plus. Nous n'étions plus à un mensonge près dans notre expérience clandestine. Elle avait retrouvé tout son calme et son aplomb ; comment aurait-elle pu faire du mal à un enfant qu'elle aimait tant ? Pour réclamer qu'elle reste, je pleurai de plus en plus fort, en voyant la liberté s'éloigner. Ma mère voulut réfléchir mais l'affaire était classée, le couple maudit pouvait se reformer ; on fêta l'événement un peu plus tard avec une nouvelle volée de coups, façon de rappeler que le contrat n'avait pas changé. J'en avais repris pour deux ans, jusqu'à la libération marocaine. Mais m'en suis-je vraiment libéré ?

Elle n'a jamais manifesté le désir de me revoir. Je me souviens d'une ou deux visites de convenance à ma mère, tout au plus. Je paraissais brièvement au salon. Bonjour, bonsoir, comme il a grandi, on faisait un peu semblant et pas beaucoup d'efforts non plus, tout ce gâchis désormais n'était qu'une histoire morte ; je ne connaissais pas le texte de la comédie des bons souvenirs d'enfance, elle n'avait jamais eu beaucoup d'imagination et elle n'était plus de taille à me souffler les répliques. Je recollais péniblement les morceaux et des bribes de vérité commençaient à poindre. Elle a dû le sentir. Après, plus rien pendant plus de quarante ans. La rancune est remontée lentement, très lentement ; inexorable ; un degré après l'autre à chaque peine, à chaque échec ; je ne savais pas encore qu'il n'y a pas de coupable et qu'il faut être deux pour réussir un crime. Ce n'était pas linéaire, il y avait des détours et des impasses. Parfois, dans les moments de pire désarroi qui jalonnent toute existence, il m'est arrivé de souhaiter qu'elle revienne pour me consoler de tout le mal qu'elle m'avait fait, comme si c'était elle et pas elle. Allez comprendre. En tout cas, j'étais sûr et certain que je la reverrais. J'avais même repéré son adresse dans l'annuaire. Je me faisais une idée très romanesque de notre rendez-vous. Ce serait comme dans un film de Bergman ; un jour je sonnerais à sa porte avec un bouquet de fleurs ou des chocolats. Elle serait surprise, un peu confuse, mais je serais charmant et elle prendrait sur elle pour masquer son embarras. Elle m'offrirait une orangeade ou, se reprenant, un café, plus de mon âge, et je regarderais son petit appartement de vieille fille en lui demandant si elle monte toujours à cheval. Nous échangerions des politesses, des nouvelles sur la famille, et il y aurait des silences de plus en plus longs et lourds. On entendrait les voitures, l'autobus passer dans la rue étroite et poussiéreuse de son quartier modeste, les fleurs ou les chocolats encore emballés resteraient dans un coin comme les langes ensanglantés d'autrefois. Et alors tout à trac, sur le même registre aimable, je lui poserais les questions qu'elle aurait attendues depuis le début. Ensuite, je m'y perds un peu ; elle retrouverait de sa superbe et nierait tout en bloc, le ton monterait inévitablement, j'alignerais quelques-unes des saloperies les plus marquantes, elle m'ordonnerait de sortir de chez elle, mais je ne lâcherais pas prise, ce serait long et pénible et je finirais quand même par l'entamer un peu avant de claquer la porte. Elle jetterait les fleurs ou les chocolats par la fenêtre, ils feraient floc à mes pieds sur

le trottoir. Dans une autre version, plus mélodrama-
tique, elle hésiterait un moment, prétendrait ne pas se
souvenir, avant de reconnaître les faits et de plaider sous
mes reproches la jeunesse, l'inconscience, la dureté et
l'injustice de sa condition d'employée ; j'obtiendrais des
regrets, des excuses, peut-être qu'elle pleurerait, on
s'acheminerait vers une sorte de compromis vaguement
apaisant, on serait vraiment en plein Bergman le suédois en moins. Elle m'embrasserait sur le pas de la porte
et on promettrait de se revoir sans y croire. Elle garderait les fleurs ou les chocolats après mon départ, peut-
être pour les flanquer à la poubelle ou les donner à sa
concierge. Le scénario genre polar américain était assez
excitant également. Je l'aurais prise en filature au bas de
son immeuble, j'aurais noté ses habitudes et je choisirais
le moment idoine pour la saisir parmi ses connaissances,
un commerçant par exemple, et faire un scandale en la
dénonçant publiquement. Le truc de l'ancien déporté
qui rattrape, plusieurs dizaines d'années après, la gardienne tortionnaire du camp devenue une paisible
ménagère appréciée de ses voisins. Trop grandiloquent
et irréaliste, impraticable pour un type comme moi qui
souhaite vivre au cœur des usages et des lois ; mais j'y ai
pensé tout de même. Ma préférence allait cependant au
remake du repentir de Mme Fichini dans *Les Vacances* de
la comtesse de Ségur ; il m'assurait le meilleur rôle et
flattait ma propension à l'attendrissement final. Sophie
qui est devenue une belle jeune fille épanouie retrouve
l'horrible marâtre qui l'a martyrisée durant son enfance.
C'est la méchante qui l'a fait demander, elle est devenue très laide et très pauvre ; elle est à l'article de la
mort et rongée par le remords. Mme Fichini regrette
amèrement tout ce qu'elle a fait subir à la malheureuse
Sophie, qui écoute cette confession avec une émotion

grandissante. Comme d'habitude la trouble comtesse n'y va pas de main morte pour cette ultime récapitulation de tous les maux que l'on peut infliger à un petit sans défense, il ne manque pas une punition injuste ni un coup de verge douloureux. Mme Fichini n'a décidément rien oublié de ses sévices alors que Sophie, embarquée dans une autre vie toute bruissante de toilettes, de rires et de pieuses résolutions, n'y pensait presque plus. Et Sophie pardonne, bénie par les torrents de larmes de reconnaissance de la réprouvée à qui elle vient d'ouvrir par sa noble attitude le chemin de la rédemption face au jugement de l'Éternel qui ne devrait plus attendre. Un peu forcé sans doute, mais en gros c'est aussi comme ça que je voyais les choses. Curieusement dans toutes ces hypothèses je ne l'imaginais pas vieille ; il est vrai que je suis toujours un peu enfant quand je pense à elle.

D'ailleurs, elle ne paraissait pas si vieille lorsque je l'ai vue s'avancer, l'hiver dernier, dans l'église où l'on célébrait les obsèques de mon beau-père. Je l'ai reconnue tout de suite. Elle m'a semblé plus petite, un voile gris dans les cheveux, je n'ai pu m'empêcher de penser aux beaux seins de la jeunesse que je ne retrouvais pas, mais elle était alerte, la démarche assurée et le corps mince, elle avait certainement continué à monter à cheval. Plus d'imperméable et pour les talons plats j'étais trop loin pour vérifier. Elle arborait un visage fermé dans cette assemblée où elle ne connaissait pas grand monde mais on pouvait le mettre sur le compte de la mine de circonstance et au fait peut-être était-elle vraiment triste de la mort de mon beau-père, comme nous tous à qui il n'avait jamais fait que du bien. Il l'avait aidée à quitter sa condition de gouvernante et à obtenir un statut avantageux parmi les beaux restes de la société coloniale.

J'avais négligé cet épisode et je ne m'attendais pas à la trouver là. Comme il arrive souvent lorsqu'on attend très longtemps quelque chose et qu'on s'est tourné plein de films dans la tête, ça ne m'a pratiquement rien fait ; je trouvais la situation banale, vaguement absurde ; je n'éprouvais aucun des sentiments, parfois incroyablement violents, qui m'avaient agité pendant toutes ces années ; ni amertume ni refus, juste de la curiosité et l'envie de l'observer tranquillement avant qu'elle ne s'aperçoive de ma présence et ne me reconnaisse à son tour. Le fait de se trouver dans une église me rappelait les interminables messes basses de la chapelle espagnole où elle m'emmenait, en mantille noire, ses leçons d'histoire sainte toutes pleines d'un sombre fatras de péchés mortels et de châtiments divins. Elle était manifestement moins accrochée au rituel, la tête nue et sans missel à la main. Peut-être s'était-elle détachée de la religion en cessant d'être obligée de jouer les directrices de conscience et peut-être avait-elle révisé ses principes dans d'autres domaines ? Mais non, le geste rare, le regard sombre, le genre tellement correct associé à un air indéfinissable de dureté et de solitude me faisaient penser qu'elle n'avait pas vraiment changé. Le fait que son apparence physique se fût si peu altérée n'était pas non plus de très bon augure. Inévitablement, le déroulement de la cérémonie nous mit enfin côte à côte. Je la saluais sobrement, compte tenu des circonstances, mais le mouvement se voulait naturel, presque enjoué ; elle me répondit comme un spectre, sans chaleur, ce n'était pour elle manifestement ni le moment ni le lieu des embrassades. J'eus la sensation que nous étions revenus instantanément à la case départ, celle d'autrefois où elle était l'intraitable gardienne des codes de bonne conduite et nous restâmes ainsi un moment, deux blocs de retenue contrainte puis un mouvement des gens nous délivra l'un de l'autre. Le malaise en moi commençait à revenir. Ma mère d'un peu plus loin l'observait discrètement, elle passa devant elle sans un regard. Je doutais qu'elle ne l'eût pas remarquée. C'était clair, elle ne voulait rien avoir à faire avec nous, avec le passé que nous incarnions. J'aurais pu me contenter de cette rencontre surprise infinitésimale qui m'avait dévoilé brutalement l'inanité de tous les plans que j'avais tirés sur la comète, mais quoique malheureuse, l'occasion était unique et je désespérais de saisir au moins une parcelle de vérité. Comme elle s'apprêtait à sortir de l'église avant tout le monde, je me plaçais sous le porche pour la voir une dernière fois; elle commença à s'éloigner sur le parvis, mais elle avait saisi mon manège et, après avoir hésité, elle revint brusquement vers moi; on était en zone franche, les gens se rassemblaient peu à peu et se parlaient, on pouvait donc échanger quelques mots. Mais nous n'avions pas grand-chose à nous dire somme toute. Bien que précisant qu'elle ne regardait pas la télévision, elle me fit quelques compliments d'usage; je lui demandais comment elle avait organisé sa vie, elle évoqua une petite maison près de Toulouse où elle s'était retirée et où elle menait une existence agréable et sans histoire. Je m'étais donc trompé, l'adresse sur l'annuaire n'était pas la sienne, mais j'omis d'aborder ce détail qui nous aurait emmenés trop loin. En revanche, c'était étrange, elle m'affirma qu'elle savait où j'habitais; plus étrangement encore je lui suggérai de m'écrire, je lui répondrais sûrement; elle eut l'air de ne pas comprendre, sa réaction me sembla normale, ma proposition était incompréhensible. Et puis ce fut tout; il y avait plus de gens maintenant sur le parvis, il fallait aller vers eux, je l'ai perdue de vue. Dans la voiture, ma mère m'a demandé pourquoi je m'étais montré si aimable et je n'ai pas su quoi lui répondre. Ce qui m'a le plus frappé finalement c'est qu'elle m'a dit vous durant toute notre brève conversation. La méchante m'avait vouvoyé toute mon enfance et je l'avais oublié.

La gentille est arrivée à la maison deux ou trois ans après la disparition de la méchante. On était à la fin juin, ma mère l'avait engagée comme extra pour les vacances. Le bureau de placement avait prévenu, une femme qui venait de quitter son mari alcoolique et qui n'avait jamais été placée mais qui avait fait bonne impression lorsqu'elle s'était présentée. J'étais à l'affût de ce genre de détails, nous allions tout de même passer plus de deux mois ensemble dans la maison de ma grand-mère à Évian. Ma mère se demandait si elle ferait l'affaire, on ne disposait d'aucune référence pour la cuisine, le ménage, le repassage et il y avait déjà dans la villa, enkysté depuis vingt ans, un redoutable dragon femelle qui régentait le service. On courait le risque supplémentaire d'un de ces obscurs conflits à rebondissements qui gâchent les vacances de toute une maisonnée. Mais il n'y avait pas le choix, la saison était trop avancée pour trouver quelqu'un d'autre.

C'est moi qui lui ai ouvert. Elle ressemblait à l'une de ces femmes du peuple que j'avais vues dans des films tristes ou dans le métro. Sans âge, massive, une épaisse chevelure châtain avec la raie au milieu et deux peignes en plastique de chaque côté, un œil qui regardait un peu vers l'autre et au moins une dent en or. Elle traînait une énorme malle en osier où j'ai deviné tout de suite qu'elle avait enfourné ses seuls biens quand elle s'était enfuie des griffes de l'ivrogne. Les enfants de riches sentent le drame et la misère et ils en ont peur, or elle dégageait au contraire une impression rassurante de force et d'équilibre ; elle ne paraissait pas du tout intimidée et se présenta gaiement avec un grand sourire qui me perça le cœur. Dès cet instant j'ai su qu'elle deviendrait mon amie. Sur ces entrefaites, ma mère est apparue et elles se sont enfermées dans le petit salon pour un long conciliabule ; j'espérais qu'elle resterait. À la fin de l'entretien, elle avait toujours ce sourire chaleureux qui lui donnait l'air jeune et maman m'a dit : « Voilà Simone qui sera avec nous cet été ; elle aidera à la maison et elle s'occupera de toi. » Je n'ai rien dit mais j'ai dû avoir l'air content et cela n'a pas échappé à ma mère. En ce temps-là, ma grand-mère ne passait qu'une partie des vacances à la villa, mes frères partaient pour l'Angleterre et ma mère allait et venait avec son nouveau mari entre Paris et Évian. Il y avait bien la maison de mes oncles à l'autre bout de la propriété avec des petits cousins, mais nous serions seuls assez souvent. Le lendemain, nous avons pris le train tous les deux ; elle ne voulait pas que je l'aide à porter la malle mais dans le compartiment elle l'a ouverte pour me montrer son trésor, une machine à coudre Singer qui lui servait à faire ses vêtements elle-même ; moi je croyais encore qu'on trouvait les vêtements tout faits dans les magasins et qu'il suffisait d'acheter. Durant le voyage qui durait alors longtemps nous nous sommes un peu raconté nos vies ; j'étais un enfant d'environ treize ans, encore craintif et dissimulé, mais reconstruit et volontiers crâneur ; je lui ai décrit le lycée en jouant au bon élève que je n'étais pas vraiment et j'ai avancé quelques pions concernant les loisirs et les horaires que je souhaitais pour les vacances ; pour voir si elle me laisserait tranquille. Elle avait des consignes mais j'ai compris qu'on s'arrangerait. Elle disait le cheval, le tennis, la piscine comme en récitant une leçon nouvelle bien apprise et je sentais que c'était pour elle aussi loin que la Chine. Dans la foulée des activités approuvées par ma mère, j'ai aussi négocié le cinéma qui obligeait à se coucher bien plus tard que prévu ; elle n'y voyait pas d'inconvénient à condition que le film soit bien pour moi ; elle vérifierait dans *Bonnes Soirées* qu'elle lisait chaque semaine plutôt qu'en allant consulter la cote catholique à la paroisse car elle n'allait pas à l'église. Elle n'était pas contre mais elle n'y allait pas. L'information était un peu choquante mais laissait entrevoir la chance de pouvoir sécher la messe. La machine Singer avait fouetté ma curiosité ; je voulais en savoir plus sur ce qu'avait été son existence avant notre rencontre ; elle était réticente pour en parler, elle trouvait que ce n'était pas des histoires pour un enfant comme moi. J'ai su tout de même qu'elle avait perdu sa mère quand elle était petite, elle ne pouvait pas la décrire car elle n'avait pas de photo d'elle. Son père s'était remarié avec une femme qui s'était montrée très dure et l'avait fait souffrir ; elle s'était occupée de ses demi-frères et avait commencé à travailler en usine après son certificat. Elle rapportait sa paye à la maison ; il n'y avait pas beaucoup à manger ; comme c'était en grande banlieue elle pouvait faire pousser des légumes chez une voisine. Elle s'était mariée à dix-sept ans avec un garçon de l'usine qui était beau et qui l'emmenait danser, mais il s'était laissé entraîner peu à peu par ses copains et il avait commencé à courir un peu partout, à boire et à devenir violent. Elle aimait beaucoup une petite sœur de la même mère, malheureusement c'était une fille qui manquait de jugeote et qu'il fallait surveiller. Ses réponses me laissaient découvrir un monde inconnu même si je manquais singulièrement de repères ; sa franchise et sa pudeur m'en imposaient.

Ainsi faisions-nous connaissance dans ce train brûlant et enfumé que traînait encore une locomotive à vapeur et nous n'étions pas déçus l'un par l'autre. À l'arrivée, je redoutais la réaction du dragon mais elle savait s'y prendre avec les travailleuses amères ; elles s'entendirent très bien et je me retrouvai à l'abri des humeurs sombres de celle qui m'avait tellement embêté l'été d'avant.

J'ai toujours aimé les bonnes. Dans la lutte des classes qui ravageait autrefois les appartements bourgeois je prenais instinctivement le parti de la cuisine. L'attitude rogue de la méchante qui se comportait en contremaître m'avait rangé du côté des victimes et révélé des solidarités inespérées. C'était un dilemme intérieur pénible car je ne voulais pas non plus désavouer ma mère, mais enfin, elle, je savais que je l'aurais toujours alors que les bonnes changeaient souvent. La maison menait grand train et avec l'afflux des employées espagnoles le métro Pompe prenait des airs de Ramblas, mais c'était quand même la fin de l'ancien régime. Les domestiques avaient appris à se rebeller, négociant âprement leurs heures et elles n'hésitaient plus à rendre leur tablier pour une meilleure place, voire un autre métier. La demande changeait progressivement de camp et le temps d'un personnel humble et soumis qui aurait fait partie des meubles était en passe d'être révolu. Je m'accommodais fort bien du nouveau cours de l'histoire ménagère ; j'en ai retiré jusqu'à maintenant une tenace réticence à me faire servir. Mais chaque fois qu'une bonne partait j'avais peine à surmonter un sentiment proche du désespoir. Je me souviens de Suzanne qui pleurait en venant m'embrasser dans mon lit pour me dire adieu le dernier soir ; Magali qui sentait la transpiration et me confiait en soupirant qu'avec un pareil tra-

vail il était difficile de rester fraîche; Christiane
l'orpheline qui avait travaillé chez un acteur de cinéma
et rêvait de devenir artiste; Héléna la sainte qui ne voulait pas me laver les cheveux dans mon bain parce que
ce corps plus tout à fait enfantin la choquait alors
qu'elle aspirait à se retirer dans un couvent de Sala-
manque; Esther qui composait des poèmes sur les
gosses perdus de la guerre d'Espagne et me les récitait
les yeux embués; Lucienne engrossée par un Martini-
quais dont elle était folle et Milagros partie tenter sa
chance en Amérique avec un pianiste dévergondé. Je
me rappelle aussi très bien les hommes mais ce n'est pas
la même émotion, cette tendresse complice qui me faisait traîner à l'office pour mon goûter et épargner sur
mon argent de poche pour offrir des petits cadeaux
d'anniversaire. Et je garderai jusqu'à mon dernier jour
le remords de n'être jamais allé voir Berthe la lingère
quand elle s'est retirée à Sarreguemines à la fin de sa vie
alors que je rafistole encore la tenue qu'elle avait
confectionnée pour mon éléphant en peluche, comme je
vois encore devant moi la vieille femme du Luxem-
bourg, une expression d'épuisement dans le regard et
un quignon de pain à la main qui me disait en s'en
allant « allez, vous au moins vous êtes bien gentil quand
même ». Des femmes de l'Est avec toute une vie de travail derrière elles qui sentaient la mine et la servitude et
qui n'avaient connu que des hommes morts à la guerre
ou disparus avec de mauvaises filles; bien plus instruites
qu'on ne le croyait mais tellement contraintes à ne
jamais parler d'elles et à rester en retrait qu'elles
s'effrayaient un peu d'un petit maître trop à l'aise qui
heurtait leur habitude du silence et de la solitude. Des
accents, des manières, des visages d'un peu partout. Des
Bretonnes, des anciennes marinières, des fleurs de la

ceinture rouge, des filles-mères avec l'enfant en nourrice à la campagne, des Berrichonnes, toutes celles qui prenaient encore Paris pour une chance et observaient le style de Madame avec envie et ressentiment. Les Espagnoles étaient décidément à part; arrivant d'un pays retardé elles étaient en avance; souvent jeunes, gaies, se serrant les coudes farouchement elles n'éprouvaient aucune inhibition devant les riches et ne faisaient pas mystère de leur volonté de récupération populaire et de leurs ambitions personnelles; l'appartement bourgeois n'était qu'un premier galon sur le champ de bataille. J'en savais long sur mes camarades du sixième étage car j'enquêtais aussi chez mes copains de classe quand ils m'invitaient chez eux. Parfois mes élans tournaient court; certaines buvaient, volaient, me mentaient quand elles me disaient qu'elles m'aimaient mais je m'en doutais, je m'en fichais, le renégat du salon n'était pas à une trahison près.

Cette année-là, grâce à Simone, Évian me parut moins triste. Les enfants ne savent pas profiter d'un beau jardin ni du charme d'une maison de famille tranquille. La petite cité thermale était béatement hostile à la jeunesse, assoupie sur de vagues souvenirs de grande vie, résonnant de l'accent traînard des Savoyards et des récriminations d'estivants décrépis en casquettes et robes à fleurs, parsemée d'hôtels sinistres comme des sanatoriums, ses rues et ses promenades fleuries jusqu'à l'écœurement, vides comme dans un film de science-fiction sur le nuage atomique dès que les commerçants tiraient leur rideau de fer. Même les sports que je prétendais pratiquer manquaient d'attrait. Le maître de manège était un jockey brutal et mal embouché, le prof de tennis un vieillard irascible et cupide, la piscine un refuge de tentations désespérantes. Je nouais çà et là des amitiés mornes et sans avenir avec des enfants de la bourgeoisie de province, à peu près aveugles et sourds, déjà perdus pour l'aventure. Leurs parents en Peugeot métallisée me considéraient avec méfiance ; ceux-là ne m'invitaient guère ; il s'agissait de familles nombreuses qui s'étaient mises à plusieurs pour les villas en location et il y avait assez de gosses à la maison. On oubliait le beau lac, la Suisse en face, les montagnes au-dessus.

Simone qui n'avait jamais voyagé trouvait Évian très bien. Elle élargit l'horizon en planifiant des excursions, on fit des croisières en bateau à aubes sur le Léman, des traversées pour Lausanne avec arrêt au palais des merveilles du grand magasin Innovation et orgie de glaces sur le port à Ouchy, des ascensions en télécabine au sommet des Mémises et redescente par un sentier de chèvres où elle m'accusait de vouloir la perdre, des visites aux châteaux des alentours que je n'avais pas imaginés si nombreux. Les châteaux, c'était moins amusant et je bâillais d'ennui pour la faire enrager ; elle en était désolée et bougonnait que c'était honteux de la part d'un jeune garçon qui posait si souvent au professeur ; mais c'était un jeu, elle savait bien que je préférais ces visites à me traîner jusqu'au manège. Alors que je me plaignais des distances et des montées en vélo, elle était la reine des cars et des correspondances et possédait par cœur les horaires affichés au débarcadère. Pour celle qui ne connaissait que ses départements et avait peur de l'Afrique où les gorilles emportent les femmes blanches dans la jungle comme elle affirmait l'avoir lu sur son magazine favori, elle révélait une âme d'exploratrice intrépide, curieuse de tout, avide d'apprendre. J'allais au cinéma, évidemment, à peu près tous les soirs. Elle ne m'accompagnait pas ; les films pour elle ce n'était pas la vérité ; elle préférait m'attendre en rêvant du réel. J'avais beau lui raconter, tenter de l'intéresser, elle n'en démordait pas, un mensonge même artistique restait un mensonge. Elle préférait pêcher ses histoires dans la vraie vie qui lui en avait réservé de gratinées ; celles qu'on voyait sur un écran lui paraissaient bien fades en comparaison. En tout cas, je n'avais jamais rencontré une personne aussi franche, l'honnêteté comme une seconde nature et, quand une situation lui déplaisait, elle préférait se taire. Elle n'aimait pas non plus la politique, les apôtres de la revanche sociale, les grandes gueules de tous bords : les héros du passé lui étaient indifférents ; mes leçons plus qu'approximatives dans ces domaines ne lui faisaient ni chaud ni froid ; elle prétextait être à moitié sourde, c'était exact, sa marâtre lui avait défoncé une oreille à coups de tisonnier. Curieusement, son aversion pour le cinéma, sa méfiance viscérale pour les boniments ne l'empêchaient pas d'avoir l'âme poétique, elle dédaignait les chansons sentimentales à la radio, y compris celles d'Édith Piaf que j'adorais, mais elle écoutait volontiers de la grande musique, regardait les livres de peinture dans la bibliothèque, admirait en bloc les savants, les créateurs. Elle savait qu'elle n'avait pas de repères, elle ne se cachait pas d'être ignorante et naïve et elle se moquait la première de ses lacunes sans honte ni forfanterie ; mais avec son tour d'esprit original elle échappait aux simplifications du bon sens populaire et à mes préjugés péremptoires de petit singe savant. Elle parlait ce qui me semblait être la langue des ouvriers avec des formules imagées comme dans les dictées de la communale, mais je ne me souviens pas de l'avoir entendue dire un mot grossier, utiliser une expression vulgaire ; elle avait les jurons en horreur et n'hésitait pas à me reprendre car ce n'était vraiment pas la peine que mes parents « se soient percés aux quatre veines pour mon éducation » et que je me permette « des paroles de vaurien qui leur tourneraient les sangs ». Pour le reste il ne fallait pas être « peigné comme un désastre, ni vêtu comme l'as de pique », ni se goinfrer comme si « la table était louée » et j'avais trop envie de lui plaire pour lui imposer « des manières d'évadé » ; elle avait deviné l'essentiel, les années de la méchante, sans que nous en ayons parlé ; elle me faisait comprendre que ce n'était pas une raison pour tout mélanger. Elle me cuisinait tout ce que j'aimais en ajoutant des recettes mystérieuses qu'elle jugeait fortifiantes ; pas trop de laitages qui portent sur le foie, mais du cœur de veau aux navets, du pain perdu, des trucs de pauvres que je trouvais délicieux.

Un soir, ô surprise, elle voulut quand même aller au cinéma ; elle éprouvait une forte sympathie pour Brigitte Bardot qu'elle appelait la Mignonne sans avoir vu aucun de ses films ; l'attitude hypocrite la plus répandue était alors de critiquer la mauvaise actrice, la fille impudique et dissolue qui gagnait des millions à coups de scandales, mais Simone n'en démordait pas, la Mignonne était belle, libre, faisait son métier avec ardeur, et c'était pour ça que les gens la jalousaient. Je crois qu'on affichait *En cas de malheur* au Cinémonde, le drame où elle remontait sa jupe devant Gabin et dont même *Bonne Soirée* avait écrit que c'était une abomination. Il fallait décidément en avoir le cœur net ; j'avais un peu de mal à suivre mais j'avais perdu l'habitude de m'étonner et j'approuvais la décision. Cette fois la censure qui m'avait laissé les coudées franches était incontournable ; le film était interdit aux moins de seize ans. On convint que je resterais à la maison et que ce serait mon tour d'attendre la fin de la séance pour recueillir à chaud les premières impressions. Le Dragon qui ne ratait pas une occasion d'accabler la Mignonne de sifflements venimeux était ravi de l'aubaine et se laissa enrôler sans se faire prier ; elles se mirent sur leur trente et un et partirent toutes les deux d'un pas léger à la rencontre de la pécheresse. Je m'étais endormi depuis longtemps lorsqu'un vacarme me sortit brutalement de mon sommeil ; Simone et le Dragon rentraient à la maison, ivres mortes. Elles se tenaient hagardes dans l'escalier en ayant retiré leurs chaussures comme des maris de vaudeville. L'une était tombée et l'autre l'avait ramassée, mais il n'y avait pas eu grand mal et, se soulevant mutuellement, agrippées à la rampe, elles considéraient le reste de l'ascension d'un œil vague en soufflant comme des phoques. Épouvanté par le spectacle, je m'enfuis dans ma chambre ; elles étaient trop saoules pour avoir remarqué ma présence ; il y eut encore du bruit, des pas titubants, des appels et des rires, puis elles allèrent s'endormir, chacune de son côté. Je passai une mauvaise nuit continuellement aux aguets ; les enfants qui font déjà assez de bêtises comme ça ont peur des faiblesses des adultes et cette brusque apparition du désordre m'angoissait ; mais je la ressentais surtout comme une trahison ; Simone, qui m'avait semblé solide comme un roc, pouvait donc dégringoler d'un coup dans l'alcool et l'anarchie ; je revenais sur ses confidences et je voyais une autre vie, plus obscure et misérable, où les femmes lèvent le coude et traînent au café avec les hommes ; j'avais évidemment un peu de peine à localiser un bouge mal famé et des types aux yeux fiévreux dans le cimetière nocturne d'Évian, mais je me doutais qu'elle avait aggravé son cas en entraînant le Dragon qui ne prenait jamais plus d'un doigt de fendant ; et, pire que tout, j'étais obligé d'admettre que cette nuit-là Simone m'avait oublié.

Le lendemain matin, comme je descendais à tâtons vers la cuisine pour prendre mon petit déjeuner, je tombai sur elle qui passait l'aspirateur ; elle avait l'air encore un peu défait, le teint pâle, les yeux pochés comme si elle avait pleuré. Je n'avais pas envie de l'embrasser et, devant mon air faussement dégagé, elle comprit tout de suite que j'avais assisté à l'horrible scène. Elle arrêta l'engin et me regarda passer, les bras ballants, muette, une expression de détresse absolue sur le visage, encore plus louchonne que d'ordinaire. À la cuisine, le Dragon reniflait sur ses casseroles en me tournant le dos ; c'était une personne murée, qui avait eu, elle aussi, sa part de malheur dans l'existence. En gros l'enfance à l'Assistance, la honte d'être fille-mère d'une gosse élevée chez les sœurs et partie faire les quatre cents coups, l'amertume d'une vie noyée dans la vaisselle, toutes ces histoires se ressemblent. Elle ruminait en solitaire, le genre à ne jamais avouer la tête sur le billot. La matinée se déroula dans une sombre torpeur, je jouais au jardin avec mes petits cousins mais le cœur n'y était pas, Simone entrait et sortait de la maison en me coulant des regards furtifs ; puis elle vint me voir ; on s'assit sur le rebord d'un petit mur près des hortensias, il fallait que je l'écoute, elle avait à me parler. Elle me demanda si je voulais qu'elle s'en aille, il y avait un train pour Paris le soir, ma mère devait arriver dans deux jours, c'était court, le Dragon y suffirait, je n'avais qu'à lui demander et elle partirait. Elle regardait par terre, elle avait la voix qui tremblait, c'était triste ; je voyais l'été s'ouvrir comme un fruit pourri, j'étais affolé sans trop le montrer, je refusais absolument l'idée qu'elle me quitte. Comme je restais silencieux, elle commença à me raconter la folle soirée de la veille ; elle allait lentement en choisissant soigneusement ses mots, je pense qu'elle redoutait plus que tout d'augmenter mon désarroi; il fallait seulement exposer le plus clairement possible ce retour en flammes de « la chienne de vie »; l'expression m'a frappé, elle était si inhabituelle dans sa bouche. Le film était bien fait, il fallait le reconnaître, elles avaient été prises par l'histoire, la Mignonne était parfaite, tellement émouvante, on sentait bien qu'elle ne trichait pas avec son rôle de pauvre fille qui fait le mal pour s'en sortir. Même le Dragon avait pleuré à la fin. En sortant, elles avaient été prises d'un terrible coup de cafard et elles s'étaient arrêtées dans le seul bistrot ouvert pour se remettre. Elles ne savaient pas ce qu'elles allaient me raconter car ce n'était pas vraiment un film pour les enfants et, à force de se dire qu'elles ne pourraient pas me raconter, elles s'étaient raconté leur propre vie, un verre poussant l'autre pour se donner du courage. Voilà, c'était tout, elle m'avait déjà dit l'essentiel dans le train et peut-être que je pouvais comprendre; elle ajouta que c'était vrai, qu'il lui était arrivé de boire autrefois, quand son mari la battait, avant quand elle l'aimait encore et qu'elle pensait qu'elle pourrait le suivre pour le rattraper. Elle attendait maintenant, c'était à moi. Mais je n'ai rien dit, j'avais trop peur de ne pas savoir m'y prendre et qu'elle me quitte, j'avais aussi trop mal pour elle; je l'ai seulement embrassée avec une force incroyable et je lui ai demandé si elle n'avait pas oublié qu'on devait aller en pique-nique à la montagne demain; puis je suis allé fabriquer des arcs pour mes petits cousins après les hortensias. Elle est restée un moment, pensive, à regarder encore par terre, et elle est rentrée préparer le déjeuner. Elle n'est pas partie, nous avons fait le pique-nique et nous avons attendu maman. Peu après son arrivée, ma mère a dit « cette fille est parfaite, tout est impeccable et c'est fou ce que vous vous entendez bien ». Nous avions un secret en plus et je savais que je n'aurais pas besoin de cacher les bouteilles de vin. Elle n'y retoucherait pas, c'était sûr et certain.

On se disputait souvent ; monsieur-je-sais-tout l'agaçait avec ses façons de la traiter en perpétuelle ignare, elle grondait qu'il finirait par la rendre chèvre avec ses questions. C'était le fond du conflit. Mais elle m'accusait aussi d'être pas très franc, râleur, bien trop dépensier ; le vrai gosse de riche avec une cuillère en or dans la bouche qui se croyait tout permis, prenait de grands airs et ne connaissait rien à la valeur de l'argent ; il aurait moins fait le fier si son père l'avait mis comme elle en usine à quatorze ans. Elle se rebiffait d'un coup, je lui répondais, le ton montait et je faisais la mauvaise tête, et puis on restait à maugréer chacun dans son coin. C'est vrai que je devais être exaspérant avec ma manie d'avoir un avis sur tout mais à ma décharge je n'avais pas eu beaucoup d'occasions de briller du temps de la méchante. On ne se boudait pas longtemps, on se réconciliait comme la bagarre était venue, très vite, sans faire d'histoires, comme s'il ne s'était rien passé et jusqu'à la suivante. Je redevenais son Bébé Cadum, celui à qui on presse le nez et il en sort encore du lait ; le compliment ne me plaisait qu'à moitié mais ce n'était pas l'heure d'en remettre sur l'amour-propre. Elle n'avait pas eu d'enfant ou plutôt elle avait failli en avoir et elle les avait perdus avant la naissance, elle n'aimait pas en parler mais je sentais qu'il y avait un rapport avec la violence du mari ; pour le Bébé Cadum je pouvais comprendre. Et puis en fait, dans la vie de tous les jours, j'étais son ami, son compagnon, presque son homme. Pour moi ces disputes étaient une expérience merveilleuse, les premières avec une grande personne sans que j'aie peur des représailles; ma mère était à part, la prochaine dans la ligne de mire sans doute mais bien que sachant qu'elle n'aurait jamais levé la main sur moi je n'osais pas encore m'approcher du piédestal. Restait Simone avec qui je pouvais y aller carrément puisqu'elle ne m'en tenait pas rigueur. J'avais confiance, il était exclu que l'on se sépare le soir en restant fâchés. On lui aurait confié une bande de jeunes délinquants en sursis qu'elle serait parvenue à les amadouer. À la fin des vacances, ma mère lui proposa de rester avec nous; j'avais retenu mon souffle, je fis le malin en disant que je n'étais pas contre; j'avais terriblement besoin d'elle car la rentrée s'annonçait mal.

Je travaillais de moins en moins bien au lycée depuis plusieurs mois; j'étais passé de justesse, l'un des plus jeunes de la classe qui ne comprenait rien aux maths et que le latin rebutait; le malaise ressenti au contact de mes camarades, certains adolescents désormais, ne cessait de s'alourdir et de m'angoisser. Ma mère avait ses obligations auprès d'un nouveau beau-père charmant mais qui ne m'apprivoisait que lentement; j'avais tellement aimé le précédent. Mon père et mes frères vivaient à côté et c'était pourtant un autre monde dont je me croyais exclu. À nouveau, je me repliais lentement sur moi-même. C'est Simone qui m'a permis de tenir sans naufrage scolaire ni crise majeure. J'avais acquis une certaine indépendance, elle n'était pas la seule à travailler à la maison, il y avait des invités, des va-et-vient, les distractions de Paris et cependant c'était d'elle que je me sentais toujours le plus proche. On ne pouvait plus se parler tout à fait comme à Évian, l'énergie pour les disputes s'était évanouie, mais on se comprenait à demi-mots; le lien demeurait aussi solide qu'avant. Ça passait par de petits riens, son sourire quand j'entrais dans la cuisine, mon attention quand elle soupirait sur les soucis que lui causait sa petite sœur follette, une même manière de vivre le rythme des journées, l'harmonie des habitudes, de franches rigolades parfois puisque nous partagions le même esprit de dérision. En plus je n'avais pas le sentiment de trahir ma mère, malgré l'abîme social qui les séparait ; elles éprouvaient une réelle affection l'une pour l'autre ; Simone qui n'avait aucun complexe d'infériorité l'admirait en bloc comme elle aimait la Mignonne ; maman qui respectait une certaine idée de la sagesse populaire était épatée par l'intelligence et la dignité de Simone ; leurs relations étaient simples et naturelles.

Pour le cinéma, j'avais obtenu gain de cause ; à l'usure et sans qu'elle cessât de protester que c'était du temps perdu, elle consentait à m'accompagner à une séance de temps à autre, mais à ses conditions ; pas aux Champs-Élysées des riches où l'on projetait des films en version originale dont les sous-titres lui fatiguaient les yeux et pas pour des histoires policières ou de violence ; des crimes elle en voyait déjà bien assez sur le journal. En revanche, elle avait repéré une petite salle bon marché sur les Boulevards où il fallait se rendre en métro ; des changements, toute une aventure ; on pouvait y voir ce qu'elle appelait des beaux films, ceux de Fernandel qui étaient si bêtes mais qui faisaient rire, disait-elle, les exploits de Joselito qui était un autre Bébé Cadum en plus noiraud, et surtout les mélodrames avec Sarita Montiel qui lui mettaient la larme à l'œil malgré son aversion persistante pour les chansons sentimentales. Des films de bonnes, ricanaient mes camarades du lycée qui se racontaient Eddie Constantine, et moi je pensais qu'elle faisait le sacrifice de son jour de congé pour venir avec moi. Aujourd'hui encore, je n'aime pas que l'on se moque de ce genre de films, ils mériteraient bien qu'on les repasse eux aussi quelquefois. Elle savait que je peinais en classe et pour elle l'affaire était entendue, les professeurs se montraient injustes, ce qui n'était pas faux en face de ces troupeaux de plus de quarante élèves où les maîtres débordés moulinaient leurs leçons en favorisant outrageusement les habitués des petits cours. Elle ne pouvait pas m'aider pour mes devoirs mais elle venait régulièrement se pencher par-dessus mon épaule pour voir si ça avançait quand même et, lorsqu'il m'arrivait d'être trop désespéré, elle se faisait entraîneur de sportif, m'arrachait à mon tourment et me préparait un chocolat qui donne des forces pour que je reparte d'un bon pied. Elle n'aimait pas trop écrire des mots d'excuses par loyauté pour ma mère, en revanche elle signait mon carnet en son absence, en ne voyant que les moins mauvaises notes, d'un paraphe rageur comme on solde la facture de fournisseurs indélicats.

Un soir où je devais réaliser un cône en papier bristol pour la classe de maths du lendemain dont la prof était une vraie peau de vache, je sombrai en pleine Berezina. J'avais beau dessiner sur le bristol, découper, coller dans tous les sens, m'y reprendre encore et encore, ce foutu cône ne tenait pas droit ; je n'arrivais pas à fermer le bas et il penchait irrémédiablement. L'heure tournait, j'étais affolé, l'ombre menaçante de la peau de vache envahissait toute la chambre. Simone me trouva en pleine crise de larmes au milieu d'un monceau de cartons déchirés, de tubes de colle écrasés et de cônes bancals qui me narguaient grotesquement. Elle ne m'avait jamais vu dans un tel état, elle me força à me coucher en m'assurant qu'elle trouverait la solution et finirait le cône. Je la revois encore telle qu'elle m'apparaissait avant que je ne m'endorme, éclairée par la petite lampe de mon bureau, chevelure ébouriffée et yeux écarquillées, tout absorbée par l'effort de ce casse-tête. Elle inspectait l'armée de mes brouillons boiteux, repassait sur mes dessins, retournait les invalides, cherchait la clef dissimulée dans les pages de mon livre de géométrie. Le sommeil me prit dans le cliquetis des ciseaux et l'odeur de la colle. Le matin au réveil, il y avait au moins une demi-douzaine de cônes en plus qui piquaient du nez tout autant que les miens ; elle n'avait pas réussi ; l'un d'entre eux était encore plus raté que les autres, tout tordu, froissé, malingre ; nous convînmes que c'était lui qui témoignait le mieux de nos efforts et de l'absurdité de l'entreprise ; j'emportai le monstre en classe où il fit sensation ; jamais zéro pointé ne fut accueilli d'un cœur si allègre.

À la fin de l'année scolaire, ayant échappé par miracle au redoublement, ce fut mon tour de partir en Angleterre. J'étais insouciant, tout excité par l'idée du voyage. Je ne me souviens plus du tout de notre au revoir. À mon retour, elle n'était plus là ; ma mère m'a dit qu'elle était auprès de sa sœur malade en province et qu'elle reviendrait bientôt ; je lui avais rapporté un pudding, j'étais sûr que ça lui ferait plaisir, je traînais dans l'appartement avec mon pudding comme un chien qui cherche son maître ; puis ma mère m'emmena dans le Midi pour le mois d'août, je pensais un peu moins à Évian. À la fin des vacances, le pudding était encore au réfrigérateur et elle n'était toujours pas revenue. Ma mère avait engagé quelqu'un d'autre, on disait que j'avais beaucoup changé, le clin d'œil habituel sur les petites Anglaises. Je reçus enfin une lettre pleine de tendresse où elle m'expliquait qu'elle avait rencontré un homme très bien qui voulait bien vivre avec elle, ils habiteraient loin de Paris, il ne fallait pas lui en vouloir, elle penserait toujours à moi. Pressée de questions, ma mère me confia que Simone connaissait cet homme depuis plusieurs mois ; elle s'était certainement inquiétée de ma réaction et finalement elle n'avait pas osé m'en parler ; c'était semblait-il un Algérien qui avait choisi le camp des Français, maman ne savait pas trop, elle ne l'avait croisé qu'une seule fois dans le couloir du sixième où il louait une mansarde, en tout cas pas le genre d'un domestique, plutôt un type avec du chic qui dénotait au milieu des chambres de bonnes ; Simone l'aimait beaucoup et elle n'aurait pas suivi n'importe qui pour refaire sa vie ; je devais me réjouir qu'elle ait eu la chance de tirer le bon numéro ; oui, il ne fallait pas être égoïste. Je n'ai pas répondu à la lettre, j'ai mangé le pudding qui était devenu sec et amer. Je n'ai plus parlé de Simone. Ma mère disait à ses amies qu'elle était soulagée que j'aie pu l'oublier sans trop de mal ; elles lui répondaient que c'est le privilège de l'enfance, cette capacité à pouvoir se consoler si vite. Les enfants ne se consolent jamais vite de s'être sentis abandonnés par une femme gentille ; ils font seulement leur premier pas vers la mort et ça leur fait peur.

Après, je l'ai quand même quasiment oubliée pendant des années. Il y avait tant de choses à vivre. Et puis, c'est revenu, comme pour la méchante, dans les moments de panique, un peu plus à chaque fois. Je lui avais évidemment pardonné de m'avoir quitté sans prévenir, mais j'avais besoin d'elle et dans la persistance de mon amour d'enfance, je pensais encore qu'elle pourrait me venir en aide, me porter secours ; je savais que ce ne serait pas la même chose, bien sûr, mais pouvoir retrouver son affection et partager des souvenirs me prouveraient que je ne m'étais pas trompé sur le passé ;

cela m'apaiserait dans une certaine mesure. Intuitivement, je ne doutais pas qu'elle avait eu de bonnes années avec son homme mais je voulais aussi qu'elle sache ce qu'elle avait représenté pour moi ; je craignais qu'il ne soit un jour trop tard pour le lui dire. J'étais sans doute encore présent à sa mémoire, elle avait dû aussi me voir à la télévision, mais se demandait-elle si je pensais encore à elle ? En somme des raisons banales qui font que l'on souhaite absolument revoir les gens que l'on a beaucoup aimés et dont on n'a plus de nouvelles depuis longtemps. Je ne disposais d'aucun indice pour la retrouver, sa trace était perdue. Je ne savais même plus comment elle s'appelait depuis qu'elle avait tourné la page. C'était décidément une spécialiste de la disparition.

Le hasard m'a finalement remis sur son chemin ; une cousine de ma mère cherchait un autre appartement et interrogeait les gardiennes de son quartier ; elle est tombée sur Simone qui s'est fait connaître en entendant son nom ; elle voulait savoir ce que nous étions devenus, je serais revenu à plusieurs reprises dans la conversation et elle aurait dit aussi qu'elle ne voulait pas appeler parce que ça la ferait trop pleurer. La cousine l'a raconté à ma mère qui m'entendait parler encore de Simone après toutes ces années ; j'ai eu l'adresse. Ça a traîné plusieurs mois ; il n'y avait jamais personne à la loge ; une locataire m'a précisé qu'elle n'était venue que pendant quelques semaines pour remplacer une concierge qui était malade ; ensuite la compagnie d'assurances qui possédait l'immeuble avait décidé de s'adresser à une société de gardiennage ; on avait mis des boîtes à lettres pour le courrier et on avait fermé la loge. C'était moins bien a insisté la locataire mais on ne pouvait pas y faire grand-chose, les jeunes ne veulent plus faire ce métier avec toutes les obligations et les loges qui sont trop petites, les propriétaires répugnent aussi à s'embarrasser des vieilles concierges qui s'incrustent et réclament en même temps leur retraite : elle ne se souvenait qu'à peine de Simone, une personne un peu forte et très aimable, son mari lavait les voitures des locataires au parking, des gens obligeants comme tout mais qui n'étaient pas restés assez longtemps ; en tout cas elle ne savait pas où ils étaient partis. Ma mère s'intéressait à mon enquête, elle a écrit à la compagnie d'assurances, il a fallu les relancer plusieurs fois pour obtenir une réponse ; c'était interminable, j'étais inquiet, je n'avais jamais su son âge et je calculais dans le vide, j'essayais d'imaginer une grosse dame avec les cheveux comme un O'cedar, mais c'était vague, les traits deviennent vite flous quand on ne retrouve pas de photos ; ce n'était pas faute d'avoir cherché dans les boîtes à chaussures de maman ; hélas, elle jette beaucoup quand elle range. On a enfin reçu une lettre de la compagnie d'assurances, Simone habitait Sainte-Geneviève-des-Bois, il y avait l'adresse et le numéro de téléphone. Je n'étais pas à Paris et ma mère l'a appelée sans attendre mon retour ; elle craignait aussi qu'il se fût passé quelque chose de triste et elle voulait m'éviter une déception supplémentaire ; on se comportait comme autrefois, au moins quarante ans plus tôt, quand j'étais encore enfant ; c'était logique. Simone était bien au bout du fil. Elle a paru à peine surprise et très contente. Elle avait une bonne voix mais elle venait de traverser une période noire ; son homme était mort, elle-même se relevait lentement d'une grave opération, elle était seule et elle ne sortait presque plus de chez elle. Ma mère lui a dit qu'on aimerait venir lui faire une visite et Simone a répondu que ce serait vraiment une grande joie ; elle nous préparerait un déjeuner, il faudrait la prévenir un peu avant pour qu'elle cuisine un cœur de veau; elle savait que j'aimais ça. Cependant pour cette fois je voulais y aller seul et j'ai saisi l'occasion du premier dimanche.

Avril de cette année. Je roule en scooter à travers la banlieue sud. C'est le matin, il fait beau. Je connais bien Sainte-Geneviève-des-Bois, la maison de retraite et le cimetière russes, les tableaux de la famille impériale dans le bâtiment central abandonné, les tombes sous les bouleaux, celle de Youssoupov, celle de Tarkovski, tant d'autres, la jolie chapelle décorée par Benois, et aussi les rues qui tournent autour, une municipalité communiste s'est ingéniée à les appeler Lénine ou Maurice-Thorez sans pitié pour les pauvres Blancs épuisés. J'y suis allé souvent; si j'avais su que Simone se trouvait juste à côte. Après le parc de Sceaux, je me perds un peu dans le labyrinthe des avenues aux grandes villas bourgeoises et puis je reprends par Longjumeau, les premiers vergers, les premiers champs. C'est loin Sainte-Geneviève-des-Bois, déjà presque la campagne. Il n'y a pas beaucoup de trafic, l'air printanier est délicieux, je veux prendre tout mon temps, j'ai cette boule-là, sur le cœur, quand on désire très fort quelque chose. Je n'ai pas prévenu Simone, ce sera une surprise. Je trouve facilement la rue.

C'est un gentil quartier de pavillons modestes et proprets avec de petits jardins en peine floraison, des appentis en tôle pour la voiture et le bricolage. On n'est pas dans la misère. La maison de Simone paraît plus haute que les autres, à cause du toit qui ne s'incline que d'un seul côté vers l'arrière; une construction des années soixante, quand même les architectes de banlieue voulaient faire du moderne. Je tente de l'apercevoir par les fenêtres mais je suis en contrebas et avec les rideaux de dentelle je ne distingue rien. Je sonne depuis le portillon sur la rue, je recommence sur le perron ; elle était déjà un peu sourde, ça n'a pas dû s'arranger ; finalement j'essaye d'ouvrir la porte, elle est fermée à clef. Elle a pourtant dit qu'elle restait la plupart du temps chez elle ; serais-je tombé à un mauvais moment ? Quand on emmène les vieilles personnes en promenade le dimanche, c'est toute une histoire, on va voir de la famille, on n'en finit pas de déjeuner ; ça prend des heures ; cette manie que j'ai de toujours vouloir arriver à l'improviste me joue encore un sale tour ; je me dis que c'est trop bête mais tant pis, je patienterai jusqu'au soir s'il le faut. J'irai peut-être faire un tour au cimetière russe en attendant. La famille du pavillon d'en face est en train de préparer un barbecue, je demande si on n'a pas vu Simone. Le père me rassure, elle n'entend pas la sonnette mais elle est certainement à la maison ; il me confirme qu'elle n'en bouge pas, elle a trop de mal à marcher depuis son opération ; ses voisins lui font ses courses, tous ses voisins car elle a rendu tellement de services à chacun que c'est bien normal de ne pas la laisser tomber surtout après la mort de son « compagnon », un type comme elle, toujours à donner un coup de main. Il dit compagnon avec la même nuance d'amitié qu'il emploie pour elle. Je comprends qu'elle n'a jamais dû se marier avec son homme, elle avait quitté le premier soudainement, on n'a pas le temps de divorcer quand on s'enfuit. D'ailleurs lui aussi, au juste il ne sait pas comment elle s'appelle ; sur le courrier il y a un nom de jeune fille et puis un autre nom, celui de son compagnon, c'est selon, le facteur a l'habitude. Il l'appelle donc Simone, comme tout le monde, c'est plus simple. Ça le fait rire, il doit aimer l'idée que c'est une femme avec un passé plus ou moins mystérieux ; en plus il vient de me reconnaître à cause de la télévision et ça le conforte dans son impression. À l'entendre, j'ai nettement le sentiment que Simone est un peu la star de son quartier. Elle s'enferme, c'est l'âge, ajoute-t-il en souriant, mais il a un double de la clef et il revient avec son trousseau. On entre, c'est nickel et ça sent l'encaustique, il appelle d'une voix forte, on passe dans le couloir, elle est là devant moi, plissant les yeux pour mieux voir l'inconnu qui est venu avec le voisin et qui lui rappelle quelqu'un. Elle porte une blouse de ménage, elle n'est pas si grosse, la masse de cheveux n'a pas blanchi, un œil toujours un peu tiré sur la tempe, le teint frais, pas celui d'une vieille dame. Quand je lui dis qui je suis, elle respire un coup plus fort mais elle n'a pas l'air étonnée. On s'embrasse avec un peu de gêne, j'ai au moins deux têtes de plus, elle affirme néanmoins : « Ah, c'est bien vous, monsieur Frédéric, je vous retrouve tout à fait. » Je ne m'y attendais pas, ça me fait bizarre. Comme pour le vouvoiement de la méchante, j'avais complètement oublié le monsieur Frédéric. Le voisin s'éclipse. Je ne sais pas trop quoi dire, j'avais pourtant bien préparé mais je sens que ça tomberait à plat, maintenant, dans cette maison où j'ai l'impression d'être entré par effraction. On échange des nouvelles sur la famille, elle a su pour mon père, pour ma grand-mère, elle ne précise pas comment et je n'insiste pas pour qu'elle m'explique ; elle a peut-être gardé des contacts finalement dont je n'aurais rien deviné. Elle me montre son salon, tout est net, bien rangé, des petits meubles d'acajou, des napperons, une bibliothèque avec une encyclopédie et des livres sur les pays étrangers. C'est simple mais rien de prétentieux ni de laid. Au mur, des chromos sur des paysages d'Italie comme on en trouve dans les brocantes ; à quelques détails, la manière de disposer les bibelots par exemple, je repense au fait qu'elle admirait ma mère pour son goût, son talent des intérieurs. Son lit est fait sur le canapé devant la télévision, elle ne monte plus dans sa chambre à cause de ses jambes et elle regarde les émissions tard le soir. Pas les films, toujours pas les films, précise-t-elle avec un sourire, mais les documentaires qui apprennent des choses, et puis Ardisson, Fogiel, parce qu'ils sont amusants et qu'ils ont souvent des invités intéressants ; ce n'est pas le moment de faire le cabot, elle n'a pas dû me voir au petit écran aussi souvent que je l'imaginais. Sur le buffet, il y a la photo en couleurs d'un bel homme aux traits fermement dessinés, la peau mate, le regard droit. Elle en parle sans pathos, il lui manque mais il est aussi toujours là pour elle ; quand il est mort, elle s'est souvenue qu'il avait laissé une fille dans son pays, une fille qu'il n'avait jamais revue parce qu'il était réfugié politique, vous comprenez, réfugié politique. Elle dit réfugié politique avec une sorte de fierté. Je devine qu'il ne faut pas parler de harki ; les harkis, ce sont des vaincus, des floués de l'Histoire, alors que lui, le réfugié politique, c'est un homme qui a été obligé de repartir à zéro certes mais qui a réussi sa vie ; il n'y a qu'à regarder la photo sur le buffet pour le comprendre. La fille, elle a retrouvé son adresse en Algérie et elle l'a fait venir pour la succession, elles se sont très bien arrangées alors qu'au départ ce n'était pas net ; Simone n'était pas mariée, elle n'avait droit à rien ; la fille devait être éberluée par tant de correction à la française, elle a accepté le partage que Simone lui proposait, à égalité, les économies pour la fille d'une autre histoire, la maison pour l'épouse qui ne l'était pas. Je pense aux démarches qu'elle a mises en œuvre, au visa qu'elle a dû obtenir en houspillant la mairie pour les papiers, à tout ce mal qu'elle s'est donné afin d'être parfaitement honnête encore une fois de plus. Je m'étonne quand même un peu ; elle y revient, après tout ce qu'il avait enduré comme réfugié politique et tout ce qu'il lui avait apporté, le bonheur de leurs existences recommencées, il méritait bien qu'elle se montre à la hauteur et qu'elle prenne le risque de tout perdre. Je me sens fatigué soudainement, ce n'est pas le long parcours en scooter, c'est tout le poids de ces quarante-cinq années de vie sans moi qui me tombe dessus comme un bloc de chagrin.

Elle allait se mettre à table, elle va me faire un bon bifteck, et, si j'ai envie d'une bouteille de vin, il y en avait d'excellentes à la cave, elle ne peut plus y descendre mais elles doivent y être encore. Et, si je veux voir la maison en attendant que ce soit prêt, je n'ai qu'à faire le tour. Je descends, je monte, tout est impeccable, si curieusement familier ; comme si je retrouvais des habitudes, les images de la maison d'Évian se superposent dans ma tête ; elle a dû s'en souvenir lorsqu'elle s'est installée. Quand je me retrouve avec elle à la cuisine, j'essaye d'évoquer un peu le passé, mais elle est réticente à me suivre dans cette voie ; si j'insiste sur un détail en particulier, les excursions, le petit cinéma des Boulevards, elle se montre évasive ; elle ne se souvient pas du cône qui ne tenait pas debout et elle n'aime plus Brigitte Bardot qui a mal tourné ; si j'insiste encore elle devient presque agressive. Aurais-je oublié toutes les leçons de petit professeur infatué de son savoir que je lui infligeais ? Je m'aperçois que ce fut une mauvaise période pour elle qui s'est dissoute dans les bonnes années qui ont suivi, un entracte plutôt morose et qui heureusement n'a pas duré trop longtemps ; avec le recul c'était tout de même une vie de bonne et moi le petit maître, bien gentil sans doute, mais habitué à ce qu'on le serve

117

et qu'on s'occupe de lui. Elle ne le dit pas comme ça, elle n'a pas l'intention de me faire des reproches et pas de rancœur, et pourtant c'est toute la vision que j'avais du passé qu'elle renverse en choisissant des mots qui ne soient pas trop durs, mais aussi justes et sincères. Il n'est pas question que mon histoire efface la sienne. Je vois apparaître un autre enfant dont je n'avais pas soupçonné l'existence, le Monsieur Frédéric dont elle continue à m'affubler sans que j'ose lui demander d'arrêter. En même temps, c'est comme autrefois ; moi dans une cuisine, devant mon assiette et elle debout qui s'active à son fourneau et qui me demande si c'est assez cuit. La boule que j'avais sur le cœur en venant crève d'un coup et me submerge, je commence à pleurer sans pouvoir m'arrêter ; elle en est désolée, elle ne voulait pas me faire de peine, elle est si contente de me revoir ; allons, il ne faut pas se mettre dans des états pareils, je ne suis plus un Bébé Cadum. L'expression est sortie de sa bouche sans qu'elle y prenne garde et elle est surprise, presque confuse. Elle doit se demander si ce type qui sanglote devant elle n'est pas un peu fou, où cherche-t-il donc à l'entraîner ? Oui, je suis un peu fou d'avoir pensé à elle durant tout ce temps, de l'avoir tellement cherchée, de m'être lancé dans cette visite solitaire qui ne fait qu'attiser mes regrets. Elle s'assied près de moi, elle me prend la main, elle me dit Frédéric maintenant, je la sens émue, elle aussi regarde le passé, elle l'avait bien rangé, et voilà qu'il s'étale sous ses yeux et elle ne sait plus qu'en penser. Je me calme, on reste un long moment sans rien dire, elle me propose d'aller prendre le café au jardin. Je n'aurais qu'à aller chercher des chaises dans la cabane, elle me rejoindra, il lui faut du temps pour descendre le petit escalier, une marche après l'autre. Dans la cabane, il y a aussi deux vélos, elle devait faire des balades avec son homme après le cimetière russe, là où il y a encore des bois. L'après-midi se passe très doucement ; elle me parle de ses fleurs, de ses arbres qui donnent des fruits, elle s'en occupe tous les jours, à son rythme et malgré le mal qu'elle a pour se déplacer ; on lui fait des visites, elle n'a plus de nouvelles de sa petite sœur qui s'est mal conduite avec elle mais ses demi-frères viennent la voir. Son mari ivrogne a fini par mourir, la mairie où elle a travaillé lui verse une retraite, ce n'est pas grand-chose mais c'est assez pour elle, à son âge on n'a plus de besoins et elle ne s'ennuie jamais. Elle se sent beaucoup mieux depuis son opération, le médecin lui a dit qu'elle pourrait vivre encore longtemps et cela l'enchante. Je la retrouve enfin telle que je l'avais connue dans ce jardin où nous déplaçons les chaises de temps en temps pour rester au soleil, avec sa gaieté, son esprit curieux de tout. Je lui raconte mon métier, mes voyages, elle n'a plus peur des gorilles en Afrique ; elle leur a trouvé un air tellement malheureux quand elle les a vus pour la première fois avec son homme au Jardin des Plantes.

Quand je m'apprête à partir, elle insiste pour m'accompagner jusqu'à mon scooter et il me semble qu'elle marche un peu mieux. Je promets de lui envoyer des cartes pendant les vacances et de revenir comme prévu à l'automne avec ma mère. Les voisins ont rangé leur barbecue, la rue est déserte, tout est si tranquille. Elle m'embrasse en me disant de ne pas me surmener, de faire plus attention à moi. J'ai le sentiment qu'on ne se reverra peut-être plus jamais. J'enfile mon casque, je démarre, en tournant au coin de la rue je l'aperçois une dernière fois qui rentre dans sa maison trop haute.

La méchante, la gentille, avec qui je n'ai pas cessé de vivre, c'est étrange, au fond je n'ai pas tellement compté pour elles.

Carmen

Carmen est pressée au téléphone. Aimable et pressée. Je sens que mon appel inattendu la dérange; je le comprends très bien, il n'y a rien de plus embêtant que ces étrangers de passage qui débarquent impromptus dans votre vie après des années d'absence, comme si l'on n'avait que cela à faire, les revoir toutes affaires cessantes. Nous parlons en anglais, elle a une agréable voix chaude, aux intonations bien nettes, la voix d'une femme qui doit savoir se faire entendre; j'imagine un grand bureau, l'agenda chargé, les réunions, je plaisante un peu en la complimentant pour toute cette réussite que je devine, je joue à celui qui appelait juste pour faire signe; mais la surprise et l'ennui sont passés, il a suffi de quelques instants au bout du fil pour que revienne ce qui ne sera jamais dit; je la vois maintenant comme si j'étais près d'elle; elle oublie l'ordinateur allumé, elle fait un geste à son assistante pour qu'elle s'asseye et qu'elle attende, elle regarde peut-être par la fenêtre, ailleurs, le magnifique été de Madrid qu'elle avait oublié à force de travailler et dont l'évidence la frappe soudainement. Ce serait trop bête de se rater même si je ne reste que peu de temps, elle sera très contente de me revoir, elle insiste, vraiment très contente ; elle me propose de venir la retrouver chez elle ce soir ; nous irons dîner à côté ou bien nous resterons à la maison si elle a eu le temps de préparer quelque chose ; comme je le sais sans doute nous serons tous les deux, il ne sera pas là. Elle me donne l'adresse et je note comme si je ne la connaissais pas. Je suis passé devant, juste après mon arrivée et je suis resté un moment à regarder le balcon, les volets clos. C'était l'heure de la sieste et il faisait décidément très beau.

J'ai obtenu le numéro de téléphone par une secrétaire du ministère des Affaires étrangères alors que j'espérais vaguement tomber sur lui. Elle m'a dit que le *señor Embajador* avait rejoint son poste à Copenhague mais que son épouse partageait son temps entre le Danemark et l'Espagne où elle dirigeait la branche locale d'une organisation internationale. Pour moi, c'étaient des nouvelles fraîches, après tout ce temps où j'avais gardé le silence en pensant parfois, très distinctement, qu'il serait certainement plus sage d'en finir une fois pour toutes en tirant un trait sur le passé. La secrétaire était très gentille mais un peu méfiante, elle m'a demandé si j'étais un ami de la famille, et j'ai répondu oui sur un ton enjoué et rassurant que ma mauvaise pratique de la langue espagnole a certainement dû rendre pittoresque. Elle a ajouté que j'étais donc l'ami de Paris et j'en ai conclu qu'il avait sans doute essayé de me joindre de temps à autre et sans succès. Pour simplifier, j'ai précisé un ami de longue date, plus de trente-cinq ans ; convaincue, elle m'a donc lâché le numéro professionnel de Carmen ; pas le perso quand même, elle n'était pas sûre, non elle ne pouvait pas aller jusque-là.

Carmen doit avoir entre quarante-cinq et cinquante ans ; elle est un peu plus jeune que lui et il a un ou deux ans de moins que moi, je calcule en l'observant discrètement. Elle n'a pas beaucoup changé ; classiquement belle, les traits réguliers, mince, la silhouette impeccable ; l'entrain juvénile est intact et l'empreinte des années légère, juste assez sensible pour que je trouve Carmen encore plus émouvante. Les femmes des générations précédentes basculaient dans le noir et la vieillesse dès que leurs enfants devenaient adultes mais tout a été bouleversé dans ce domaine depuis déjà longtemps. Elle possède ce mélange de chic et d'absence de snobisme qui caractérise les classes supérieures espagnoles et qui me les a rendues toujours si sympathiques, mais en même temps c'est bien une dame de son milieu ; quelque chose dans la coupe des cheveux, la tenue sobre et soignée, la chaîne d'or qui ne se remarque pas ; je me la représente facilement en femme d'ambassadeur, en directrice d'agence travaillant pour l'international. C'est toujours une expérience un peu étrange pour moi de constater que les gens de ma jeunesse ressemblent désormais à ce qu'étaient mes parents.

L'appartement est superbe, sans ostentation, exactement ce que j'aurais rêvé d'avoir s'il avait fallu que je vive à Madrid ; de grandes pièces ensoleillées ouvrant sur la place d'Orient et le palais royal, des canapés confortables, des livres, des meubles de famille. Carmen me dit qu'ils vivaient auparavant dans une villa, au-delà de la Castellana, sur la Meseta, encore à demi sauvage, où les quartiers récents ont poussé comme des champignons vers la fin du franquisme. Il y avait un jardin, c'était très bien pour les enfants. Mais il n'aimait pas cet endroit trop résidentiel et trop neuf et, comme tôt ou tard Carmen et lui se retrouveraient seuls, les enfants ayant grandi, ils ont pu acquérir cet appartement plus conforme à leurs goûts. C'est Carmen qui a mené toute la négociation avec les anciens propriétaires, car, dans leur couple, c'est toujours elle qui s'occupe de ce genre de choses. Les enfants achèvent leurs études maintenant, ils vont et viennent ; le garçon travaille pour les mois d'été avec une ONG en Afghanistan, la fille passe encore ses examens et elle dort dans sa chambre car elle a une épreuve demain matin. J'aurais bien aimé la voir, mais elle ne me connaît pas et il n'y a donc aucune raison pour qu'elle souhaite me rencontrer ; l'un et l'autre ont copine et petit ami avec qui ils sortent parmi tout un groupe de jeunes ; ils s'entendent très bien avec leur père, elle encore un peu mieux que lui peut-être pense Carmen ; c'est curieux mais je n'arrive pas à me souvenir du nom des enfants. Nous dînons à la maison en définitive, c'est bien plus agréable comme ça, un excellent repas froid que nous allons chercher dans la cuisine ultra-équipée ; en poussant la table roulante je passe devant la porte de la dormeuse ; elle a laissé sa radio allumée, Eminem, ou quelque chose d'approchant ; curieux sommeil, au fond si elle s'entend si bien avec son père elle doit savoir qui je suis. Par la fenêtre grande ouverte de la salle à manger, on voit passer au loin les limousines américaines de la famille royale. C'est un soir de visite officielle et il y a dîner de gala au palais pour un président africain. À Copenhague, Carmen accompagne son mari dans ce genre de réception.

Nous savons très bien où nous en sommes avec Carmen. Nous aimons le même homme et il nous a dévastés, l'un et l'autre. Pour moi, c'est un très vieux tonnerre qui roule encore, pour elle l'histoire de toute son existence. Elle a l'avantage sur moi de l'avoir gardé et d'avoir construit une vie de famille avec lui. Je devine la peine, les rafales de détresse intense, les renoncements, tout ce qu'elle a dû subir. Pauvre petite Espagnole à peine sortie des bonnes écoles et tout juste un peu teintée de *love and peace* comme c'était de son âge à la morne pension Franco, jeune fille amoureuse, tellement désireuse de bien faire, innocente au-delà du raisonnable, comment s'y est-elle prise pour admettre l'impossible ? Elle me semble bien plus affermie que lorsque je l'avais rencontrée à New York, il y a une dizaine d'années, meurtrie par les secrets, les allers-retours, les trahisons qu'il lui infligeait, par ce besoin absolu qu'il avait d'elle aussi. Le véritable amour se nourrit de lui-même, il ne demande plus ce qu'on refuse de lui offrir, ça prend évidemment beaucoup de temps ; et puis peut-être qu'elle s'est vengée. En tout cas, j'ai l'impression qu'elle éprouve une certaine fierté à avoir tenu, à ne pas l'avoir quitté ; c'est elle, et elle seule qui a obtenu le maximum de ce qu'il peut donner, c'est elle encore qui aura le dernier mot alors que moi, je n'ai jamais eu vraiment le droit à la parole. Je l'admire et je l'envie, elle a réussi là où je ne pouvais qu'échouer ; et je la remercie du fond du cœur parce qu'elle se penche sur moi avec tendresse, la compassion qui ne s'avoue pas mais qui me fait du bien et me console un peu.

Enfin, si nous n'avons pas de mal à nous parler, Carmen et moi, on s'y prend tout de même comme deux blessés qui risqueraient de se faire mal en se touchant ; nous observons tacitement des précautions élémentaires ; même si la blessure est là-bas, à Copenhague, il suffirait de pas grand-chose pour qu'elle recommence à saigner jusqu'ici, dans la belle lumière du soir qui baigne le palais royal, sur le saumon froid et la glace à la vanille, entre nous qui devisons tranquillement des grandeurs et servitudes de la condition d'ambassadeur ; un souvenir trop précis, un détail qui trahit une émotion imprudente nous mèneraient à la catastrophe. Il s'agit en somme d'une sorte de rituel intangible, l'essentiel doit rester caché. C'est par les creux, les vides, les marges, c'est au cours des silences que nous parlons de lui.

Carmen s'occupe beaucoup de ses beaux-parents, elle passe les voir à peu près tous les jours ; ils doivent être très âgés maintenant ; elle me confirme qu'ils sont effectivement bien frêles mais qu'ils ont gardé toute leur tête. Lui annote des souvenirs qui remontent au temps d'avant la guerre civile, lorsqu'il était encore étudiant et sillonnait l'Espagne avec la troupe de théâtre ambulant de Federico García Lorca ; elle est redevenue très pratiquante et ne rate aucun des matches du Real Madrid à la télévision. À Paris où son père était en poste à la fin des années soixante – c'est une famille où il semble que l'on soit ambassadeur de père en fils – j'éprouvais un sentiment de transgression indéfinissable à chaque fois que je franchissais leur seuil ; je sortais à peine de l'adolescence et j'avais les idées de mon milieu et des étudiants de mon âge sur le régime de Franco : l'Espagne du Caudillo était un pays pestiféré, on regardait ses diplomates comme des agents de la dictature. Or ils ne correspondaient en rien à ces préjugés ; accueillants, cultivés, d'une grande ouverture d'esprit, ils m'attiraient d'autant plus que ce contraste était difficile à faire admettre dans mon entourage parisien où on les ignorait avec persévérance. Bien que passant de plus en plus de temps chez eux, j'évitais cependant de me retrouver seul à seul avec le père, j'avais peur qu'il ne me perce à jour et je calquais ma réserve sur l'animosité à peine voilée que son fils lui portait. Il paraît que c'est un vieillard très bon, très doux, l'indulgence même, j'avais certainement tort de le craindre. En revanche, je recherchais la présence de la mère, je la trouvais belle comme Cyd Charisse et nous avions des conversations qui flattaient mon ego sur l'histoire, la poésie, les films que l'on diffusait à la télévision. Il était alors si rare que je parle avec des adultes et je l'englobais dans l'amour de plus en plus exalté que je portais à son fils. C'était elle certainement qui devait se douter de quelque chose mais elle n'y a jamais fait la moindre allusion ; je pense qu'elle me sentait perdu et qu'elle en était touchée. Quand il est reparti à Madrid, parce que Paris ne lui valait décidément rien, j'ai continué à les voir de temps à autre ; ils m'ont emmené au théâtre pour écouter Renée Faure dans *La Maison de Bernarda Alba* ; au restaurant une fois ou deux ; à constater mon air défait ils avaient désormais très bien compris mais se montraient d'une discrétion absolue. Pour moi le cœur n'y était plus, je ne pouvais ni avouer ni mentir. Heureusement, les vies de diplomates ne sont faites que de départs. J'ai lu la suite dans les journaux.

Carmen me propose de les appeler, il est probable que je n'entendrais plus jamais le son de leur voix. C'est elle qui répond au téléphone ; ils viennent de voir l'arrivée de David Beckham à Madrid sur la chaîne info et ils en sont ravis, c'est bon pour le Real. Carmen ménage un peu la surprise, elle parle d'un jeune ami d'autrefois, durant le séjour à Paris, c'était une période difficile, plutôt troublée, je sens qu'on cherche à l'autre bout du fil, ils n'avaient vraiment pas beaucoup d'amis français en ce temps-là. Près de trente-cinq ans plus tard, je comprendrais très bien qu'ils m'aient complètement oublié. Elle me reconnaît tout de suite au son de la voix. La sienne ne trahit pas le grand âge et son français un peu chantant est toujours aussi parfait. Elle semble vraiment heureuse de m'entendre, je lui demande en plaisantant si c'est mieux que l'arrivée de David Beckham, elle rit et elle me dit que c'est beaucoup mieux. Je sens qu'il s'agite devant sa télévision, à l'autre bout de la pièce, elle lui explique que c'est moi, elle me reprend et elle ajoute que lui aussi est très content. Elle se désole d'apprendre que je repars le lendemain et me presse de venir la voir si je repasse bientôt par Madrid; mais il faut faire vite, ils sont à la fin de leur vie maintenant. Je proteste un peu par politesse, elle précise toujours gaiement, mais si *al fin del fin*. J'ai peur qu'elle ne se fatigue, je lui dis qu'elle a beaucoup compté dans ma vie, on ne sait jamais très bien ce que l'on représente pour les autres; elle me répond qu'elle le sait, qu'elle l'a toujours su, tout à fait bien, et puis elle me demande si j'ai revu le *Jeanne d'Arc* de Dreyer, que nous avions regardé tous ensemble à la télévision dans le grand salon de l'avenue Marceau. Je l'ai revu, et elle aussi, n'est-ce pas que c'était notre film? On échange encore quelques paroles très douces pour se dire au revoir, pour se persuader que ce n'est pas un adieu. J'ai vraiment envie de pleurer quand je raccroche le téléphone; il fait nuit maintenant; Madrid est plus au sud que Paris, en été l'obscurité vient plus vite; les yeux de Carmen luisent dans la pénombre, elle se détourne et allume la lumière.

Après, j'ai envie de voir le petit salon avec les photos dans les cadres. Il n'y en a pas beaucoup, il a emporté la plupart à Copenhague. Je reconnais la maison de Mojacar sur la côte d'Alicante où il faisait si chaud l'été que les femmes y portaient des voiles sous leurs chapeaux de paille pour se protéger du soleil en revenant des champs, comme au Maghreb tout proche; cette maison où il a été si heureux enfant durant les vacances et que je pourrais décrire alors que je n'y suis jamais allé. Elle a été vendue ou partagée, je n'écoute plus très bien ce que me dit Carmen; je pense à autre chose; il est dans un jardin tropical, il doit avoir treize ou quatorze ans et il regarde en face de lui sans sourire avec une expression butée; le Guatemala sans doute, il me disait qu'on y vivait comme dans une fausse Amérique, en roulant dans des Dodge climatisées avec la radio à fond et sans penser à rien, et il ajoutait que c'était bien pour lui qui n'a jamais aimé que les enfants renfermés et silencieux. Encore d'autres photos de famille que je regarde comme s'il s'agissait de la mienne; et puis celle de leur mariage que j'avais découpée dans *Hola*, après être tombé dessus presque par hasard; je feuilletais en effet régulièrement cet ovni ringard de la presse « people » dans les années 1970 en y cherchant quelque chose, c'est dire à quel point j'étais traumatisé. Il a revêtu l'uniforme du corps diplomatique, sombre avec quelques filets d'argent, ceux de son grade encore subalterne, elle porte une de ces robes blanches qui attendrissent les cousines restées vieilles filles. Il fait le bon garçon, sage et recueilli, certainement sincère à cet instant-là, elle le regarde avec une expression de joie radieuse, elle a tellement de chance, moi je suis comme elle, je le sais bien, c'est Tyrone Power le vrai fils de Cyd Charisse. Je n'ose pas demander si c'est le grand frère qui les a mariés, le jeune prêtre qui couchait avec lui quand il était petit. Enfin, avant d'entrer dans les ordres; on s'en sort comme on peut.

Je ne me sens pas très bien, j'invoque la fatigue d'une longue journée, je pense qu'il est plus sage que je m'en aille. Elle l'appellera tout à l'heure à Copenhague, il sera furieux de ne pas m'avoir parlé, mais c'est sa faute, on ne sait jamais ce qu'il fait le soir dans la ville du Nord quand elle n'est pas là. Elle le constate avec une sorte de détachement navré, qui me donne envie de l'embrasser.

Dehors les belles Américaines quittent le Palais d'Orient, j'aperçois Carmen qui éteint les lumières une à une, il y a beaucoup de monde à la terrasse des cafés, les fameuses heures espagnoles; je vais traîner un peu dans le quartier des boîtes à pédés, gigolos marocains et travelos qui se prennent pour Sarah Montiel; je rentre à pied à mon hôtel, sur la Grand Via, de gentilles petites putes africaines tentent de m'agripper. Erreur de casting, on n'est pas dans le même film.

J'ai beaucoup de mal à revenir sur la période ancienne où je m'étais persuadé qu'il était fait pour moi et qu'il serait mon premier homme; le seul aussi puisque je n'imaginais pas qu'il pourrait y en avoir d'autres à part lui, ni ailleurs ni après. J'ai bien assez de mes rêves en plein sommeil, des lieux et des photos que je retrouve constamment pour qu'il ressurgisse à l'improviste tel qu'il était en ce temps-là et que sa voix, son corps, son charme s'accrochent encore à mes pensées vagabondes. Je n'ai pas la nostalgie de mes vingt ans et pas non plus celle de 68 qui coïncident exactement pour moi et suscitent en général des rétrospectives bien senties parmi ceux de ma génération; je vivais alors dans un état d'exaltation insensée avec la principale préoccupation de lui plaire, retranché du reste de mon existence et aveugle à ce qui se passait autour de moi, tout à mon secret qu'il était le seul à connaître. Je n'arrive plus à retenir les moments heureux ou simplement tranquilles, ils étaient trop précaires et ne me suffisaient pas; j'ai beau chercher c'est la perpétuelle angoisse de commettre des fautes par maladresse et d'accumuler des torts par excès d'amour qui revient d'abord aussi vive et cruelle qu'autrefois; l'incessant défilé des accès d'effervescence et de panique avec lui et sans lui, dans le désordre; l'espoir en embuscade et la détresse annoncée sans jamais savoir si j'allais finir par l'atteindre ou par le perdre. Au fond, c'est l'envie déchirante que j'avais de coucher avec lui, mon échec à y parvenir et la frustration que j'en ressentais qui ont sans doute commandé le déroulement de toute cette malheureuse histoire, et si la mystérieuse machine à sublimer et à souffrir s'est emballée pour moi avec une puissance extraordinaire, c'est aussi parce qu'il avait besoin de la passion que j'éprouvais envers lui pour supporter la déception de ses aventures passées, la peur d'un avenir clandestin, sa vie à Paris qui était triste, morne et ratée. Se replonger dans le cours de nos rencontres à l'université et de mes visites avenue Marceau, retrouver notre complicité, nos fous rires, nos coups de fil interminables, rameuter les amis avec qui nous sortions et à qui il accordait d'ailleurs parfois ce qu'il me refusait, réécouter Hazel Scott chanter *Le Piano de la plage* ou revoir *Bonnie and Clyde*, remettre les chemises anglaises qu'il m'avait offertes à Londres pour Noël, tout cela ne se résumerait qu'à remuer des vieux mensonges, les faux-semblants d'un scénario que nous écrivions ensemble mais que nous ne lisions pas de la même manière. J'ai tout noté au jour le jour sur des carnets que je ne consulte jamais, j'ai conservé les lettres dans des boîtes bien rangées que je n'ouvre pas, j'attends le soir où je pourrais les regarder sans peine comme les cendres émouvantes et inutiles d'une autre vie; ce soir-là tarde à venir. Peut-être parce que je persiste à penser qu'il était à peu près aussi innocent que moi, simplement en avance et connaissant déjà mieux les règles. Le chagrin ne m'a pas aidé à rattraper mon retard, il m'a seulement fait dérailler à tel point qu'il me semble que je regretterai jusqu'à la fin qu'il ne m'ait pas aimé. Quand même, je me rappelle que l'automne et l'hiver qui précédèrent la faillite définitive de mes illusions et l'irruption des fameux événements de Mai furent exceptionnellement beaux et ensoleillés, à moins qu'il ne s'agisse encore d'une autre ruse de la mémoire.

Nous quittons Paris à la fin du mois de juin dans la Volkswagen de Cyrille. Je les ai présentés l'un à l'autre quelques semaines plus tôt et c'est comme s'ils avaient toujours marché ensemble ; les nouveaux inséparables ont complètement loupé leur année et n'ont plus pensé qu'à se distraire pendant que je bûchais mes examens. Physique agréable et âme insouciante, Cyrille est un ami de cœur, auréolé du charme élégamment bohème des rejetons de la Russie blanche ; il me raconte des turpitudes assez salées qui me laissent songeur et me promène devant des parents délicieux comme si j'étais le bon exemple qui devrait les rassurer ; il m'affirme avec conviction que je n'ai rien à craindre et me sermonne gentiment si je me hasarde à mettre sa parole en doute ; c'est donc le bon copain idéal pour l'inévitable mélo de la trahison. On ne saurait se donner plus de mal pour organiser son infortune. Quand les épreuves sont reportées et que je tente de récupérer mon siège éjectable, il est évidemment trop tard, dorénavant tous les projets se feront à trois. Les pavés de 68 sont encore chauds, et direction la Grèce des colonels. C'est dire que nous avons la fibre contestataire accommodante. De toute façon, nous avons traversé le grand happening en plein brouillard ; eux parce qu'ils allaient s'amuser chaque soir au milieu des grenades lacrymogènes et moi parce que ça faisait déjà plusieurs mois que j'avais perdu le contact avec la réalité. Au début, tout se passe aussi bien que possible ; ils ont déjà sans doute pas mal de petites choses à se faire pardonner et me proclament le guide suprême de l'équipée. J'ai choisi l'itinéraire ; la

Provence, l'Italie, le ferry de Brindisi à Patras, le Péloponnèse et les Cyclades, le périple que j'ai fait une première fois trois ans plus tôt et sac au dos. Je voudrais partager avec eux toute cette beauté qui m'avait tellement exalté. Nous sortons de la révolution, nous traversons la Toscane, nous allons vers le soleil et la mer, je suis avec mon ami, je suis avec mon amour, il y a de quoi être euphorique. C'est surtout moi qui conduis, il fait chaud sur l'Autostrada del sol et nous sommes en maillot de bain, les Alfa nous dépassent à toute berzingue en klaxonnant comme dans *Le Fanfaron*, Adriano Celentano chante *Preguero* à la radio, ils s'amusent à flirter en disant que c'est pour me taquiner ; ils trouvent aussi que je conduis un peu trop vite.

À Rome, il y a un problème de chambre. Nous habitons chez son oncle, encore un autre ambassadeur, le Palais d'Espagne près le Saint-Siège. Je suis grisé par l'enfilade des salons flamboyants, le carambolage de pompe castillane, de majesté patricienne, et de pourpre vaticane. Une sorte de corbeau qui porte l'insigne de la phalange au revers de son habit nous désigne nos quartiers. Ils vont à un bout et moi à l'autre, je n'ose pas discuter ; je me demande pourquoi ils ont eu besoin de téléphoner depuis le pont restaurant au-dessus de l'autoroute après Florence. Dîner de noblesse noire auquel l'oncle nous a priés. Des camériers du pape, des dames grisonnantes à rangs de perles nous questionnent avec bienveillance sur la révolte de la jeunesse. Nous sommes au moins deux ambassadeurs à table, le maître de maison qui préfère nettement les soutanes aux cheveux longs, et moi que les deux lascars poussent à répondre à leur place au nom des insurgés. J'aligne les platitudes élémentaires, on s'intéresse ; j'invoque de vagues références en citant Pasolini, inconnu au bataillon des éminences, on frissonne à l'idée de ce que ferait Togliatti s'il était un communiste français, l'Italie a encore de la marge avant les années de plomb. La vanité ne m'aveugle pas assez, j'en ai un peu marre d'avoir été promu bon garçon officiel et mon statut de singe savant ne me dit rien qui vaille, je les soupçonne de se faire du pied sous la table pendant que je pérore et retient l'attention. Mais l'atmosphère incite quand même aux illusions, je me réconforte en me persuadant d'être devenu un jeune héros viscontien comme tout imbécile que le hasard jette pour quelques heures dans un palais romain.

L'ambassade se couche tôt et on nous a confié les clefs. Changement de décor. La Coccinelle parcourt les allées de la villa Borghese et il y a des gigolos à chaque fourré. Moi qui voulais montrer des temples antiques et des églises, des couchers de soleil romanesques sur les ruines et sur le Tibre, je n'avais jamais imaginé un spectacle pareil. Mon Paris d'étudiant ne m'offre aucun repère, j'ai bien des images de films dans la tête mais cette fois je découvre *Les Garçons* de Bolognini en version originale et j'ai la naïveté de croire que c'est une sorte de fête, la promesse d'une liberté nouvelle. Les phares éclairent des beaux gosses de notre âge qui ressemblent aux martyrs adolescents sur les tableaux de la Renaissance et qui portent dans la chaleur de la nuit leur blouson sur l'épaule en le tenant d'une main par l'encolure ; je n'ai toujours pas entendu parler du Caravage mais j'ai l'impression que c'est une histoire très ancienne qui continue devant nos yeux d'enfants de riches, gloussants et malpolis. Des Lambretta nous frôlent. On nous hèle en patois romain l'oreille collée au transistor. Des bersaglieri à plumes arpentent par paires les bas-côtés et nous dévisagent comme s'ils faisaient le marché plutôt que la police; à chaque fois qu'on ralentit des essaims de ragazzi montent sur les ailes et tapent contre le pare-brise avec des gestes obscènes et de grands rires. Au retour, les hauts murs de l'ambassade, sombre et sévère, m'attendent comme un châtiment. À Rome, en ce temps-là, on n'éclairait pas les monuments. Je ne ferme pratiquement pas l'œil de la nuit sous le regard indifférent de fresques héroïques, écrasé par l'étendue de ma chambre et de ma solitude; mais je m'accroche encore aux fables que je me suis inventées; le rude effort pour me persuader qu'ils dorment bien gentiment au fond du labyrinthe me tient éveillé, comme sur sa roue l'écureuil en cage. Au petit jour, j'entends l'ambassadeur qui salue ses domestiques en traversant la cour pour se rendre à la chapelle où il assiste à la messe quotidienne. La passion est une maladie sournoise, elle excite les élans de pureté et d'angélisme et les pulsions de revanche et de traîtrise. Je suis en train de rêver que je me suis échappé de la citadelle et que je cours dans les rues désertes de Rome pour aller retrouver les garçons de la villa Borghèse quand le duo me tire du sommeil où j'ai finalement sombré dans mes draps en tire-bouchon et mouillés de sueur. Je suis un noyé lesté de plomb; ils sont frais, joyeux, pressés de repartir.

Sur une plage sauvage près de Patras, ils se baignent nus et bondissent en s'aspergeant gaiement entre les vagues qui couvrent et découvrent leurs corps. Je reste sur le bord, je dis que la mer est froide et dangereuse, il faut surveiller les vêtements en tas sur le sable, on ne sait jamais quelqu'un pourrait surgir. En s'essuyant, déjà bronzés, comparant avec entrain les marques du maillot qui ne tarderont pas à s'effacer, ils trouvent que j'ai l'air sinistre et que ce n'est pas la peine d'aller si loin pour faire la gueule. Je me reprends durant la traversée du Péloponnèse; Olympie et ses oliviers parmi les ruines, les beaux villages balkaniques comme dans la Syldavie de Tintin, les traces de peinture pour saluer une visite du couple royal avant le coup d'État, les enseignes à déchiffrer, toute l'histoire de la Grèce y passe, je suis le conteur inspiré des belles légendes auxquelles je tente de les intéresser en espérant qu'un peu de leur éclat retombera sur moi; Achille et Hector, les soldats amants de Thèbes, les illuminations de Byron et l'enfant grec qui veut de la poudre et des balles, des trucs dans ce genre et plutôt bien orientés; ils s'en foutent, ils somnolent, ils ont bu trop de résiné et la route en lacets leur a donné mal au cœur. Sur le ferry qui dessert les Cyclades, on passe au large de Yaros, l'îlot pelé où les colonels emprisonnent et torturent. Les touristes qui cherchaient les dauphins se pressent pour prendre des photos et moi je cligne des yeux sous le soleil en essayant d'apercevoir les miradors. Je sors de mon cirage *in extremis* pour déclarer bien fort qu'aucune prison intérieure ne justifie qu'on aille se perdre dans ce bagne qu'est devenue la Grèce. Je suis certainement sincère et en tout cas argumenté et véhément. Ils sont un peu troublés par mon discours et surpris par sa vigueur; ils s'inquiètent sur mon sort; lui surtout, il regrette d'avoir été si léger, promet la fin des effusions et le retour à la formule deux + un où l'autre avec lui ce sera moi. Je redémarre au quart de tour, j'oublie les bourreaux et les victimes, Yaros et ses rochers disparaissent dans la brume de chaleur. Sur le pont encombré de routards et de familles qui vont d'île en île avec des sacs de couchage, d'énormes colis ficelés, des casse-croûte et des chèvres insolentes, les haut-parleurs diffusent le tube de l'été. On reprend en chœur et à tue-tête, les passagers tapent des mains, de grosses dames dansent avec de petits enfants *Oniron Apatilo*, faisons un rêve...

À Mykonos, un jeune type nous alpague sur le port, il propose de nous louer une chambre. Les cheveux bouclés noirs, le regard très bleu, le marcel avec les poils qui dépassent, les épaules de pêcheur d'éponges, toute la panoplie est en ordre pour que Cyrille s'agite un peu ; je pense que ce serait une solution, cette fois le séjour ne s'annonce pas trop mal. La chambre est grande, blanchie à la chaux, et elle ouvre sur la mer par un balcon de bois que l'on voit sur les cartes postales. Goguenard, le type nous montre que les trois lits sont bien espacés, il doit avoir l'habitude des trios de pédales sur le retour ; notre jeunesse, nos manières lisses sont une première ; il précise toujours sur le même ton badin qu'on peut amener des filles mais pour les garçons qui traînent aux terrasses des tavernes c'est interdit ; il y a bien assez de plages pour ça. La bonne ambiance dure quelques jours, l'île n'est pas encore inscrite au menu des groupes organisés et les habitants n'ont pas été pourris par le tourisme. On y croise surtout des pseudo-artistes nordiques, des traîne-patins américains, des Hollandaises chic filles et maternelles, la jeunesse dorée d'Athènes. La vie n'est pas chère, on s'arrange avec quelques drachmes au jour le jour, on se nourrit de souvlakis, il n'y a qu'une seule boîte où toute la petite colonie se retrouve et danse le sirtaki en s'envoyant force rasades d'ouzo et de résiné. Nous avons été adoptés d'emblée, les Athéniens sont ravis de me parler en français et me trouvent très gentil quoique un peu timide, lui fait des ravages parmi les hôtesses de la KLM en vacances, à sa manière qui promet beaucoup et ne tient pas grand-chose ; Cyrille s'éclipse en pleine nuit et revient avec du sable dans les cheveux. Zorba n'a pas d'inquiétude à se faire. Au petit matin, on se fait servir des cafés turcs sur le port battu par le meltem, on compte les yachts qui font relâche, on attend celui d'Onassis qui ne viendra jamais. La plage quand on se réveille, les plans pour la soirée, c'est vite fait on va toujours au même endroit. La vie d'une petite bande bien aimable, les amitiés de vacances qui vont forcément durer toujours, ce temps sans limites. Je n'étais pas habitué, j'ai l'impression de découvrir les plaisirs de mon âge, il n'y a pas de raison que la tristesse revienne. Tout de même, il évite constamment de se retrouver seul à seul avec moi, il y a une gêne, quelque chose de lourd entre nous, une sorte de reproche qui colle à ma présence, nous nous parlons à la cantonade, il me regarde sans me voir, ce sont les blagues des Hollandaises et les facéties de Cyrille qui le font rire. Je fais comme si de rien n'était, au fond je connais bien ces moments d'humeur noire, le pire serait de protester ; gâchis assuré. Au fur et à mesure que la peur remonte en moi, je deviens le garçon le plus enjoué, le plus aimable, le plus marrant que j'aie jamais connu. Le quatrième ou le cinquième soir, je le cherche des yeux dans la boîte. Nous sommes arrivés tous ensemble, il y a beaucoup de monde et des gens chic ont débarqué d'un yacht de milliardaires. Il a disparu et Cyrille n'est pas là non plus. Les serveurs sont aux cent coups, happés par les tables élégantes ; dames bronzées avec des sandales à fils dorés et des faux bijoux d'été en fleurs de plastique blanc, messieurs à lunettes d'écaille et foulards de soie qui parlent fort en international ; personne pour me venir en aide ; une des Hollandaises qui a forcé sur l'alcool me crie dans les oreilles qu'elle les a vus partir ensemble et puis elle me serre contre elle ; il ne faut pas aller avec les garçons, je suis bien trop mignon pour ça, ceux qui succombent ne trouvent que du malheur, il suffit de rencontrer la bonne fille pour s'en sortir et oublier. Je laisse la candidate, je cours comme un fou le long du port, c'est comme si j'allais éteindre un incendie.

Le clair de lune et ses reflets sur la mer éclairent un peu la chambre. Ils ne m'entendent pas entrer. Je les ai si souvent imaginés, c'est une vision familière que je distingue dans la pénombre et qui me calme presque. Ils remarquent ma présence. Cyrille fait le malin, plaisante un peu, on ne m'attendait pas sitôt. Lui se lève et tire les rideaux pour que la pièce soit bien obscure. Ça fait bizarre, c'est comme si je le voyais mieux. Il laisse aller sa colère, m'accable de critiques et de remontrances, les mots affreux s'envolent, atteignent leur but et me transpercent dans le noir. Je n'ai jamais rien compris, il ne me supporte plus, vivement que je m'en aille. Enfin, des choses comme ça que je ne saurais plus citer exactement, ça me fait mal encore, avec des détails cruels, des lambeaux de vrai pour qu'on n'y revienne pas. Et maintenant il ne me reste qu'à me taire et à dormir ; tourne la tête contre le mur si tu préfères. J'avais choisi le lit sur la cloison, près de la porte, on ne saurait penser à tout. Je me tais, je tourne la tête contre le mur, pas se plaindre, pas de larmes, je ferai tout ce qu'il me demande, dans la vie on n'a pas toujours la chance d'avoir un grand amour. Ils ont repris, j'entends des chuchotements, des rires étouffés, des froissements de peau, le lit qui craque un peu, la respiration, la bouche, la main sur le corps. C'est très long, et puis ça recommence ; je pense d'un coup à ma grand-mère qui m'attendait pour les vacances dans sa villa d'Évian ; je n'aurais jamais dû me chamailler avec elle à propos des étudiants et de tout ce bordel qui lui rappelait de mauvais souvenirs ; elle est si bonne ; elle m'a pardonné aussitôt, elle doit se demander où je suis et je lui manque certainement. Demain, je lui enverrai une carte, je l'achèterai dès la première heure et je la choisirai avec attention pour lui montrer comme c'est beau la Grèce, je lui écrirai des choses tendres pour qu'elle sente à quel point je l'aime, des phrases qui rassurent où j'évoquerai le bel été, les bons amis, le désir de la retrouver bien vite pour tout lui raconter. C'est cafardeux Évian avec tous ces vieux qui se traînent le long du lac, les boutiques moches, les jardins déserts à six heures du soir, les Savoyards soupçonneux et leur horrible accent ensommeillé ; on s'y ennuie beaucoup sauf chez ma grand-mère ; la jolie maison hors du temps, les livres et les massifs d'hortensias, le gravier bien ratissé et les repas de famille à l'ombre fraîche des sapins qu'avait plantés son père. C'est seulement auprès d'elle que je n'ai jamais honte de mentir puisqu'elle devine ce que je veux lui dire et prépare le thé ou me caresse les cheveux comme si je l'avais vraiment dit. Les mains fraîches toujours actives, le beau saphir avec l'alliance, le parfum léger des dames d'autrefois, tout naturel, juste des essences de fleurs, l'âge qui n'a pas de prise sur elle, « quand on a cessé de plaire il ne faut pas déplaire », et le rire de jeune fille qui va avec, « mais si, compte un peu, je suis déjà très vieille », la peur qu'elle ne tombe quand elle se penche pour fermer les lourds volets de bois, le petit chien qui jappe, « c'est mon dernier fiancé », les mots exquis glissés sous mon oreiller quand je monte me coucher et cette grande écriture de rebelle chez une femme si sage, « raconte mon chéri, raconte-moi ce voyage que j'aurais tant aimé faire ». La carte va mettre trop longtemps, c'est un pays où il arrive que le courrier se perde ; je calcule le temps qu'il me faudrait pour la rejoindre avant que la carte ne lui parvienne ; une journée de ferry, le train que j'attraperai à Athènes le soir, une nuit, un jour, une autre nuit, la Yougoslavie,

Trieste, le Saint-Gothard ; ce ne sera pas triste de voyager seul, je ferai des rencontres et il y aura certainement des tas de choses à voir le long du chemin de fer jusqu'à Lausanne ; le bateau à aubes qui traverse le Léman, c'est bien plus beau dans ce sens-là, on va vers les montagnes, leur masse obscure orientée au nord, la rive française est plus sauvage ; je suis sûr que j'arriverai le premier, la carte ensuite ce sera comme une surprise. J'ouvre les yeux dans le noir, ce n'est pas fini, j'ai beau me concentrer sur le bruit des vagues levées par le meltem juste après leur lit, je les entends encore, au fond il n'y a pas de raison pour que ça finisse jamais, je me redresse, je me rhabille et je sors avant qu'il n'ait le temps de réagir ; vas-y mon amour, insulte une porte close, engueule un disparu. Dehors l'aube pointe, des chats se poursuivent avec ces cris tellement étranges qu'on a envie de croire qu'ils partagent la souffrance des hommes. J'éprouve aussitôt un sentiment de libération prodigieux ; je sais précisément, à cet instant, dans cette ruelle vide aux maisons blanches, je sais avec une clarté fulgurante, parmi ces chats hérissés qui s'adonnent à leur malheur ordinaire et se moquent de ma présence, je sais avec une acuité inouïe qu'à partir de maintenant je commence à l'aimer moins.

Il faut que je m'éloigne, je marche sans autre but que d'aller ailleurs, je me détache des maisons blanches, je m'enfonce dans la campagne par les petits chemins bordés de murets de pierres grises. Tout repose encore dans la paix et le silence des premières heures du jour et à chaque pas je me sens un peu moins mal. Dans la hâte de sortir, j'ai oublié ma montre, le soleil est déjà haut quand je parviens au monastère qui domine l'île. Un jeune pope se tient près de l'entrée, attablé à l'ombre d'un figuier ; il me dit quelques mots que je ne comprends pas et, sans doute frappé par mon air misérable, dans un geste de bienveillance que je n'oublierai jamais, il m'indique une chaise à côté de lui et me propose de partager sa frugale collation matinale : un bol de lait, un peu de pain trempé dans l'huile d'olive, quelques figues. Nous sommes assis au seuil du monastère étincelant de blancheur dans la lumière du matin, face au relief de l'île qui se découpe sur la mer en contrebas, sur des chaises en bois devant une table bleue avec des serviettes à carreaux en lin rugueux et jamais petit déjeuner ne m'aura paru si délicieux. Le jeune pope me regarde manger avec des hochements de tête et de grands sourires, il a deviné que je suis français et il rompt le silence en me disant « De Gaulle, la tour Eiffel, les Champs-Élysées », il ajoute aussi « Brigitte Bardot » avec un air de connivence malicieuse. Il me désigne du doigt pour nommer les collines alentour, les plages que l'on aperçoit au fond des vallons, d'autres îles que la brume de chaleur n'a pas encore effacées. Une cloche sonne, il se lève, me donne une tape amicale dans le dos et disparaît à l'intérieur. Je reste seul devant la table bleue, les serviettes à carreaux, ce paysage d'évangile. Je me dis que je pourrais rester là indéfiniment, attendre les hivers humides où le ciel se charge de nuages gris, les étés sans baignades et sans touristes, je me rendrais utile, je deviendrais son aide, j'apprendrais le grec et ce qu'il faut de liturgie, je serais le petit frère convers un peu insolite dont la présence rappelle qu'il y a bien des chemins différents pour conduire à la maison du Père. On chante à l'intérieur du monastère, il ne revient pas, malgré l'ombre du figuier je sens que le soleil commence à taper dur. Je tenterai de le retrouver le lendemain pour le remercier en lui apportant des cartes postales de Paris que j'ai eu la bonne idée de prendre avec moi, une habitude des autres voyages qui fait toujours plaisir, mais je tomberai sur le monastère fermé et une vieille femme qui me chassera avec des cris stridents comme si demander à voir le pope était un sacrilège. Elle jettera mes tours Eiffel et mes Champs-Élysées aux quatre vents. Il aurait sans doute fallu que je me lève plus tôt pour le rejoindre, on n'a pas toujours le privilège de s'échapper d'une nuit blanche.

Je descends vers la plage au-dessous du monastère, c'est plus long et plus difficile que je ne l'avais prévu ; un sentier de chèvres envahi par les ronces qui serpente entre de grosses pierres sous un soleil de plomb. Il est environ midi quand je parviens à la plage, elle est déserte, avec son ruban de sable immaculé, très belle dans l'échancrure de rochers rouges, vaguement inquiétante aussi, quand les vagues font briller des récifs à quelques encablures ; ce doit être un endroit magnifique pour dormir à la belle étoile. Il paraît que Mykonos est à peu près détruit aujourd'hui avec un aéroport, des boîtes disco et des jet-skis, des motos de cross sur les chemins et les touristes qui jettent des canettes de bière par-dessus les murets ; il n'y a plus de plages perdues et celle-ci est sans doute envahie par les naturistes pédés qui ont jeté leur dévolu sur l'île. L'eau salée mord mes égratignures et je frissonne un peu en sortant car je n'ai rien pour me sécher. J'ai gardé mon caleçon, c'est curieux, je n'arrive pas à me baigner nu, peut-être parce que je n'ai pas encore digéré la petite séance près de Patras. J'entends soudain des claquements secs, je ne suis donc pas seul sur cette grève du bout du monde, quelle chance d'avoir gardé mon caleçon, mais oui, ce sont des coups de feu ; autrefois des paysans sans aveu allumaient des fanaux sur les récifs pour attirer les bateaux et piller les épaves, je me prépare à la version grecque d'une autre affaire Dominici ; ils pourront faire les malins là-bas dans leur chambre lorsqu'ils apprendront qu'on a retrouvé mon cadavre sur une plage inaccessible. Je me retrouve nez à nez avec un grand rouquin en short effrangé et vieux polo délavé, plutôt beau gosse et qui surgit de nulle part pour m'expliquer qu'il s'entraîne à la carabine en tirant sur des boîtes de conserve. Il a l'air aussi surpris que moi de rencontrer quelqu'un, et d'à peu près son âge, *Mr. Livingstone, I presume.* C'est un Anglo-Irlandais de Belfast qui dort dans une cabane près des roseaux, se nourrit de tomates et de poissons grillés qu'il a pêchés lui-même et use de sa Winchester pour l'essentiel de ses contacts avec le monde moderne. Je n'ose pas lui demander s'il se prépare à faire des cartons sur les catholiques lorsqu'il sera rentré chez lui, c'est bien connu, il ne faut pas pratiquer l'humour avec les étrangers. Mais je lui fais tout de même bonne impression, il a sans doute envie de parler à force de solitude. Il me raconte qu'il a un compagnon auquel il est très attaché, un petit âne qui l'attend sagement au bord de l'eau quand il se baigne et braie pour lui demander de revenir lorsque les séances de tir à la conserve s'éternisent. Le grison le porte au village une fois par semaine pour acheter le nécessaire, pas grand-chose à vrai dire, le plus important ce sont les piles pour le transistor, les allumettes pour la lampe à huile ; il passe ses nuits à lire Joyce, Henry Miller, des traductions de poètes grecs, il me cite Cavaffy en me regardant droit dans les yeux, mais je n'en ai jamais entendu parler, c'est dire que j'ai encore des progrès à faire ; lui-même écrit aussi des poèmes, et il ajoute qu'ils n'intéresseront personne en riant d'une manière juvénile et tout à fait charmante. Comme je lui demande naïvement si cet isolement ne lui pèse pas, il me répond qu'il est là depuis deux mois et qu'il attend l'hiver avec impatience, le vent, la pluie, le froid ne lui font pas peur. Personne ne l'embête, il y a parfois des pêcheurs, des bergers qui passent, il sait assez de grec pour leur demander des nouvelles; ils ne lui en donnent pas beaucoup, depuis les colonels on ne parle que du temps qu'il fait; il connaît un peu le jeune pope et l'apprécie, c'est le monastère qui loue la cabane, mais selon lui on ne va jamais très loin en amitié avec les hommes d'Église, de toute façon il n'est pas très liant, un peu sauvage, comme je l'ai sans doute remarqué. Il rit encore de lui-même, c'est toujours le même charme. Moi au contraire, je le trouve plutôt affable, cela fait déjà un bon moment que nous parlons ensemble, les pieds sur le sable. Sa voix a les intonations des jeunes gens qu'on voit dans les films anglais, les rejetons de bonnes familles qui flanquent le feu à la Public School et deviennent espions communistes. Avec sa mèche sur l'œil, son air *Majesté des mouches*, le corps robuste et la peau cuivrée, il me séduit de plus en plus, et je vois bien qu'il s'en rend compte. Je suis un bouchon au fil de l'eau, un naufragé qui tente de s'agripper à une bouée de sauvetage, on peut faire de moi ce que l'on veut, je suis prêt à toutes les aventures. Tout à l'heure pour une poignée de figues offertes par la miséricorde d'un jeune pope je me serais enterré à tout jamais au monastère; encens et chasteté; maintenant devant ce Robinson dont je n'arrive pas à soutenir les regards de loup je rêve de devenir son Vendredi; moi aussi j'attendrai l'hiver qui trempe tout, je lui achèterai des plumes et des cahiers pour ses poèmes, je lui laverai ses pull-overs, je balaierai son logis, j'apprendrai à tirer à la carabine, je le réchaufferai en dormant contre lui et je sens déjà que mon caleçon est en train de me trahir. Il me dit de le suivre jusqu'à la cabane, il veut me montrer son installation, les livres, le petit âne; l'invite est brusque, les yeux ailleurs, une rougeur soudaine sous le hâle du visage, fini de rigoler, ce n'est pas pour me déplaire. On y va. Le soleil donne furieusement, j'ai remis mes chaussures pour ne pas me brûler sur le sable, le bruit de la mer me tape dans les oreilles, la plage me paraît moins belle, presque triste avec les branches d'arbres morts étalés çà et là, les coquillages qui crissent sous les pas. Il marche devant moi, sans se retourner, il tient la Winchester canon baissé, par le chargeur, contre la hanche, comme les chasseurs dont les chiens suivent après une bonne prise. Ça se déchire dans ma tête, ce type est tout de même bizarre, je suis fou, c'est dangereux, j'hésite encore, je n'arrive pas à me détacher de ses belles jambes musculeuses et dorées, cette démarche souple qui m'emmène je ne sais où; au fond qu'est-ce que je risque, je suis déjà à moitié mort, qu'il m'embrasse au moins là-bas, dans la cabane, près de son grison, avant de finir le travail. J'ai affreusement chaud, cette plage n'en finit pas, il continue d'avancer devant moi, obstiné et silencieux, son dos puissant de joueur de hand-ball sous le polo sans couleur se balance doucement au rythme de la marche. Ils jouent toujours au hand-ball les jeunes Lords démoniaques dans les films sur les Public Schools, mais il va trop vite, de plus en plus vite, il refuse que je le rattrape, il m'interdit ce profil perdu qui me rassurerait peut-être, c'est le bate-lier des ombres à qui j'ai confié mon dernier souffle. Je regarde sa nuque émouvante comme pour lui dire adieu. Quand il entre dans les roseaux, je le laisse dispa-raître. Des oiseaux s'envolent et je m'enfuis dans l'autre sens à toutes jambes. J'ai repéré une sorte de chemin, j'y cours en zigzaguant comme s'il me mettait en joue, j'ai le cœur qui bat à se rompre, l'épuisement, le désir et la peur, d'un enfer l'autre je ne sais plus si je m'en sortirai jamais et j'y mets quand même tout ce qu'il me reste de force. Je grimpe à toute allure sur le chemin comme un cabri affolé, il a perdu du temps, il ne m'a pas vu partir, je suis au creux du vallon à l'abri des broussailles et des premiers chênes-lièges, je l'entends qui tire au hasard, il me cherche, ses coups de feu se perdent, ce dingue veut vraiment me tuer, et moi je n'ai plus du tout envie d'en finir. Il ne m'a pas rattrapé, c'est peut-être le petit âne qui m'a sauvé, la chasse était sans espoir ou trop longue, je l'ai entendu braire pour l'appeler. Quand j'arrive enfin sur le port, sale et fourbu, les ombres s'allongent et mes tourmenteurs ont tout oublié. Ils veulent m'emmener dîner avec les attentions qu'on réserve aux grands malades.

J'ai remballé mes affaires sans dire un mot, ils ont soupiré comme s'il s'agissait d'un autre caprice. J'ai acheté la carte pour ma grand-mère et j'ai soigné le style, les descriptions pour qu'elle en soit contente, je suis retourné sur le port pour la poster, je me suis dit qu'il fallait que je reste encore quelques jours avant d'aller prendre le train en gare d'Athènes, je ne voulais plus m'en aller sur une impression de défaite absolue. J'ai évité la petite bande qui s'était inquiétée pour moi et j'ai traîné à la terrasse des tavernes, juste assez, juste autant qu'il le fallait.

Haralambos Gnelledis, je me souviendrai de ce nom jusqu'à la mort, m'avait repéré dès mon arrivée. Il tenait plusieurs fers au feu et avait jugé d'instinct que je n'étais pas abordable, pas encore mûr. Il sentit que j'étais désormais à sa portée ; on a fixé le prix sans faire de cérémonie et il m'a entraîné chez une matrone bien sympathique. Ils étaient en affaire. Elle lui louait une petite chambre et ne faisait pas tant d'histoires. Il avait tout de l'olivier, brun, sec, la chevelure bouclée et abondante. Depuis, j'ai cru le retrouver souvent sur les photos des garçons de Naples et de Sorrente prises au début du siècle dernier par le vilain baron allemand ; en Méditerranée comme ailleurs il y a des genres qui se transmettent au fil des générations. Il a prétendu le premier soir qu'il travaillait surtout l'Allemande et la Suédoise et qu'il m'avait pris en supplément, mais je n'en ai rien cru. Un peintre danois dont les gentilles marines se vendaient dans la boutique à souvenirs l'entretenait parcimonieusement ; un père de famille anglais aux yeux rimmélisés, flanqué d'une épouse suppliante et de jeunes enfants qui n'y comprenaient rien, tentait de le ramener avec lui à Londres ; j'imaginais la belle petite famille dans son cottage ; ils me trouvaient sans danger et me demandaient conseil, mais j'étais bien incapable de leur porter secours dans leur chute fatale. Lui-même était mythomane et je me perdais dans les récits compliqués de son passé, malgré sa jeunesse il lui était arrivé de quoi remplir plusieurs vies. J'ai plus ou moins compris qu'il avait été adopté un certain temps par un couple de riches Yankees et qu'ils l'avaient renvoyé en Grèce pour des raisons obscures. Il s'exprimait très bien en américain et il parlait de Miami comme s'il y avait vraiment vécu ; on trouvait aussi pêle-mêle un bagne de gosses, une Italienne, des bagarres de rue, un prince allemand, des griefs violents et mystérieux, un décorateur belge, un père inconnu et une mère en fuite, pas de famille et trop de monde, et moi au bout du compte ; de toute façon ils sont toujours orphelins. C'était une petite frappe cruelle qui détestait les hommes, faisait l'amour brièvement et avec réticence et demandait sans cesse un peu plus cher. Mais il me serrait avec une intensité poignante dans son sommeil comme s'il avait voulu ne jamais se réveiller, et me manifestait parfois, à l'improviste, une sorte d'amitié brusque et vaguement protectrice qui ne cadrait pas avec les termes de notre arrangement. Entre larcins, règlements de comptes et allumages divers qui prenaient la plus grande part de son temps, il me réservait une drôle de place, pas mécontent de me voir partager sa chambre, assez gai lorsqu'il me racontait ses aventures que je me gardais bien de trouver sinistres. J'avais mon petit coin pour mes affaires. La matrone lavait mes vêtements, elle m'avait à la bonne, je lui offrais des magazines avec des photos de princesses et de chanteurs ; elle nous préparait d'excellents petits déjeuners durant lesquels ils parlaient tous les deux de moi, dans un grec volubile, sans que je comprenne, mais je le sentais bien, sans agressivité ni moquerie non plus. Elle devait lui expliquer qu'il avait intérêt à me garder. Je m'étais rabiboché avec mes deux compagnons de voyage, mais ça n'avait plus beaucoup d'importance ; ils avaient d'ailleurs fini par se disputer avant de s'en aller chacun de son côté. Cyrille s'amusait avec la petite bande et lui voulait partir. Je lui ai dit au revoir en l'aidant à porter sa valise jusqu'au ferry, il m'a embrassé avec la gaucherie d'un vieux camarade, il a voulu me dire quelque chose, franchement ça ne venait pas. Je le vois encore distinctement sur le pont du bateau qui s'en va, le visage fermé et me faisant de grands signes. Moi je pensais qu'il partait avec un de mes pantalons que je lui avais prêté et qu'il ne m'avait pas rendu. De toute façon, je voulais encore rester. Il m'a envoyé une longue lettre deux ou trois mois plus tard où il m'écrivait qu'il était désolé, et ça m'a paru sincère, il me disait aussi qu'il avait décidé de ne pas revenir en France, ses parents étaient d'accord. Il est donc resté en Espagne, où tout a mieux marché pour lui. Je ne me souviens pas du départ de Cyrille.

Comme je n'avais plus d'argent, j'ai trouvé un petit boulot à la boîte de nuit, je faisais un peu l'assistant du disc-jockey qui était perdu en dehors du sirtaki et un peu le *public relations* avec les clients chics qui me trouvaient de bonnes manières; le patron disait que j'étais bien pour le standing; j'étais rémunéré aux pourboires comme une entraîneuse au bouchon. Mon petit mac venait me prendre à la fermeture, il raflait son pourcentage, me laissait à peu près de quoi vivre, tout le monde était content; j'achetais le journal pour voir s'il y avait la photo du tireur fou mais la carabine avait dû s'enrayer; le temps filait à toute allure; j'ai branché un riche Américain sur mon voyou, c'était parfait puisqu'il parlait la langue, j'ai affirmé que je reviendrais l'été prochain et puis j'ai filé à l'anglaise pour aller retrouver ma grand-mère, je voulais arriver pour son anniversaire. J'ai voyagé en seconde, c'était le train comme autrefois avec un wagon-restaurant qui servait des plats compliqués et les familles en pyjamas dans les couloirs. À Skopje, la ville était encore en ruine à cause du tremblement de terre, les façades des immeubles s'étaient effondrées et les gens vivaient comme des abeilles dans une ruche, on voyait les femmes en combinaison qui s'activaient dans leurs cuisines suspendues. Les jeunes Yougoslaves étaient souvent très beaux, très liants aussi, il fallait faire un effort d'imagination pour croire que l'on traversait un pays communiste; Tito était également très beau, il avait dû être comme les garçons du train et sur les photos dans les gares il avait l'air d'une sorte de roi milliardaire. En approchant de Belgrade, la tentation de l'évasion m'a encore repris; il s'appelait Kim, en survêtement bon marché et pieds nus dans des mocassins blancs, mon âge, un sourire d'ange et des yeux magnifiques lorgnant ma chemise Lacoste, mon vrai jean et m'a jolie montre. Il m'a montré des HLM, le long de la voie dans les faubourgs, en me faisant des clins d'œil; ils n'étaient pas plus mal qu'en France dans la lumière d'un soir d'été; c'était là qu'il habitait et qu'il m'invitait à le suivre; il avait passé son bras de sportif par-dessus mon épaule, on se serait embrassé s'il n'y avait eu autant de monde dans le couloir, je tremblais comme une feuille et ce n'était pas de peur. Mais je pensais à l'anniversaire de ma grand-mère et je n'avais plus vraiment le courage de prendre des risques. Sur le quai, je lui ai donné mon stylo Parker, il l'a empoché comme un voleur, je ne comprenais plus ce qu'il me disait avec le bruit des haut-parleurs dans une langue inconnue qui recouvrait ses quelques mots d'anglais. Il insistait sans doute encore un peu. En repartant, par la fenêtre du train, je lui ai trouvé les traits plus durs et l'air maussade. Il regardait autour de lui comme aux aguets; il attendait peut-être quelqu'un d'autre.

À Évian, tout était intact, je suis arrivé juste pour le gâteau et ma grand-mère a été si heureuse de me revoir. Elle m'a trouvé très maigre, plutôt bonne mine; j'ai préparé mes examens pour la session d'octobre et nous avons parlé du Parthénon.

On avait promis de s'écrire avec Haralambos Gnelledis, c'est un de mes travers, je ne sais pas quitter, quand ça ne s'est pas trop mal passé je voudrais toujours que l'on prolonge. C'est pour cela que je traîne avec moi tant de petites affaires qui n'ont plus aucun sens. J'ai donc reçu une lettre de sa part, mais c'était seulement une demande d'argent, péniblement calligraphiée, assortie de quelques photos intimes qui ne méritaient pas de quoi fouetter un chat. La menace de chantage était si naïve et maladroite que j'ai eu un peu pitié de lui. J'aurais dû lui répondre pour lui faire la leçon, et lui envoyer ce qu'il croyait pouvoir m'extorquer mais je n'ai pas retrouvé l'adresse. Je n'oublie pas mais je perds les traces. Il faut toujours écrire au dos des enveloppes. C'est comme ça que ça s'est vraiment fini. Il reste le premier de la très longue série, c'est avec lui que j'ai pris le pli de payer pour les garçons ; j'en ai eu de toutes sortes mais au fond il les résume tous ; la seule différence c'est qu'il doit être mort aujourd'hui avec la vie qu'il menait.

Une actrice qui m'aimait bien et qui me faisait souvent des reproches parce qu'elle me devinait parfaitement malgré ma réticence à me confier m'a dit un jour : « Il y a quelque chose de profondément malade dans le désir de payer. » Je suis bien d'accord et depuis le temps que je n'arrive pas à m'en guérir j'ai eu tout le loisir d'y réfléchir ; les mensonges qu'on se raconte, les vraies raisons qu'on se dissimule, je suis incollable en la matière. Je sais que c'est un travers que je traîne depuis toujours ; je faisais déjà trop de cadeaux en classe, l'aventure grecque n'a fait que confirmer. Le truc le plus moche qui est enraciné au cœur de cette histoire c'est le mépris ; celui du garçon pour le type qui le paye, celui du type qui paye à l'égard du garçon, celui des gens pour ce genre de transaction qui paraît déplaisante à presque tout le monde. On peut fanfaronner en rappelant que c'est une pratique qui remonte à la nuit des temps, invoquer légèrement la commodité et le plaisir, ça ne sert à rien de faire le malin, les avantages restent pervers : le mépris protège le garçon qui se croit indemne, il flatte le désir de puissance du client, il permet à chacun de rejouer indéfiniment tous les rôles de l'humiliation et de la honte. Le vieux qui paye, c'est dégoûtant, le jeune qui paye c'est encore pire : il se dérobe à des risques de son âge en usant de l'arme déloyale de l'argent; faussaire en séduction, trafiquant de sentiments, tricheur de l'amour. Mais à quoi bon y revenir, quand on sait comment ça marche et qu'on mesure les dégâts on ne s'en sort pas pour autant. De toute façon, en dehors d'arrêter, il n'y a pas d'autres issues. On entre alors en clandestinité; c'est parfois dangereux, souvent sordide et malheureusement presque toujours romanesque; on s'aguerrit dans cette vie secrète à tel point qu'on ne peut plus s'en passer; on y trouve des enjeux inavouables, des aventures souterraines, des mérites cachés et on se persuade facilement d'y gagner plus d'expérience pour l'existence. Détail affreux, ça ne coûte finalement pas si cher, beaucoup moins que d'autres addictions comme la drogue ou le jeu, et l'argent que l'on dépense pour le plaisir n'est jamais vraiment perdu.

Il faut tout de même faire attention, rester sur ses gardes; il m'est arrivé quelques mésaventures qui auraient pu mal tourner et j'y regarde à deux fois avant de m'engager. Les plus graves menaces surgissent quand on est trop gentil; le garçon est troublé, il s'expose à éprouver de la sympathie, il ne peut plus mépriser commodément. Si sa nature est franchement mauvaise, il peut prendre peur, s'enrager et devenir incontrôlable avec des pulsions de meurtre pour se débarrasser du gêneur qui a bousculé son équilibre et ses habitudes. On repense à Pasolini quand on est confronté à ce genre d'expérience. C'est la référence obligée et terrifiante. Peut-être a-t-il été trop gentil lui aussi avec Pelosi la grenouille quand il l'a emmené manger une pizza arrosée de lambrusco après l'avoir levé à la stazione Termini, trop gentil quand il lui parlait en patois romain pour le mettre à l'aise, trop gentil quand il s'est intéressé à ses petites histoires de voyou des banlieues qui tapine pour se payer des fringues et emmener des filles sur sa vespa. Il en avait séduit de plus coriaces et de plus farouches mais ils étaient aussi moins perdus, moins avares d'eux-mêmes, ceux dont il fit les ragazzi de ses films. Chacun avait eu sa chance, lui de les aimer et eux de le suivre. Mais ce qui se transforme en amitié virile où l'on commence à reparler de football et de femmes oblige aussi à ressortir. Des Pelosi la grenouille, j'en ai croisé pas mal dans des endroits glauques à Paris et il devait y en avoir des tas à la stazione Termini, le malheur voulut qu'il tombât sur ce mignon-là, encrassé dans son ignorance et sa vanité, et fier en plus d'avoir été choisi par un type aussi célèbre sur qui même le plus con des garçons de passe avait sa petite idée. C'est bien connu, les gens célèbres sont pleins aux as, pas de problème donc pour aller faire la *passegiatta* jusqu'à Ostie, répondre aux demandes un peu bizarres ; normal, le programme sans surprise d'une bonne affaire. Mais il ne s'agissait vraiment pas d'un client ordinaire, il n'avait pas le genre soupçonneux et traqué qu'ils ont d'habitude ; amical, attentif, il dégageait un charme, une sympathie incompréhensibles ; la grenouille Pelosi ne trouvait plus sa place de truqueur professionnel qui se croit le roi du pavé parce qu'il peut piétiner des mecs dont il a vu la photo sur le journal, sans l'avoir demandé il devenait quelqu'un d'autre à cause d'un gars comme il n'en avait jamais rencontré et qui lui parlait comme s'ils appartenaient au même monde. C'était nouveau, compliqué, inquiétant et il n'allait quand même pas se laisser emmerder par ce pédé qui écrivait des livres qu'il ne lirait pas et qui faisait des films qu'il n'irait pas voir. Il y a sans doute mieux à faire que de spéculer sur la mort de celui qu'on admire, sur la fin sordide d'une vie remarquable, mais moi dans mon coin j'ai eu peur, au moins deux ou trois fois, qu'il ne m'arrive la même chose et si je suis désormais bien plus prudent, je sais que je ne suis pas le seul à être hanté par ce crime et par tout ce qu'il laisse supposer. La thèse du complot fasciste pour éliminer un adversaire détesté est également crédible ; elle a le défaut d'arranger tous ceux qui veulent récupérer l'assassinat à des fins politiques en escamotant ce qui est justement aberrant et irrécupérable, la drague régulière des gigolos, la complicité profonde avec le commerce des garçons. Quoi qu'il en soit, même s'il n'y a pas eu de lambrusco ni de plaisanteries en patois, même si des inconnus avaient fait répéter sa leçon au garçon et attendaient embusqués sur la plage avec tout ce qu'il faut pour mettre à mort un homme robuste à qui on ne connaît pas de tentation suicidaire, il n'était certainement pas nécessaire d'inciter le voyou à commettre son crime. Une haine illimitée le poussait à tuer celui qui l'avait dérangé, à écraser la bête dangereuse qui l'avait mis en péril. Au procès, Pelosi la grenouille qui se faisait tailler des pipes à dix mille lires depuis des mois dans les toilettes de la stazione Termini déclara qu'il ne s'était jamais vendu auparavant. Pour une fois il disait vrai, la location n'est pas la vente.

La meilleure période pour moi fut celle de Mme Madeleine, qui tenait un petit hôtel spécialisé à deux pas de la place Pigalle. Tout s'y déroulait dans une atmosphère bon enfant qui fleurait bon les habitudes et la discrétion des clandés d'avant-guerre. J'ai d'ailleurs retrouvé çà et là chez Jouhandeau, Cocteau et quelques autres, des descriptions qui ne trompent pas sur la qualité et la fidélité de la clientèle de cet honorable établissement, à ma connaissance le dernier du genre à Paris quand je commençais à le fréquenter. Mme Madeleine, déjà âgée et presque impotente, avec l'air d'une Mistinguett qui se serait laissée aller, trônait dans sa loge du rez-de-chaussée au milieu d'une petite cour de vieilles folles populaires aussi pincées que des chaisières. Il y flottait en permanence un fumet de bon fricot de cuisine bourgeoise parmi les saintes vierges en plastique, les bocaux de poissons rouges, les napperons en dentelle et les cartes postales à petits chats envoyées par des usagers reconnaissants. C'était charmant, très Prévert et Doisneau et Mme Madeleine aurait pu gagner tous les concours de la concierge exemplaire, celle qui cache les enfants juifs et envoie en même temps des lettres anonymes à la Kommandantur. Ses pauvres jambes ne pouvant plus la porter dans les étages, elle déléguait la distribution des clefs et des serviettes à un petit ménage de majordomes déplumés qui soupiraient de nostalgie au souvenir des visites de Jean Sablon et d'André Claveau et ne passaient plus l'aspirateur dans les chambres que de loin en loin. Linos élimés, lits défoncés, plomberie crachotante mais les tarifs étaient modiques et la maison tournait en permanence. Animée du féroce attachement que le peuple voue au respect des hiérarchies sociales et d'une méfiance atavique pour les femmes légères qui manquent d'y introduire le désordre, Mme Madeleine traitait sa clientèle exclusivement masculine avec la considération qu'elle réservait aux seuls messieurs et graduait les salutations en fonction de ce que son coup d'œil averti lui révélait de leur milieu et de leurs manières, comme si l'on se présentait devant elle à la réception d'un palace suisse. Ma bonne mine enchantait son snobisme, ma jeunesse la rassurait sur les excellentes perspectives de renouvellement du marché et elle me traitait en chouchou de la famille. Le service était également d'ancien style : les personnalités, les pères de famille et les timides gagnaient directement leur chambre après les courtoisies d'usage et Mme Madeleine faisait appeler par un de ses affidés, M. Jackie, un costaud bien de sa personne qui arpentait le boulevard tout proche. M. Jackie était le poisson pilote sur qui on peut compter; elle lui chuchotait l'identité du visiteur dont les préférences étaient aussi soigneusement répertoriées que dans un fichier de la PJ et M. Jackie se mettait en quête de l'oiseau rare ou de ce qui en approchait le plus. Entre les bars et les salles de jeux avoisinantes le circuit était bien organisé; le client dans sa chambre n'attendait guère plus d'un quart d'heure entre le moment où il avait passé commande et la livraison par le diligent imprésario du trottoir. Aux heures de pointe, ça faisait quand même du monde et M. Jackie avait alors tendance à courir au plus pressé et à trafiquer sur la qualité pour ne pas risquer de rater un pourboire. Je voyais des monstres passer devant la loge, chevaux de retour de la gigolaille à brioche, dents en or et brushing teint sur racines grises et clairsemées. On s'en plaignait parfois aigrement à Mme Madeleine et elle prenait un air désolé en promettant que M. Jackie retrouverait sûrement le petit Rachid ou le beau Marcel pour la prochaine fois; elle jouait sur du velours; le teint plombé et le regard fuyant, les plaideurs avaient déjà leur air du retour à la vie civile et ils ne possédaient que son adresse pour y ancrer un peu de rêve et d'évasion; ils revenaient toujours. Il est vrai que j'ai aussi vu passer de ces plantes carnivores qui me faisaient frissonner et attestaient du métier de M. Jackie quand il voulait bien se donner la peine. Je m'en tenais pour ma part à une méthode plus moderne en faisant directement affaire avec l'entremetteur sur le boulevard pour garder la liberté de choisir. J'amenais ainsi de nouvelles recrues chez Mme Madeleine, qui les jaugeait d'un œil sévère pour bien leur faire comprendre qu'il ne saurait y avoir d'embrouille et qu'elle était patronne chez elle, mais qui prenait aussi leur genre en bonne note pour d'autres fois et d'autres habitués. Ce choix dans le tas, en pleine populace, avait aussi des inconvénients : si pratiquement personne ne résistait au baratin de M. Jackie certains antécédents demeuraient mystérieux. J'ai retrouvé quelquefois la photo de mes éphémères fiancés à la page faits divers des journaux, ce qui démontrait d'ailleurs que le sas de sécurité de Mme Madeleine était à toute épreuve.

L'arrivée des socialistes lui porta un coup fatal : le nouveau mélange de liberté des mœurs et de pruderie policière rendit tout ce trafic souterrain obsolète ; on pouvait draguer partout, elle ne connaissait plus les commissaires, ses affaires périclitèrent, elle fut tracassée par le fisc, on lui ferma finalement son hôtel. Elle mourut de chagrin quelques mois plus tard, enterrée religieusement selon ses volontés, pleurée de la petite cour et de quelques nostalgiques qui se cachaient derrière les piliers de l'église. Je croise parfois M. Jackie sur le boulevard ; il travaille désormais en free lance et sans port d'attache, le métier a changé, il se plaint de ne plus trouver que des jeunes Arabes et vitupère ces garçons qui plaisent mais ne sont pas très sûrs, les commissions rentrent mal, il a beaucoup grossi et sent l'alcool, on l'a coffré à deux ou trois reprises pour de sombres histoires de partouzes qui ont mal tourné ; il déteste la gay pride, les pédés de la gauche caviar et gronde contre le PACS qu'il juge profondément immoral. Pour lui aussi, ça ne va pas très fort.

Je regrette Mme Madeleine, son gentil petit commerce me manque. J'en aimais l'atmosphère de société secrète trempée dans le pot-au-feu, les rituels de race maudite pour roman de gare et chanson réaliste ; ça sentait encore la fiche de police, le légionnaire tatoué, la poisse universelle. Aujourd'hui, le marketing gay, les boîtes à moustachus, la dramatisation hystérique qui passionne les hétéros et le politiquement correct du modèle des petits couples, tout le sermon bien pensant sur la sacro-sainte différence ne me concernent pas vraiment. Hormis l'abominable maladie et ses victimes, je ne suis que très vaguement solidaire. J'ai donc pas mal divagué sans jamais trouver celui qui me ferait m'arrêter. Les Portugais de l'avenue de Wagram, les Yougos de la galerie des Champs, les rebeus du square d'Anvers, d'autres mecs et d'autres lieux, les petits hôtels et les combines foireuses, les regards désagréables et les mauvaises rencontres, la drogue, les harcèlements et les vols, toujours aux aguets, et une fleur parfois de temps à autre qui se fane malheureusement très vite ou disparaît, le marché est actif et on n'a pas forcément le temps et les moyens d'assurer en permanence ; tout le monde connaît désormais ce genre d'histoire, le cinéma et les livres, la presse et la télé en sont remplis. À la longue, ça m'a tapé sur la tête et j'ai fini par m'essouffler.

Je ne suis pas le premier à être allé voir ailleurs, on raconte tellement de blagues sur ce qui se passe chez les autres. La solution Maghreb n'existe pas ; l'échange paraît facile, plutôt frustre, ce qui n'est pas forcément déplaisant, mais la transgression est absente, on sert de femme de remplacement et de livret de Caisse d'épargne ; les beaux gosses arrivent comme au sport et pour financer l'électroménager de leur futur mariage avec la cousine choisie par leur mère. De vieilles folles compulsives y trouvent leur avantage, il peut y avoir de l'amusement, et même des sentiments mais on ne tarde pas à comprendre que ce sont les familles qui mènent le jeu et gagnent à tous les coups. Quand on s'attache il n'y a pas d'autre solution que de changer de camp ; on devient grand frère, protecteur, ami fidèle, arbitre des conflits, parrain des études et concessionnaire en mobylettes et réfrigérateurs. On s'y résigne sans trop de mal en se disant que c'est une autre sorte d'amour qui circule entre les êtres, malgré tout. Et puis les garçons disparaissent d'un seul coup, happés par leur nouvelle parentèle, désormais bien dans ses meubles et qui se méfie d'une récidive. On les croisera de loin en loin, des petits à leurs basques, empâtés, l'œil vague, ayant tout oublié. D'autres les remplaceraient bien mais il faut compter avec la fatigue qui ne donne plus très envie de continuer. Ceux de Moscou, joyeux et vermillons dans le grand froid de l'hiver mais l'alcool, les amphés et la violence ; ceux de New York, mais le côté catalogue sur Internet et carte bleue qui décourage un peu, au cours du dollar il ne faut pas lésiner pour attraper du Bruce Weber ; ceux de Cuba, *muy calientes* sans doute mais flics partout, misère angoissante, l'horrible Fidel. Ailleurs encore, toujours plus loin, mais le complexe de l'homme blanc prospère sur tout ce malheur et ne lâche plus d'une semelle. On arrête les faux numéros, il n'y aura plus d'abonnés à cet amour-là, enfin c'est la décision qu'on voudrait prendre et qu'on ne prend pas. De toute façon, on ne peut jamais ramener personne, les compagnies aériennes ne délivrent pas de visas, essayez de convaincre un agent consulaire, même si vous faites bonne impression, le minet n'immigre pas. Et s'il y avait tout de même une autre Mme Madeleine planquée quelque part ?

Je l'ai revu de temps en temps. Au début, j'allais à Madrid où il m'accueillait très gentiment, on sortait avec ses amis, ses cousins, des garçons et des filles sympathiques et sans équivoque ; c'était vers la fin des années Franco et on sentait une ébullition artistique à laquelle je faisais semblant de m'intéresser pour ne pas être paralysé par la masse de tristesse et de ressentiment, ce reste d'espoir insensé aussi que je traînais avec moi. Mes efforts ne servaient à rien, je donnais peut-être le change à sa petite bande mais j'étais incapable de me glisser dans le rôle du bon vieux copain auquel il ne croyait pas non plus, et il sentait bien que j'étais à la dérive ; au fond, nous n'avions plus rien à nous dire ; en nous séparant, nos nouvelles vies nous éloignaient aussi du passé et il n'y avait pas de raison de s'en étonner. Je rentrais le soir à mon hôtel, une sorte de caravansérail lugubre déniché entre tous avec l'imparable discernement de la déprime, plus seul et plus perdu que jamais ; le long des interminables couloirs où j'avais l'impression de croiser les fantômes de Raquel Meller et d'Alphonse XIII, qui avaient eu leurs habitudes dans cette épave de temps plus fastes selon les dires du vieux barman, dans ma chambre glaciale et délabrée, l'absurdité de ces visites en terre étrangère m'accablait encore davantage. J'ai insisté deux ou trois fois et puis j'ai lâché prise.

On se parle parfois au téléphone, c'est presque toujours lui qui appelle et il me prend par surprise ; la voix, le rire, les plaisanteries n'ont pas changé et à chaque fois c'est un coup au cœur qui me renvoie brusquement des années en arrière. On promet de se rappeler et le temps passe en attendant. Quand on s'est retrouvés à New York, ce fut pratiquement par hasard, il lui arrive aussi de passer par Paris, il est entre deux avions et je ne suis pas toujours disponible. J'ai suivi sa carrière, il a tout de même pas mal vieilli, il ressemble maintenant à l'un de ces diplomates rompus aux grandes affaires que l'on aperçoit dans les conférences internationales à la télévision ; il n'y a sans doute que moi pour imaginer encore le jeune homme incandescent d'autrefois face à cet ambassadeur si conforme aux traditions de sa famille. Je redoute qu'il ne soit nommé en France, une hypothèse tout à fait plausible compte tenu de l'importance de ses responsabilités et de sa position élevée dans la hiérarchie de son ministère. C'est un poste auquel on doit songer pour lui, mais je ne sais pas ce qu'il en pense, je n'ai pas voulu lui poser la question ; j'aurais l'air fin aux dîners de la résidence.

Il m'a fait parvenir tout récemment une photo qui date du mois de mai en 68. Malgré ma réticence à égrener les détails de cette époque, je me souviens très bien des circonstances où elle a été prise : c'était au mariage de sa sœur qui fut célébré dans l'appartement même de l'avenue Marceau, suffisamment vaste pour une telle cérémonie et à l'abri du désordre parisien qui faisait rage. L'assistance, habituée aux refuges des beaux quartiers, était surtout composée d'Espagnols et de Latino-Américains car la jeune fille épousait un Guatémaltèque au physique de joueur de polo, un type qui n'a pas eu de chance, assassiné quelques années plus tard dans son pays durant une guerre civile. On ne sent aucune tension sur la photo ; dans le fond il y a des dames très bon genre qui bavardent aimablement et au premier plan nous sommes tous les trois, l'air de fils de famille qui savent assortir leurs cravates à leurs costumes, en compagnie d'une femme qui avait alors pour moi l'âge de sa mère et qui me paraît en fait bien plus jeune que je ne le suis maintenant. La photo est en noir et blanc mais je me rappelle très bien avoir été frappé par sa jolie robe en soie multicolore qui dénotait un goût original. Elle est en train de nous parler et ce qu'elle nous dit doit être amusant car Cyrille lui sourit gaiement, un verre à la main. Lui n'écoute pas ou alors distraitement parce qu'il regarde vers le photographe, enfin pas exactement non plus puisqu'il me donne toujours l'impression de regarder un peu ailleurs; quelque chose que nous ne verrons jamais comme lui. Je suis à peu près certain d'ailleurs qu'il portait des verres de contact et que je l'ai surpris plusieurs fois en train de mettre ses lentilles, le genre de geste intime et familier qui me donnait soudain encore plus envie de l'embrasser.

Je ne sais pas quoi faire de cette photo, je la garderai certainement avec les autres mais elle me met mal à l'aise. Au dos, de sa belle écriture à l'encre bleue, il a écrit qu'il la trouve émouvante. Moi aussi, et je trouve encore plus émouvant qu'un tel souvenir puisse encore le toucher et qu'il souhaite me le faire partager trente-huit ans plus tard. J'aimerais bien savoir comment il a mis la main dessus, il a peut-être lui aussi des boîtes pleines de vieux papiers qu'il emmène dans ses déménagements. Pourtant, son souvenir et le mien ne coïncident pas tout à fait, nous sommes toujours trois dans sa mémoire et, puisqu'il s'agit de revenir sur un moment très ancien qu'il considère avec tendresse, je pense à la peine que je ressentais alors, à la peur qu'il ne m'abandonne, à la certitude que cela adviendrait bientôt, ancrées au fond de moi et sans que j'ose me l'avouer. En fin de compte, ce qui me frappe le plus c'est sa solitude sur la photo, il est parmi nous mais pas avec nous; il n'y a pas que son regard qui s'évade, c'est lui qui s'en va déjà et il me semble que c'est cela précisément qu'il trouve émouvant, cette image de lui-même dans sa solitude et dans sa fuite, cette image préférée à celles de sa famille, de ses enfants et de sa réussite, si secrète et si protégée que même Carmen n'a pu l'arracher de son existence. Moi sur la photo, je ne me trouve pas si mal, moins beau que Cyrille et lui peut-être, mais pas si mal quand même. J'éprouve toujours la même surprise lorsque je me vois sur les photos de cette époque, ce garçon était agréable, tout aurait dû mieux marcher pour lui. Je ne saurai jamais pourquoi je me détestais autant et jusqu'au point d'aimer celui qui me ressemblait et ne m'aimerait pas non plus, ni pourquoi il m'aura fallu atteindre le seuil de la vieillesse, alors qu'il est bien trop tard, pour reconnaître que c'était une erreur de se haïr soi-même avant tant de persévérance quand j'aurais pu obtenir d'être aimé tout aussi bien qu'un autre.

Quentin

Quentin les a tous emmenés ; Christine son ex-femme dont il était divorcé mais il ne s'agissait que d'un autre arrangement, Sacha leur fils qui vivait avec sa mère et allait vers ses quatorze ans ; Bronia la jeune fille au pair yougoslave qui était occasionnellement sa maîtresse ; il est parti ensuite. Mon frère aîné m'a annoncé la nouvelle au téléphone ; il était 9 heures du matin, ça s'était passé pendant la nuit, ou peut-être à l'aube, enfin ça venait d'arriver. Il n'en savait pas plus mais il avait la voix blanche. Après la police, les médecins ont déposé leurs conclusions mais autour de moi personne ne s'est étendu sur les détails. Je n'ai rien lu dans la presse. Je crois avoir entendu qu'il a tué l'enfant en dernier et à coups de couteau avant de retourner contre soi l'arme à feu qui lui avait servi pour les deux femmes. Je ne sais pas s'il les a massacrés tout de suite en entrant dans l'appartement ou s'il a attendu en leur tenant des discours inquiétants, s'il y a eu une dispute, des tentatives pour le raisonner ou pour s'enfuir, des supplications, s'il a traîné ou s'il est allé très vite. Je ne sais pas non plus s'il a réveillé son fils ou s'il l'a poignardé dans son sommeil. On peut penser que le gosse s'est réveillé tout seul dans sa chambre en entendant des bruits, des cris, des coups de feu et qu'ils se sont parlé. De toute façon, j'ai beaucoup de mal à me représenter la scène, je n'ai d'ailleurs pas envie de le faire ; elle est inimaginable. Ce qui est sûr c'est qu'il voulait les tuer quand il est parti de chez lui en pleine nuit avec le revolver qu'il gardait dans un tiroir et sans se trahir auprès de sa compagne, à qui il n'a fait aucun mal. Elle dormait tranquillement quand on l'a appelée pour la prévenir. Je me demande s'il avait la clef ou s'il a sonné. C'est lui qui louait l'appartement, il était très généreux pour ces choses-là. Quentin n'a emmené que ceux qu'il aimait ; il aimait Christine depuis leur adolescence et au fond c'était sa seule femme alors qu'il en avait eu tellement ; il aimait Sacha parce que c'était son fils unique, ce qui en soi revêtait déjà une importance démesurée pour lui mais aussi parce que l'enfant était beau, intelligent et répondait complètement à sa tendresse ; il aimait Bronia pour sa gentillesse, le plaisir qu'elle lui procurait, l'adoration qu'elle lui portait. Peut-être qu'il l'aimait quand même un tout petit peu moins mais elle était là et elle faisait partie de la vie des deux autres, à tel point qu'ils n'avaient jamais songé à s'en séparer. Il aurait pu emmener sa mère, mais il n'y a pas pensé ou il a préféré la faire souffrir. Et puis elle, elle n'était pas là, il aurait fallu aller d'un endroit à un autre, on ne tient pas des heures à ce rythme-là et on ne bat pas non plus le rappel pour ce genre de départ. Il aurait pu aussi emmener chacun de mes frères, ils avaient tant compté pour lui, mais il avait préféré régler les choses autrement par des brouilles irréversibles, prenant la femme de l'un, l'associé de l'autre. Quant à ses propres frères, ils ne comptaient plus ; le petit était déjà mort dans un accident de voiture, le cadet ne valait pas beaucoup mieux, il se droguait jusqu'à l'os et ne durerait pas longtemps. Donc Quentin avait emmené l'essentiel.

Il semble qu'il y pensait depuis un certain temps. En effet, il avait confié à ses collaborateurs que son fils était gravement malade et qu'il partirait bientôt avec lui à l'étranger pour consulter des spécialistes. Il disait aussi que l'enfant était perdu et qu'il voulait se retirer des affaires pour se consacrer entièrement à lui. C'était néanmoins assez vague et les collaborateurs mettaient cette imprécision sur le compte de l'inquiétude ou de la pudeur et ils n'osaient pas le questionner à ce sujet. Ils trouvaient même sans doute qu'une épreuve aussi douloureuse frappant un homme tellement dur et redoutable contribuerait à l'humaniser et il est probable qu'ils en parlaient entre eux à mots couverts. Le petit Sacha allait évidemment très bien et la secrétaire de direction, qui avait eu vent des rumeurs courant dans l'entreprise, s'étonnait de constater qu'il parût en bonne santé quand il appelait son père au téléphone ou qu'il passait le voir au bureau, ce qu'il faisait souvent. Cependant, elle ne pouvait évoquer la bizarrerie de cette situation auprès de quiconque ; son patron qu'elle assistait depuis longtemps n'avait pas de secrets pour elle et, s'il ne lui avait rien dit, il devait avoir ses raisons. La secrétaire notait aussi chez lui de brefs moments d'absence, de violents accès d'irritation sauvage qu'elle attribuait au surmenage, faute de pouvoir vérifier ses propres appréhensions, à la fois diffuses et floues. Comme tout le monde, elle admirait sa réussite remarquable, subissait le charme extraordinaire qu'il exerçait sur les êtres, mais de surcroît elle n'avait pas peur de lui. Elle a expliqué lors de l'enquête qu'elle avait hésité plusieurs fois à lui parler, mais qu'elle s'était ravisée dans l'attente d'un moment plus favorable. Vraisemblablement sa charge de travail et sa position stratégique dans le groupe l'empêchaient aussi de réfléchir à tous ces signes qui l'avaient alertée. De toute manière, ce sont des indices auxquels on ne repense qu'après.

C'était un homme de ressentiment, habité par le désespoir, le cynisme et la volonté de puissance mais il était impossible de déterminer avec exactitude à quel moment ce qui l'avait si bien servi dans sa carrière l'a fait basculer dans une telle folie meurtrière. On ignore s'il a eu conscience de franchir une ligne rouge quand il a commencé à distiller ses fausses confidences en s'enfermant dans des constructions mentales morbides et s'il a tenté de se reprendre. On n'a retrouvé aucune trace de visites éventuelles à un psychanalyste, pas de journal intime ni de lettre non plus. Son exceptionnelle intelligence l'a certainement mis en garde et peut-être a-t-il pensé pouvoir disposer d'une certaine marge pour jouer avec sa névrose sans se rendre compte qu'elle s'installait insidieusement et qu'elle finirait par le dévorer. Il aurait fallu fournir un énorme effort, accomplir tout un travail dont il n'était plus capable malgré les apparences d'une existence brillante ; à force de l'entendre aligner ses sarcasmes lorsqu'on tentait une conversation sérieuse et de se faire humilier par lui après chaque échange de sentiments on ne l'écoutait plus vraiment et on se méfiait de lui ; on s'arrangeait en pensant qu'il était tellement solide qu'il se suffisait à lui-même alors que la vie qu'il avait menée l'avait emmuré et épuisé.

Les seuls à s'en rendre compte, plus ou moins, c'étaient les trois de la petite bulle, mais ils ne pouvaient pas grand-chose pour lui, sauf continuer à mener leur existence tranquille, tous les trois ensemble, et lui montrer qu'ils étaient heureux grâce à lui. En tout cas, ni eux ni ceux qui le côtoyaient tous les jours, ni même sa compagne, une belle femme intelligente et agréable qu'il avait l'intention d'épouser, n'ont rien vu venir d'aussi atroce et monstrueux.

Au fond c'était d'abord à sa mort qu'il pensait, il aurait pu se la donner tout seul, en se suicidant à son bureau après le départ des derniers employés par exemple, ou en allant s'enfermer dans un hôtel, en profitant d'un moment d'inattention de sa compagne, toutes les combinaisons étaient possibles. Mais il attendait plus de sa mort, il voulait justement qu'elle l'arrache à sa solitude. C'était sans doute pour ça qu'il la désirait avec tellement de ruse et de violence et qu'il avait besoin d'aide ; celle de Christine, de Sacha et de Bronia qui l'accompagneraient et ne le quitteraient plus jamais. Il a fallu le premier meurtre pour qu'elle devienne irréversible. Après ce fut certainement plus facile, il arrivait déjà quelque part et il était sûr maintenant qu'ils seraient avec lui. Quant à nous tous qui restions en arrière, cela faisait déjà longtemps que nous n'aimions plus assez Quentin.

Les familles ont demandé une cérémonie religieuse. Pratiquement personne ne croyait en Dieu et n'était entré dans une église depuis longtemps. Quentin s'était toujours montré d'un athéisme virulent, accumulant à plaisir les provocations antireligieuses et les blasphèmes ; les trois autres n'y connaissaient à peu près rien et n'y attachaient aucune importance. Les parents proches ou éloignés, les amis appartenaient à cette frange de la bourgeoisie déchristianisée qui n'entretient plus qu'une relation vague et indifférente avec la religion. Mais l'horreur de la tuerie était tellement insupportable qu'on attendait sans doute des rites catholiques un certain retour à la norme, quelque chose qui permettrait de dire l'indicible en le faisant passer pour un accident. Moi, ce qui me paraît encore plus étrange, c'est que les familles aient demandé une seule cérémonie pour tous ; les quatre cercueils dans une même église, pour une même célébration. L'assassin et les trois victimes côte à côte, ensemble. Je ne sais pas s'il y a eu des discussions, une hésitation, si quelqu'un avait dit qu'il refusait un tel arrangement. Ils ont peut-être pensé que ce serait mieux pour le petit Sacha. Tout était inextricablement lié quand on pensait au petit Sacha.

Quentin n'avait pas que sa mère et son pauvre frère drogué ; ils étaient suffisamment anéantis pour demander quoi que ce soit ; il avait aussi plusieurs demi-frères et sœurs bien plus âgés et qui le détestaient, des cousins qui avaient eu recours à lui à un moment ou à un autre et qui en parlaient tout le temps comme du démon et du futur grand homme de la famille, et cela se ramifiait presque à l'infini. Dans l'ancienne génération, certains lui avaient même dénié le droit de porter leur nom assez illustre pour d'obscures raisons de succession, avant de mettre une sourdine à leurs prétentions devant l'éclat de sa réussite. En revanche, les doux, les timides, surtout des femmes, n'en disaient pas de mal et lui étaient attachés, c'était comme s'il les avait vengés en se montrant le plus brillant envers et contre tous. De toute façon, un tel bloc ne pouvait que s'agripper à la thèse de l'accident et tenter d'en obtenir confirmation dans les règles, c'était la réaction naturelle. La famille de Christine était liée au monde artistique ; son père avait travaillé dans le cinéma et épousé en deuxièmes ou troisièmes noces une actrice qui avait eu son heure de gloire en Italie ; sur sa mère je ne sais pas grand-chose, on la disait exquise, remariée à un homme connu, un intellectuel ou un créateur de grande qualité. Ils étaient moins nombreux, moins visibles. A priori, ils auraient pu refuser, mais je pense plutôt que c'est eux qui ont finalement décidé cette liturgie commune ; toujours pour le petit Sacha qui leur appartenait également et parce que Christine aimait Quentin et qu'ils aimaient Christine. Et depuis tout ce temps Quentin les avait forcément séduits un jour ou l'autre, peut-être même le considéraient-ils un peu comme leur fils. Pour la famille de Bronia, on a certainement téléphoné à Zagreb ou Belgrade et on n'a pas dû trouver grand monde ou on n'a pas cherché longtemps. La langue, la distance ; enfin, elle était là, avec la croix sur le cercueil, les fleurs, toute la sinistre panoplie. Le pouvoir de domination de Quentin se serait donc exercé jusqu'au bout et sans limite. Dans sa folie, il avait eu raison ; il a gagné ; on ne les séparerait plus. Malgré toute l'aversion que j'ai pu ressentir sur le moment pour cette victoire *post mortem* et son surcroît de cruauté j'ai toujours estimé que de telles obsèques étaient encore la moins mauvaise solution et si on m'avait demandé mon avis j'aurais dit que c'était ce qu'il fallait faire ; la plus généreuse, la plus humaine. Mais je n'avais pas voix au chapitre évidemment ; je n'ai jamais été que le témoin impuissant du formidable ascendant de Quentin sur chacun d'entre nous, un comparse subalterne discrètement soumis à son emprise, le gamin qui prétendait le détester pour cacher naïvement son trouble et son désir d'être un jour préféré par lui à tous les autres. Ce dont il avait parfaitement conscience au point d'en jouer avec moi, occasionnellement et faute de mieux.

J'ignore comment on s'y est pris pour convaincre le prêtre et qui s'en est chargé ; je n'ai pas entendu ce qu'il a pu trouver à dire pour son homélie car je ne suis pas resté dans l'église qui était d'ailleurs pleine à craquer. Je suis allé dans un petit café en face et j'ai attendu que cela se termine pour repartir avec mes frères. J'avais mes propres souvenirs et je ne voulais pas les partager. Mais j'ai vu sortir la mère de Christine bien avant tout le monde. Elle ne me connaissait pas et je me suis approché. Une grande femme blonde, encore belle, livide et tout en noir. Elle était soutenue par son chauffeur, elle serrait un mouchoir contre sa bouche pour ne pas crier et elle avait les yeux pleins de larmes. La silhouette cassée, la démarche vacillante, le visage ravagé, elle était l'incarnation même de la douleur la plus déchirante. L'homme l'a fait entrer dans la voiture avec de grandes précautions comme si elle était sur le point de se briser et il a démarré très vite. À chaque fois que je pense au mal que l'on peut infliger à un être et au chagrin qui en résulte, à la méchanceté et aux ravages qu'elle produit, quand je me représente la souffrance absolue qui n'aura jamais de consolation, je retombe sur la vision de cette femme, l'image de désolation la plus poignante d'entre toutes celles que j'aurais pu voir dans ma vie.

C'est une histoire dont on ne parle plus, littéralement enterrée dans un grand trou noir ; ma famille et celle de Quentin sont pourtant alliées. Le petit Sacha aurait un peu plus de trente ans aujourd'hui, l'âge de ses cousins, de ses amis, les enfants de mes frères, mais c'est à peine si on se souvient de lui. Les affaires ont été liquidées, les parents ont disparu, il ne reste que la mère de Quentin qui vit retirée dans un petit appartement à Nice. Elle a tout perdu, ses trois fils, son petit-fils, elle est vieille et très malade. Mes frères vont la voir de temps en temps ; ce sont des visites dont ils ne racontent pas grand-chose.

Elle m'a écrit il y a quelques années pour me féliciter de je ne sais quoi ; je ne suis pas sûr d'avoir répondu, une lâcheté de plus que j'aimerais réparer, mais je ne sais pas comment m'y prendre, peut-être tout simplement lui mettre un mot pour lui dire que je pense à elle. J'ai conservé des photos que j'avais subtilisées à mes frères ; Quentin, Christine, leur beauté solaire, avant Sacha, Bronia, les brouilles, le fric et toute la tragédie. Je les regarde assez souvent.

Je ne sais pas où, ni quand, ni comment mes frères l'ont rencontré. Pas au lycée, mais autour des années du bac, peut-être au temps où ils étaient fourrés avec Jean-Pierre Rassam et toute sa petite bande ; bien le genre de Quentin. Mes frères avaient été élevés dans le respect des valeurs traditionnelles, devoir et travail, et des usages un tantinet provinciaux, vacances en Charente ou à Évian et rallyes du samedi soir, mais le divorce et les remariages des parents leur avaient laissé un certain champ libre et ils s'étaient mis au parfum de la nouvelle tendance ; celle des jeunes loups affranchis qui lisaient Kerouac, Lowry et Fitzgerald, cherchaient les filles qui couchaient, méprisaient les branloteurs du XVIe dont l'esprit étriqué ignorait Antonioni et Godard, descendaient en stop à Saint-Tropez, dévalaient les pistes de ski en jean et blouson d'aviateur, et s'étaient juré de réussir dans n'importe quel domaine avant trente ans. On peut juger qu'il s'agissait de petits crâneurs snobinards et que leurs projets étaient désiroires mais c'était bien avant 68, le gauchisme et les causes humanitaires et, dans ce milieu plutôt conventionnel d'une bourgeoisie sûre d'elle et aux affaires, ils pouvaient passer pour des rebelles. Mes frères avaient d'ailleurs un peu de mal à trouver leur voie, ils naviguaient sans choisir clairement entre les références qu'on leur avait inculquées et les promesses d'aventures qui semblaient à leur portée ; il leur fallait un passeur. Quentin portait un nom connu, il vivait librement et comme un adulte sans rendre de compte à quiconque, parasitait à droite et à gauche, tombait les plus belles filles, et il avait l'air du gars qui ne respecte rien ni personne. Il faisait de brillantes études, ce qui est un bon point pour tous les parents, et sans se donner de mal, ce qui attire l'attention et l'envie des jeunes. Il pouvait se montrer d'une politesse parfaite et horrifier par ses mauvaises manières, se comporter comme un fils de famille prévenant ou comme un mufle intégral. Il était étonnement cultivé pour un garçon de son âge, informé et curieux de tout, on ne le prenait pratiquement jamais en défaut dans une conversation sérieuse, il avait le don des arguments imparables et des reparties cinglantes qui faisaient mouche en sidérant ses interlocuteurs. Son intelligence faisait peur aux esprits à sa mesure qui sentaient le rival potentiel et aux imbéciles qu'il écrasait de sa supériorité naturelle. Il jaugeait immédiatement à qui il avait à faire et selon ses intérêts du moment il savait sur-le-champ s'en faire aimer ou détester. Pour ceux qu'il avait choisis, il y avait aussi quelque chose d'indéfinissable dans son irréductible personnalité, sa manière de vivre, son regard et son rire, entre la mélancolie et la blessure, quelque chose de très secret, de très caché comme une vérité inatteignable et qui obligeait à s'attacher à lui avec une sollicitude passionnée. En revanche, on ne mesurait pas très précisément que l'esprit de compétition surhumain qui imprégnait déjà complètement son existence le rendait capable de tout pour ne pas perdre une femme, un adepte, de l'argent ; bientôt surtout de l'argent qui dans son système de solitude absolue et barbare permettait de corrompre et de garder. Mais il était aussi prudent, retors, attentif à ne jamais se mettre en péril inutilement, et l'incroyable charme balayait autour de lui ce qui pouvait rester de doutes, de fatigue et de réticence. Sa séduction physique était discutée, sans doute pour les mêmes motifs et par les mêmes gens qui redoutaient son intelligence. Pour des raisons différentes, mes frères n'y faisaient jamais allusion ; l'un parce qu'il y était sans doute sensible, et l'autre parce qu'il s'en fichait. Assez grand, mince, blond tirant sur le roux, pommettes hautes et regard bleu, mais à quoi bon le décrire, moi dans mon coin, avec mes treize ans tout repliés, dès que je l'ai vu je l'ai trouvé irrésistible.

Mes frères ont commencé à parler de lui, bien avant qu'il n'apparaisse, et avec une telle jubilation admirative que je sentais déjà sa présence. Ils préparaient aussi le terrain pour les parents dont la réaction n'était pas sûre ; Quentin lui-même n'était sans doute pas étranger à la circonspection de la manœuvre. On n'avait jamais reçu que des garçons bien dans la ligne ; ils pouvaient avoir le sang chaud, quelques excès et quelques dérapages à leur actif, on n'y voyait pas d'inconvénient majeur à condition de savoir d'où ils sortaient et de pouvoir leur faire confiance sur un ensemble diffus de comportements rassurants ; aptitude au travail, éducation convenable, respect d'un minimum de vie sociale. Or, à force de saisir au vol les récits qu'échangeaient mes frères et qui distillaient les hauts faits de leur nouveau héros, mes parents étaient de plus en plus inquiets. Quentin venait vraiment d'ailleurs ; son nom évoquait peut-être une histoire familiale prestigieuse, mais il était orphelin de père et sa mère vivait en dehors de Paris dans un statut imprécis avec deux jeunes enfants et un amant journaliste qui avait quinze ans de moins qu'elle ;

on ne savait pas où il habitait, on ne connaissait personne de son entourage, on se demandait quels étaient ses moyens d'existence. Ça sentait l'expédient et le désordre. À tout le moins, son intrusion entraînerait un changement des habitudes ; les horaires, les sorties, les centres d'intérêt de mes frères étaient déjà affectés et suscitaient des tensions inattendues. Comme la menace se précisait, mes parents demandèrent à le voir. La tactique avait parfaitement fonctionné et lorsque la rencontre eut enfin lieu, à leur grand soulagement, il leur fit, comme de juste, une forte impression. Mes parents vivant séparés, l'opération séduction se déroula en deux étapes. Chez mon père, je m'en souviens très bien, j'eus le sentiment d'une véritable prise de pouvoir. Papa fut captivé par son intelligence et ma belle-mère envoûtée par son charme. Ils l'apprécièrent tout de suite, au point de donner son prénom à leur fils qui allait bientôt naître. Chez ma mère, ce fut plus difficile, la rumeur de la victoire qu'il venait de remporter l'avait rendue encore plus réservée ; il ne s'en sortirait pas avec une conversation brillante et des manières enjôleuses, ses dons ne l'impressionneraient pas outre mesure. Il procéda par petites touches, en la faisant rire par ses répliques féroces et en lui montrant qu'il ne la craignait pas. Maman aimait les hommes faits et ce gosse devant elle en était un. Elle lui concéda une forte personnalité, des qualités intellectuelles stimulantes et ce fut tout. C'était assez pour mes frères. Elle avait admis que ses fils grandissent, elle ne voulait pas leur faire obstacle. À condition qu'il ne s'avise pas de pousser trop loin son avantage et de poser au partenaire, elle pourrait l'accepter comme un mal inévitable et peut-être nécessaire. Ils entretinrent assez longtemps des relations plutôt curieuses, apparemment amicales et détendues,

presque complices, mais elle ne l'aimait pas et il le savait
très bien. Par intuition et sans doute aussi un peu par
jalousie, elle resta toujours en profondeur méfiante et
sur ses gardes ; il évita les complications, il se défaussait
quand il la sentait hostile et s'esquivait quand elle devenait intraitable. Avec les années, ils eurent de moins en
moins d'occasions de se voir et s'en tinrent à des amabi-
lités de circonstance. Pourtant, elle n'en dit jamais de
mal, c'était un adversaire qui l'avait intéressée. Désormais admis, il devint donc le familier de l'une et l'autre
maison en même temps que l'ami intime de mes frères
qui commencèrent à prendre leur indépendance. Pour
mes parents, de toute façon l'essentiel était sauf, tous
poursuivaient leurs études et l'influence de Quentin ne
s'exerçait apparemment qu'aux heures de loisir, durant
les week-ends et les vacances. Moi, je n'avais pas accès à
leur univers, je ne participais pas à leur existence, j'étais
trop jeune, le petit frère que l'on renvoie à ses jeux
d'enfant. Je grappillais des miettes de conversations, des
bribes de voyages, des images par hasard.

Paul et lui sont en Italie, ils se déplacent en stop et en
train, ils ont une touche avec des filles à Capri, ils
chantent *Ventiquattro mille baci* comme Celentano et
visitent la maison de Malaparte. Au retour, Paul se sert
d'expressions nouvelles qu'il a empruntées à Quentin,
cela me gêne, j'ai l'impression de ne pas retrouver mon
frère. Je tente de parler pareil mais ça ne passe pas
bien ; mes copains au lycée se moquent de moi, ils ne
savent pas qui est Quentin, ils ne peuvent pas
comprendre. Charles et lui hantent les fêtes de la jeunesse dorée ; smokings et orchestres, c'est fou ce que ces
gens-là pouvaient claquer comme argent pour tenter de
caser leurs gamines. Mon frère aîné est très élégant, très
bien élevé, les maîtresses de maison ne lui résistent

pas. Malgré son nom, Quentin n'est sur aucune liste, il n'est pas invité, mais Charles le fait entrer partout. Il sème la confusion en draguant celles qui sont interdites, les fiancées très surveillées, les promises aux grands mariages d'argent. Elles lui cèdent, il les largue, ça recommence. Scènes, problèmes, mauvaise réputation, Quentin se marre et mon frère continue à lui ouvrir les portes. Quand les fêtes commencent à se tarir, ils enchaînent chez Castel ou Régine. Ils n'ont pas les moyens mais avec Quentin qui pousse à la roue on se débrouille toujours.

Paul et lui en Angleterre cette fois. Ils cherchent à acheter une vieille Jaguar, c'est la folie du moment. Ça ne coûte pas cher et ils sont certains de trouver un petit garagiste pour l'entretien au retour à Paris. Ils se trompent bien sûr. Leur équipée les mène jusqu'à Glasgow où ils tombent sur un bar de pédés ; les types tentent de les serrer en leur chuchotant *a kiss, give me a kiss*. Paul en rigole encore et Quentin remarque mon oreille qui traîne, il se penche sur moi, un affreux sourire aux lèvres : « Tu veux que je te montre, *a kiss, give me a kiss*. » Je hurle évidemment, mais je ne sais pas de quoi. Charles a une aventure avec une femme mariée. Quarante ans, belle et riche, une amie de ma mère. Ils se rencontrent clandestinement dans des hôtels. Quentin l'a croisée, il la trouve forcément nulle et accumule les sarcasmes, mais il tourne autour de cette histoire comme un lion en cage. Il persuade mon frère de lui présenter la femme et se montre au mieux de sa forme dans le registre du bon copain transi, mais l'amitié c'est sacré comme chacun sait. La femme voit clair dans son jeu et se montre froide. Il embrouille pourtant si bien la situation qu'il se présente à l'un des rendez-vous à la place de son cher meilleur ami. La femme refuse et met fin à la liaison. Charles est furieux. Amorce de dispute avec le traître qui s'est tiré de situations plus compliquées, réconciliation sur le thème rien ni personne ne saurait nous séparer; tout cela nous fera de bons souvenirs pour plus tard. Charles ne pense plus à la femme, Quentin parvient à la rattraper en douce, ne la lâche plus, l'étourdit et la rend folle; elle s'abandonne, s'accroche et prend des risques. Le mari alerté menace de casser la gueule à Quentin et la récupère. Il s'en fiche, il a eu ce qu'il voulait. On n'apprendra le fin mot de l'histoire que des années plus tard.

À Megève, chemin du Calvaire, Quentin pisse sur un Christ en croix à travers la grille d'un des oratoires; il veut que je fasse comme lui et se moque cruellement de mon refus horrifié. En Charente, chez les cousins aux aimables vertus provinciales, il endort la suspicion des parents, joue la *Marche turque* sur le piano du salon, vante les charmes de la campagne, cite Chardonne qu'on n'a pas lu et s'intéresse aux fluctuations du cours du cognac; admiration générale; il subjugue les garçons de la famille, pelote la fille de la maison et couche avec la petite bonne; il s'enfuit en laissant derrière lui désordre et rébellion; après son départ, j'explique à la mère qu'il est très gentil au fond; elle me regarde avec stupéfaction et je m'enferre en rougissant comme une tomate. À dîner chez mon père, un invité le regarde fixement, c'est un vieux beau qui a la réputation d'être couvert de femmes. Quentin joue l'innocent, le timide et concourt d'un air modeste à la conversation générale. Le play-boy sur le retour le dévore littéralement des yeux et fait la roue pour lui plaire. Aveuglement collectif mais j'ai remarqué ce que personne ne voit; il me lance un clin d'œil complice qui me met atrocement mal à l'aise. En repartant, il me dit dans l'ascenseur qu'il repère les pédés tout de suite et que c'est un plaisir de les faire baver en les obligeant à se découvrir. L'ascenseur est étroit, on est parti du sixième, je compte les étages, je ne trouve rien à lui répondre.

Chez mon oncle sportif qui navigue aussi un peu dans les milieux du cinéma et vient de décrocher le gros lot en recevant Anita Ekberg pour le week-end ; tout le monde est très excité et Quentin tente sa chance ; il s'y prend assez bien, il a vu les meilleurs films, parle plus que correctement anglais et glisse même quelques mots en suédois, souvenirs de jeunes filles au pair sans doute. La star est brave fille, elle a défait ses cheveux et danse avec le jeune frenchy qui se croit dans *La Dolce Vita*. Mais elle est venue flanquée d'un Apollon de péplum et l'oncle a le regard de plus en plus mauvais. Les deux mâles coincent Quentin qui juge la partie inégale et décampe. Il explique qu'Anita n'est pas si terrible, à quoi bon se battre pour elle avec deux types qui ne savent pas vivre. Il a essayé, c'est déjà une sorte de victoire. Je garde mes réflexions pour moi mais je suis bien content que ça n'ait pas marché.

Chez ma mère qui est sortie, un dimanche soir, dans la cuisine. Tout un petit groupe dîne après avoir vidé le réfrigérateur. Je suis avec mon chien, un cocker noir que j'adore et qui me le rend bien. Quentin qui ne l'a jamais regardé auparavant le caresse et approche sa tête de son museau en le tenant par les oreilles. En signe de soumission, le cocker bouge l'arrière-train comme s'il était content mais je vois bien qu'il est inquiet. Les bêtes sentent toujours distinctement quand ça ne va pas. Quentin continue de le flatter en s'approchant de plus en plus, on dirait qu'il va l'embrasser. Autour de la table on suit gaiement son manège. Je sais qu'il va se passer quelque chose d'atroce ; le chien couine un peu, il veut plaire et s'échapper. Quentin lui crache alors en pleine gueule un long glaviot qui lui recouvre les yeux et le museau, le jet de bave luit sur le poil noir. Le pauvre animal aboie, il a compris qu'on l'a humilié. On s'esclaffe. Ce chien de salon n'éveillait aucun intérêt, on me reprochait de lui être tellement attaché, le voilà parfaitement ridicule. Je bondis pour le dégager, je l'emporte dans ma chambre en pleurant de rage. Je pourrais tuer Quentin.

Des souvenirs comme ceux-là, j'en ai des dizaines. Au fond, rien de vraiment grave, des enfantillages de sale gosse, des provocations de jeunes qui prétendent à l'esprit fort ; à chaque fois mes frères trouvent qu'il charrie un peu, mais ça fait partie du personnage, en l'approuvant ils ont l'impression d'être plus libres. Quand je me plains, ils me donnent tort, et moi je devine que je ne suis pas si différent d'eux ; je me débats dans les marges contre l'attirance insupportable que j'éprouve pour lui et si je fais celui qui le déteste c'est parce que je n'ai pas d'autre moyen pour qu'il me remarque. Je ne suis pas surpris quand je me réveille après avoir rêvé de lui ; dans mon sommeil, il est toujours très doux, très tendre, il ne s'intéresse pas aux filles et se préoccupe de moi comme si j'étais son petit frère. Je l'ai vu plusieurs fois en tee-shirt blanc et caleçon américain, selon les codes vestimentaires du trio infernal qui s'équipe principalement dans les boutiques de revente des stocks militaires américains, alors à la pointe de la mode. Ils se racontent leurs histoires en traînant pour se rhabiller. Ça sent le lendemain de filles ou les prémices de virée ravageuse et je suis là, parmi eux, comme en état d'effraction. Je l'ai découvert aussi une fois, une seule fois, en maillot de bain, au centre nautique d'Évian, un endroit morne et déglingué où sa présence était particulièrement incongrue ; il fallait vraiment qu'ils fussent inséparables pour qu'il ait rappliqué auprès de mes frères jusque-là. Il a le regard mauvais, sans doute est-il mécontent de montrer son corps à nu, et de surcroît dans un environnement aussi maussade où son charme ne peut s'exercer qu'en pure perte. Le sentiment de gêne que j'ai éprouvé en l'apercevant en sous-vêtements se transforme aussitôt en répulsion violente. Cette peau de roux, très blanche avec des taches de son me surprend et me dégoûte. Je l'observe à la dérobée, je me dis que les filles doivent ressentir la même répugnance ; en touchant cette peau il est impossible de ne pas être écœuré. Mais en même temps, j'ai du mal à détacher mon regard et je suis déjà suffisamment averti pour ne pas me méfier de ma réaction. Peu après, dans mes rêves encore, sa peau est belle comme de la porcelaine, si fine, si fraîche, elle sent si bon, elle ne ressemble à aucune autre, quand il me serre gentiment dans ses bras. Au fait, je sais qu'il suffirait qu'il me frôle pour que mon étrange aversion physique s'évapore d'un seul coup.

Un jour, il fait semblant de vouloir me violer pour faire rire la compagnie ; j'ai dû leur dire encore une fois tout le mal que je pense de leurs plaisanteries cyniques et l'heure est au défoulement collectif. Il est beaucoup plus fort que moi, il me colle sur le sol et pèse de tout son corps contre le mien, il se penche et tente de m'embrasser sur les lèvres ; je crie, je m'agite comme un forcené, je tourne la tête en tous sens pour échapper à sa bouche ; il comprend très bien que ce n'est pas un jeu pour moi, ma panique c'est le secret dévoilé, le piège que je craignais et dans lequel je suis tombé. Le *kiss* anglais, le crachat sur le chien auraient dû me mettre en garde. Cette fois je ne m'en sortirai pas. Mais l'amusement fait long feu ou ma détresse le touche, il desserre son étreinte ; je me relève, j'insulte les rieurs, et je m'enfuis. Je me joue sans conviction la comédie de la blessure irréparable mais je ne triche pas longtemps, je préfère admettre la vérité : j'aimerais tellement être seul avec lui et qu'il recommence ; je sais que c'est impossible.

Tout n'est pas toujours triste, il n'y a pas que des divertissements pervers. Le formidable appétit de vivre de Quentin électrise tout ce qu'il touche ; il est probable que l'amitié de mes frères contribue à faire ressortir ses dons remarquables et que le bon accueil de mes parents l'émeut et le rend moins amer. Lectures, filles, sorties, les études mêmes, ce qu'ils en disent tous les trois me semble captivant. Ils ont finalement acheté à trois la fameuse Jaguar ancienne qui les ruine, comme de bien entendu, mais qui leur confère aussi à mes yeux un prestige romantique incomparable. C'est vrai que leurs copines sont les plus belles et qu'ils sont les plus chic, les plus acérés des jeunes que je connais. Tous les autres, ceux qu'ils entraînent avec eux ou les aînés de mes copains au lycée, mènent en comparaison des vies fades et ennuyeuses. J'ai hâte de grandir et de sortir de mes récriminations moroses pour qu'ils m'acceptent. Je saurais leur montrer que je ne suis pas en reste. Aujourd'hui encore, je relativise leurs provocations, ces hooligans des beaux quartiers avaient une force, une originalité et une curiosité peu communes. Et il arrivait aussi que Quentin fasse des gestes touchants et se montre d'une bienveillance désarmante. Avec mes parents à qui il écrivait des lettres affectueuses, avec mes frères qu'il écoutait lorsqu'il leur arrivait de le refréner, avec moi qu'il protégeait en plaidant ma cause quand mes notes étaient mauvaises et qui ne compte plus les livres qu'il m'a conseillé de lire.

Je devais avoir seize ans quand Christine est entrée dans sa vie. Sans se départir de son cynisme habituel, il ne pouvait pas plus se passer d'elle que de mes frères. Elle en était certainement déjà très amoureuse et elle avait compris tout de suite ce qu'il fallait faire et ne pas faire. Elle acceptait les tromperies et le partage, c'était la seule solution pour le garder et obtenir qu'il s'attache davantage. Nous n'avons jamais eu de relations très intimes avec Christine ; je n'étais qu'un satellite obscur et renfrogné de la constellation Quentin ; elle nous avait pris en bloc, elle s'entendait très bien avec mes frères et m'épousetait de temps à autre d'une main légère, comme un bibelot qu'il aurait été maladroit d'oublier. De toute façon, les petits frères, les gosses qui traînent, qui collent et qu'on trimballe comme des ballots sont des gêneurs qui encombrent le paysage, des empêcheurs d'aimer. Moi, j'étais à la fois le petit frère des frères et le gosse qui regardait tout le temps Quentin. Pourtant je crois qu'elle m'aimait bien, sans doute parce que Quentin m'avait annexé avec les autres et qu'il me portait en définitive beaucoup d'attention. Je la trouvais très jolie, le look Deneuve de ces années-là lui réussissait bien et quand je ferme les yeux j'ai encore l'impression de pouvoir entendre le timbre cristallin de sa voix, son rire plein d'indulgence pour les saillies et les incartades de Quentin. J'étais néanmoins prudent, avec un tel dragueur on ne savait jamais qui allait rester ; la suite m'a donné tort. Et puis elle appartenait au domaine des amours des garçons auquel je n'avais pas accès et que j'observais comme un voyeur à la tire. J'ai d'ailleurs surpris un soir dans la rue une conversation à mots couverts et qui ne l'étaient pas assez puisque j'ai fort bien compris ce dont il s'agissait. Quentin demandait à Christine si elle se sentait bien ; la question était insolite et il avait l'air à la fois un peu inquiet et en même temps tout à fait décidé à ne pas s'apitoyer sur les raisons de l'éventuel malaise de Christine. Un peu comme si elle avait dû subir une sorte d'épreuve initiatique, celle que réussissaient alors les filles qui tenaient aux garçons et qui entraient dans leurs codes de conduite sans jouer les emmerdeuses. Christine a répondu en riant, comme d'habitude, qu'elle était un peu fatiguée mais que ça irait très bien. Quentin m'a intimé sèchement de monter dans la Jaguar et ils ont continué à parler un peu sur le trottoir. En roulant, ils sont restés silencieux ; la radio était allumée, Christine s'est endormie et Quentin m'a dit que j'étais un petit con qui ferait mieux de s'occuper de ses oignons. L'avortement était alors un mystère, un scandale et un délit très grave. On racontait des histoires terrifiantes de mégères sinistres, d'aiguilles à tricoter infectées et de filles mourant aux urgences des hôpitaux. Quentin ne se trompait jamais sur mon compte, le sale gosse si tranquille à l'arrière de la Jaguar tenait avec soin la comptabilité de ses occasions de nuire et il ne louperait certainement pas celle de glisser d'un air entendu, un jour ou l'autre, dans la conversation des grands que l'avortement était un crime abominable.

Lorsque je repense maintenant à la manière dont Quentin s'amusait de mon hostilité apparente et comme il me laissait m'incruster autant qu'il était possible de le faire dans certains épisodes de sa vie avec Christine, sans même que mes frères en aient pleinement conscience, j'ai le cœur chaviré de tendresse à son égard. Je ne saurais jamais quelle fut ma place dans son existence à cette époque; sans doute modeste et secondaire, mais le fait est qu'il ne me négligeait pas, même quand il me traitait cruellement. J'étais là et il ne me tenait pas à l'écart. Je me souviens aussi d'une nuit aux sports d'hiver où nous devions rentrer à Paris, Christine et moi, par le même train. Je ne sais plus pourquoi je m'étais une fois de plus retrouvé seul en leur présence mais il est certain que j'avais dû éviter de m'en plaindre de peur qu'on ne me confie à quelqu'un d'autre. Nous étions en retard, Quentin avait voulu skier jusqu'à la fermeture des pistes. Il nous a conduits à la gare sur une route de montagne enneigée et verglacée en conduisant comme à son habitude, à une vitesse folle, comme un dingue. J'étais encore à l'arrière, Christine lui demandait de temps en temps d'aller moins vite. « Arrête Quentin, fais attention Quentin, je t'en prie Quentin... », mais il n'écoutait pas et continuait à déraper dans les virages à toute allure. C'était évidemment idiot de prendre tant de risques inutiles, mais je ne disais rien, je lui faisais confiance, je n'avais pas peur, je me sentais incroyablement bien, grisé d'être emporté par lui. Nous sommes arrivés de justesse à la gare; on faisait tout de justesse avec Quentin; c'était cela son mode de vie, toujours à la limite. Alors que le train était sur le point de partir, il restait sur le marchepied du wagon pour embrasser Christine; de longs baisers sur les lèvres et il gardait les yeux fermés. Quand le convoi a démarré, nous avons ouvert la fenêtre de notre compartiment et il a couru le long de la voie le plus longtemps possible; il skiait comme une bombe mais il courait mal; il a crié en riant *È pericolo sporgersi* et puis aussi : « Prends soin du petit con, je ne voudrais pas qu'il lui arrive quelque chose. » Il avait failli nous tuer avec son bolide mais il nous donnait l'impression d'être vraiment malheureux de nous quitter. C'est aussi comme cela que je me le rappelle, si beau sur ce quai de gare en pleine nuit, dangereux et tendre, les baisers aux yeux fermés et le petit con à qui il faut faire attention. En fait, c'est plutôt moi qui ai pris soin de Christine, elle ne trouvait plus son billet et j'ai amadoué le contrôleur en lui disant que j'étais son jeune frère et que c'était moi qui avais perdu le billet. Je pouvais être convaincant, il n'a pas insisté. J'étais fier de faire ça pour Quentin. Quand je l'ai revu la fois suivante et que je lui ai raconté mon histoire, il s'en foutait et il a été odieux. Avec Quentin, ce n'était jamais gagné pour longtemps ; ce garçon vivait dans un autre monde dont aucun de nous ne possédait vraiment la clef.

Quentin n'avait plus de père et en fait il n'en avait jamais eu. Sur son passeport il était inscrit sous le nom de jeune fille de sa mère, mais il n'y avait pas de raisons de voir son passeport. Sauf pour mes frères qui l'avaient eu en main au cours de leurs voyages. Ils n'avaient pu cacher leur étonnement et Quentin leur avait confié la vérité. Le père inconnu était un député de droite, d'une notoriété relative, qui avait abandonné sa mère à la naissance de Quentin et avait refusé tout contact ultérieur. Ils s'étaient rencontrés néanmoins lorsque Quentin était adolescent, mais l'entrevue ne s'était pas bien déroulée. L'homme avait fait une croix sur son passé et il avait mis à la porte ce souvenir trop brillant et vindicatif d'une erreur de jeunesse. Il semblerait qu'ils ne se soient plus revus ensuite. Quentin n'en parlait à mes frères qu'avec réticence et rancœur et moi, bien sûr, j'étais censé ne rien savoir. Je me demande souvent ce qu'un tel monsieur bien sous tous rapports a dû penser de la réussite éclatante du fils dont il avait barré l'existence et du drame affreux par lequel ce même fils a refermé une vie dont il ne s'était pas jugé responsable. Il s'agissait d'un tabou presque absolu et d'un secret de polichinelle aussi ; les vrais et les faux demi-frères de Quentin n'ont jamais cessé de distiller des bribes de son histoire, souvent par malveillance à son égard et parfois pour le plaindre, ce qui revient à peu près au même. Cette histoire est compliquée et garde des parts de mystère qui ne seront pas élucidées ; le souci d'honorabilité, l'argent, l'héritage y ont joué un rôle comme dans toutes les sagas familiales mais la bohème, les sentiments, la personnalité solaire de Quentin ont encore brouillé les cartes. Mettons qu'elle fut atrocement cruelle pour l'enfant victime qui voulut se faire aimer et se vengea en grandissant. Le nom célèbre que Quentin portait en toutes circonstances et qu'il avait réussi à faire coucher sur ses cartes d'étudiant et ses relevés de banque, sans doute au prix d'intrigues pénibles et humiliantes, était celui du vieil homme impressionnant qui avait épousé sa mère après sa naissance. Ingénieur de génie et industriel dans la pure tradition du capitalisme féodal, il retenait alors une renommée considérable de sa carrière écoulée, mais ses œuvres comme sa fortune subissaient désormais un déclin irréversible. Il était veuf depuis longtemps avec des fils et des filles plus âgés que la mère de Quentin, et eux-mêmes mariés avec des descendants ; l'arrivée dans la famille d'une deuxième épouse, jeune et flanquée d'un enfant naturel, avait été accueillie avec le plaisir que l'on imagine, d'autant plus qu'elle était aussi la propre sœur de l'épouse d'un de ses fils. Une bonne personne d'ailleurs qui fut la seule alliée de Quentin pris au piège de cet imbroglio familial. Sans aller jusqu'à reconnaître légalement le bâtard, son beau-père le traita comme un fils, avec tendresse et enthousiasme pour ses dons précoces ; en retour le petit s'attacha profondément à celui qui aurait pu être son arrière-grand-père. Il ne faisait de doute pour personne qu'il serait couché sur son testament. Deux autres garçons naquirent de cette nouvelle union; on comprit bien vite qu'ils étaient les fruits d'amours différentes de la jeune mère, mais le patriarche avait décidément les idées larges; ils prirent légitimement leur place dans les rangs de la succession. Tout enrageait les héritiers de la première génération; l'invraisemblable bonne entente des époux, l'accumulation des mauvaises surprises, l'amenuisement d'un patrimoine qui n'en finissait plus de se diviser. Quentin, le cheval de Troie du scandale, catalysa leur fureur et leur inimitié. Il avait douze ans à la mort du vieil homme, perdant d'un seul coup celui qu'il prenait pour son père, l'identité qu'il croyait posséder, et surtout le modèle de générosité et de bienveillance qui allait aussitôt lui manquer. Je n'ai jamais douté que c'était d'abord par fidélité à sa mémoire qu'il s'accrochait au nom qu'il lui avait laissé partager durant toute son enfance; ensuite ce fut aussi pour se faire craindre et respecter de tous les autres que cette prétention exaspérait; et puis c'était commode, même s'il ne resta bientôt plus rien de l'empire industriel, le nom continuait à frapper les imaginations.

Je garde une très belle photo du patriarche et des trois enfants sur la terrasse de Saint-Germain-en-Laye. C'est en hiver et ils regardent vers Paris. Le vieillard est magnifique avec son manteau et son feutre noirs, son col cassé et ses fines moustaches blanches. L'image même du chic à l'ancienne, comme on le voit sur les photos des grands hommes du siècle dernier, dans les revues d'histoire. Les petits sont vêtus à l'anglaise, bien briqués avec de petites casquettes rondes, un peu distants, un peu ennuyés. Quentin en revanche, également en collégien, tête nue et visage clos, semble très concentré ; il se tient contre le vieil homme, il lui montre quelque chose à l'horizon, il a l'air décidé de celui qui est écouté. On sent l'intimité, l'affection, la confiance qui unissent deux êtres. Quentin a environ dix ans ; à cet instant il est avec son père ; le vrai fils de son vrai père.

J'aimais timidement la mère de Quentin, en me sentant coupable du risque de trahir la mienne. Elle était fabuleusement belle, sans aucune référence à la mode. Elle ramassait ses cheveux auburn dans de grands peignes d'écaille, portait des châles de mousseline et des colliers en pierres du Rhin. Cette apparence désuète et romantique attisait les critiques des autres femmes, mais elle lui était parfaitement naturelle. Elle avait le teint britannique, le regard très bleu, des mains et des jambes sublimes. Tout en elle exprimait la poésie, le détachement des choses matérielles, le goût de l'amour. Quand je l'ai connue, elle vivait au Pecq, dans une maison qui avait eu son heure de gloire mais craquait de tous côtés, avec l'amant journaliste qui avait presque la moitié de son âge et qui était également charmant et d'humeur toujours égale. Elle était aussi très gaie, cultivée, pleine d'allant et de fantaisie, cuisinant de vieilles recettes oubliées, herborisant dans la campagne, votant communiste parce que le candidat l'avait émue avec sa canadienne râpée, emmenant sa nichée en vacances dans des lieux exotiques où ne se risquait aucun touriste ; à Formentera, l'île inconnue des Baléares ; au col de Tende, où elle avait découvert un château de conte de fées sans eau et sans électricité où ils allaient se baigner dans les rivières. Elle s'était évidemment très mal débrouillée lors du partage, vivait sans grands moyens et conduisait une vieille Rover noire que nous trouvions le comble de l'élégance. C'était une mère fantasque, traitant ses fils comme s'ils étaient ses amoureux, incapable d'exercer une quelconque autorité mais passionnée dans ses sentiments; fâcheries et réconciliations, scènes de jalousie et attachement compulsif; on ne savait jamais qui avait commencé; le jeune amant se gardait bien de s'en mêler pour recoller les morceaux; ils se ressoudaient d'eux-mêmes. Elle tentait vaillamment d'aller voir les professeurs, de contrôler l'argent de poche, de nous citer en exemples de discipline, mais ces efforts avaient quelque chose de tellement contraire à son caractère que personne n'y prêtait sérieusement attention, ce qui la rendait furieuse et puis la faisait rire. Les deux plus jeunes fils s'en accommodaient au mieux; ils travaillaient avec le minimum de conviction nécessaire pour éviter la perspective d'aller en pension, à vrai dire peu menaçante, profitaient pleinement des horaires élastiques, fouillaient dans le sac de leur mère pour financer leurs petits plaisirs et lui vouaient une adoration sans bornes tout en la critiquant vertement. Quentin était son homme, le seul, l'unique. Elle en parlait généralement comme d'un monstre, l'accablait de griefs imaginaires qui ne recoupaient aucunement ses vilenies bien réelles et se pliait avec dévotion à toutes ses demandes. Ils se chamaillaient souvent mais au plus fort de leurs disputes il y avait en elle quelque chose de radieux qui prouvait la joie qu'elle retirait de sa présence, la fierté d'avoir un tel fils. Quentin pour sa part n'évoquait jamais l'amour qu'il lui portait. Ce genre de sensiblerie aurait été un aveu de faiblesse; mais il parlait d'elle souvent, incidemment et avec naturel. Il la protégeait, la surveillait pas à pas, c'était une relation fusionnelle; sa mère était sa substance même. Il est probable qu'elle hérita d'une part de la haine de soi qui le tenaillait et que c'est pour cela qu'il l'a épargnée lorsqu'il a soldé tous les comptes ; pour qu'elle paye cette première séparation de l'avoir mis au monde. Curieusement, il n'y avait pas d'images du patriarche dans la maison ; alors qu'il avait tant compté pour eux, c'était comme s'il n'avait pas existé. Peut-être dans sa chambre à elle, mais je n'y suis jamais entré. Enfin, ils formaient tous en ce temps-là un bloc de bohème et d'insouciance qui nous enchantait ; nous profitions des allers-retours de Quentin pour le suivre au Pecq et jouir de l'atmosphère de liberté que sa mère y faisait régner. Elle s'installa plus tard dans une petite maison de village de l'autre côté de la forêt de Saint-Germain qu'elle aménagea avec un goût exquis et où nous prîmes l'habitude d'aller le dimanche. Je collais de plus en plus à mes frères et j'avais le prétexte d'être devenu le copain du deuxième fils qui avait mon âge et avec qui, au fond, je ne m'entendais pas très bien, sans le montrer bien sûr.

Mes frères étaient fous de la mère de Quentin ; l'un parce qu'il entretenait l'illusion d'une liaison romanesque dont elle avait la coquetterie de le taquiner, l'autre par goût de la transgression et de l'originalité. Ma mère subissait leurs descriptions enthousiastes comme autant de comparaisons critiques, mais elle avait l'habileté de ne pas trahir son agacement ; elle raillait assez drôlement sa rivale idéale en l'appelant Blanche Dubois par référence à l'héroïne de *Un tramway nommé Désir* et se montrait très cordiale lorsqu'il lui arrivait de la rencontrer ; poussée par mes frères, elle fit même l'acquisition d'une Rover noire qu'elle détestait conduire et qui tombait tout le temps en panne. La mère de Quentin, de son côté, ne tarissait pas d'éloges sur maman qui élevait si bien ses trois fils, alors qu'elle avait, disait-elle, tant de mal avec les siens. Échange de bons procédés qui permettait à chacun de s'arranger d'une situation plutôt étrange où Quentin et mes frères avaient dessiné les contours d'une nouvelle famille, à la fois disparate et solide. Moi, ce qui m'intéressait le plus après Quentin, c'était le petit frère, le dernier des trois fils.

Il avait une dizaine d'années quand je l'ai connu et on l'appelait encore Minou, surnom qu'il prétendait détester mais dont il s'accommodait fort bien pour tromper son monde. Sous un physique d'angelot dont la grâce m'avait immédiatement ému, il cachait à peine une nature de gamin démoniaque, constamment occupé à ourdir de mauvais coups. Son alacrité, son intelligence et son humour d'une perverse précocité me rappelaient ceux des blondinets diaboliques des films d'épouvante anglais que j'allais voir au cinéma Napoléon et qui faisaient frissonner un masochisme encore dans les limbes. Rageur, menteur, voleur, avec les fragilités et les besoins d'affection de l'enfance, il ressemblait énormément à son grand frère et me laissait imaginer ce qu'il avait dû être au même âge ; c'était mon Quentin en miniature. J'avais le don de catalyser ses mauvaises pulsions et de m'enferrer dans ses complots avec une indulgence maladroite dont il avait très bien perçu la cause et qui excitait encore plus sa verve à me nuire ; il me contredisait systématiquement lorsque je tentais de me faire valoir, ce qui était en soi déjà difficile ; il me faisait les poches et me subtilisait les disques et livres que j'avais la naïveté d'apporter avec moi, il cachait des épingles dans mes quartiers d'orange et insinuait à table, d'un air révulsé, qu'il savait que j'étais pédé et qu'il en avait les preuves. Elles étaient au demeurant encore bien vagues et sa mère coupait court à ses précisions en le grondant, avec son inefficacité coutumière, et en me demandant de lui pardonner d'avoir engendré un tel mauvais sujet. Pourtant c'était déjà pour moi un sujet plutôt sensible et je bafouillais pour essayer de me disculper. Il m'observait alors triomphalement avec ce demi-sourire infernal qui me donnait envie de le battre et de l'embrasser. Je me vengeais parfois sans sortir du paradis de cruauté où nous nous poursuivions ; à condition de parvenir à l'attraper j'étais plus fort que lui et je pouvais le terrasser, mais pesant sur lui, mes genoux bloquant ses épaules tandis qu'il m'insultait et tentait de me mordre, mon visage surplombant le sien, je ne savais plus quoi oser faire ; tout juste lui cracher dessus, ce qui devenait une bien curieuse habitude dans les échanges inter-familiaux. Une autre revanche consistait à lui arracher son maillot à la plage et à se moquer, à bonne distance, de sa pudeur offensée. Je ne le regardais pas trop longtemps pendant qu'il m'abreuvait d'injures, son corps nu et gracile statufié par la colère d'être vu de quelqu'un d'autre, et je lui renvoyais le maillot qu'il ne se pressait plus de revêtir puisqu'il le faisait tournoyer au-dessus de lui comme s'il s'agissait d'une fronde. À chaque fois, il écumait de fureur feinte et j'attendais l'inévitable rétorsion d'un nouvel enchaînement d'actions criminelles. Bref, il avait tout compris et nous étions toujours contents de nous retrouver.

Nos relations changèrent avec l'adolescence. La sienne qui commençait, la mienne qui s'achevait. Je comprenais désormais tout à fait le sens de certains jeux et je me contrôlais férocement ; il devenait aussi de moins en moins hostile. Il était féru comme moi d'histoire et de cinéma, nous pouvions nous parler normalement, je progressais dans le scénario classique du grand aîné qui participe à l'éveil intellectuel d'un plus jeune. J'avais encore affreusement peur de ce que j'étais et je me berçais de ce genre de fadaises rassurantes. Et puis

Minou s'était tant répandu en allusions malveillantes sur mon compte que j'évitais de prendre des risques. Dans nos ennuyeuses conversations à vocation culturelle, j'esquivais les thèmes scabreux du type « mœurs de la Grèce antique », et « ambiguïté des beaux garçons dans les films de Visconti », mais c'étaient précisément les sujets de cette sorte qui l'intéressaient le plus et je n'avais rien à lui apprendre qu'il ne sût déjà. Nous glissions sans insister, nous étions devenus bien précautionneux, bien raisonnables. En même temps, je sentais qu'il attendait quelque chose de moi, et plus ça devenait précis, plus ça se rapprochait et plus je craignais d'affronter la réalité. Il m'aurait fallu plus de temps pour sortir de mes inhibitions, et il était pressé ; il aurait aussi fallu moins de gens autour de nous pour que je passe outre à mes scrupules et il s'en fichait autant que de mes états d'âme. J'étais en pleine rêverie sentimentale et il voulait autre chose ; s'amuser, éprouver son pouvoir, explorer sa liberté. Il n'a certainement pas compris, et il n'a pas tardé à s'arranger autrement, pour lui c'était facile. Je regrette, j'ai toujours regretté ; je n'étais pas si mal, il ne m'aurait sans doute pas gardé longtemps mais il aurait été content de moi et cela m'aurait fait du bien ; nous serions restés proches ; on peut construire beaucoup de choses en partant de petits secrets de ce genre.

Un soir, je lis près du feu dans le salon de la maison de campagne, Minou s'est endormi devant la télévision, tout le monde est couché. Je m'en souviens comme d'un instant d'une grande douceur. Il dort si profondément que je prends mon courage à deux mains et décide de le porter jusqu'à sa chambre. Dans l'escalier, il passe son bras autour de mon cou, sa tête repose sur mon épaule, je sens son souffle contre ma joue, il a toujours les yeux fermés, mais je suis sûr qu'il fait semblant. Je le dépose sur son lit, je lui retire ses chaussures, j'ai tellement envie de le déshabiller, disons juste son pantalon et sa chemise pour qu'il se sente mieux dans ses draps. Il est immobile et j'hésite, quand on dort vraiment et qu'on vous met au lit on se retourne, on bouge un peu; je me contente de le regarder, il est encore si jeune le petit Minou, j'éteins la lumière, je sors, je sombre dans un sommeil de plomb. Plus tard, j'ai passé mon permis et je suis au volant, nous ne sommes pas seuls dans la voiture, il est assis à l'arrière, comme moi quand c'était Quentin qui conduisait. On écoute les Chats sauvages à la radio, il me chantonne à l'oreille « blablabla, tu parles trop », oui, je sais, je devrais faire autre chose. Pendant tout le parcours je sens sa main qu'il a glissée contre mon dos. À l'arrivée, il y a des copains de son âge qui l'attendent, il me lance un sourire mystérieux avant de disparaître avec eux, je reste seul avec la sensation de l'empreinte de sa main sur mon dos. Une autre fois, il m'a rejoint dans la chambre que j'occupe; il paraît que je suis bon en latin, il s'assied près de moi devant le petit bureau pour que je l'aide dans sa version; rosa la rose, c'était dans une autre vie, je ne comprends plus rien à la guerre des Gaules, j'en ai perdu mon latin, c'est vraiment le cas de le dire; mais il s'en moque, il n'est pas venu pour ça; il appuie sa jambe contre la mienne et me regarde fixement, le sourire mystérieux légèrement dessiné sur les lèvres. Bon cette fois, c'est la bonne, inutile de résister, j'ai le sang qui me tape à toute allure contre les tempes. Mais on frappe à la porte, il retire sa jambe, nous plongeons sur Alésia; sa mère a préparé du thé, il y a des invités, ce serait gentil de venir dire bonjour. Je me dis tant pis, ce soir j'irai coûte que coûte le retrouver dans sa chambre.

Je compte les heures, mais il se passe quelque chose, je ne sais plus quoi, et le soir, je suis obligé de rentrer à Paris. De toute façon, voir Minou relève de la dépendance à l'égard de mes frères et de Quentin, de la camaraderie que je partage plus ou moins avec l'autre frère de mon âge ; je ne peux pas avouer que je viens au Pecq ou à la campagne pour retrouver Minou et je ne peux pas demander non plus qu'il me rejoigne à Paris ; j'élabore dans ma tête des plans de sortie au cinéma ou de répétitions scolaires, mais ce n'est pas jouable ; toute volonté déclarée d'être seul à seul avec Minou, pour le coup, ça ferait vraiment bizarre. Nous ne sommes ensemble qu'avec le reste de la famille, l'un avec l'autre uniquement par bribes qui ne durent pas longtemps ; je ruse, je procède par sous-entendus, ça ne peut pas aller bien loin ; je fais très attention à ne pas me trahir même si je grappille çà et là des instants de joie secrète. Rien qu'à le voir évoluer parmi nous, la frustration est permanente ; elle m'inflige une peine lancinante, m'enferme dans des rêves absurdes et me pousse à revenir le plus souvent possible aux basques de Quentin et de mes frères, qui n'arrivent plus à se dépêtrer de moi, en cachant la raison principale de mes visites.

Une fois pourtant je le récupère à Paris ; il doit avoir dans les dix-sept ans et il commence à squatter ici ou là, durant les week-ends comme le faisait Quentin. On ne l'appelle plus Minou, il a retrouvé son vrai prénom, il n'est plus si disert, si insolent et aucunement agressif. Malgré l'absolue liberté qu'il a obtenue sans mal de sa mère, il est le premier de sa classe et fait preuve d'une érudition surprenante pour un garçon de son âge. On en parle comme d'une sorte de génie qui étonnera tout le monde ; c'est ce que l'on disait déjà quand il était petit, mais maintenant cela se confirme, avec une sorte de soulagement général puisqu'il est devenu gentil et qu'il a gardé tout son charme. C'est une nuit de réveillon, nous avons formé une petite bande à laquelle il s'est raccroché je ne sais plus comment ; on traîne de fête en fête, la petite bande se délite peu à peu, nous sommes seuls, je l'emmène à la maison, il ne dit rien, mais c'est ainsi qu'il se comporte désormais. Ma mère est encore éveillée, elle est un peu surprise de me voir arriver avec lui, mais elle est aussi très contente de lui parler ; il a beaucoup changé depuis la dernière fois, lorsque l'un de mes frères a épousé sa cousine germaine et que les deux familles se sont encore rapprochées ; elle sait tout le bien qu'on dit de lui, elle l'en félicite, elle l'interroge sur ses études, il lui répond très aimablement ; elle aussi doit se dire que c'est un autre Quentin, mais bien plus rassurant, plus agréable que le modèle original. Cela me fait plaisir de les voir ensemble, les complications sentimentales éprouvées durant toutes ces années à courir d'une maison à l'autre s'apaisent pour moi d'un seul coup avec une conversation familière et tranquille comme celle-ci ; en même temps ce n'est vraiment pas l'atmosphère idéale pour obtenir ce que je désire et je ferais tout aussi bien d'aller me coucher tout de suite sans plus penser à rien. Dehors, sur l'avenue, des imbéciles fêtent la nouvelle année en klaxonnant furieusement et je me sens soudain très fatigué. Ma mère nous donne des draps, l'appartement est vaste, nous serons quand même loin ; au fond du couloir, lui dans une chambre et moi dans la mienne juste à côté ; je laisse la porte ouverte. Je l'entends qui se couche ; en riant il reparle un peu de notre équipée nocturne, je suis assis sur mon lit encore tout habillé et je réponds avec une gaieté qui sonne faux ; il n'y a que cette porte ouverte entre nous, mais elle me semble infranchissable ; il éteint et il me souhaite bonne nuit sur le ton de celui qui s'endort. Noir et silence. Il ne viendra pas me retrouver et je n'oserai pas franchir le seuil de sa chambre. Cela fait plusieurs mois qu'il est passé aux femmes et au fond je m'en doutais depuis le début de la soirée. Pour moi, c'était trop tard.

Si je retrouve un jour le bel amant de sa mère, j'essayerai de lui demander s'il était en train d'embrasser Minou le matin où je les ai surpris dans la remise au fond du jardin. Cela remonte au temps de la version latine, lorsque je croyais être le seul à pouvoir rêver de Minou. Je n'avais pas pensé à la remise où j'aurais pu l'entraîner et qui était un endroit où l'on n'allait presque jamais ; je ne sais plus ce que j'y cherchais et je suis entré brusquement. Ils ont eu ce mouvement vif, cet air à la fois gêné et dégagé que je connais bien. J'ai fait celui qui n'avait rien remarqué et nous n'en avons pas parlé ensuite. Mais je suis sûr et certain qu'ils s'embrassaient. C'est un souvenir que j'ai gardé pour moi, une image qui me fait un peu mal ou un peu plaisir, ça dépend des jours. Sa mère et le bel amant se sont séparés avant les drames, je n'ai jamais su pourquoi ; ils s'entendaient bien pourtant. Je crois qu'il habite en province ; ce ne devrait pas être difficile de le retrouver, mais en fait je ne suis pas si sûr que j'oserais lui poser la question.

Au fil des années et au fur et à mesure que les deux familles n'en ont plus formé qu'une seule, après le mariage avec la cousine, la naissance des enfants, l'habitude générale et partagée de se préoccuper de chacun, les relations de Quentin et de mes frères se sont insidieusement détériorées et ont fini par se rompre. Les griefs accumulés étaient devenus insurmontables et il était assurément difficile d'admettre que Quentin ait séduit la femme de l'un et tenté de torpiller les affaires de l'autre, mais je comprenais qu'il avait bien trop souffert pour croire en l'harmonie familiale ; il la ressentait sans doute comme un obstacle à sa règle de solitude et à sa volonté de domination. Il demeurait le cœur obscur du clan mais on ne le voyait plus jamais. Les messages réciproques passaient par Christine qu'il avait épousée, et par sa mère, voire même par le petit Sacha dont elle s'occupait beaucoup depuis qu'elle était seule. Mes frères leur étaient très fidèles. Pour ma part, je gardais toute ma tendresse à Quentin mais j'étais également ailleurs, je vivais une autre vie. Je ne croisais plus Minou et le frère de mon âge que de loin en loin ; ils avaient touché leur héritage, investi une partie des fonds dans l'entreprise de Quentin et ils gâchaient méthodiquement les chances de leur jeunesse avec le reste ; ils menaient grand train, roulaient en voiture de sport, sortaient avec de belles filles, traînaient dans les voyages au long cours des gosses de riches et ils avaient commencé à se droguer de plus en plus. Pour Minou, la descente aux enfers fut particulièrement rapide. On disait que ça arrangeait Quentin et qu'il s'ingéniait à les laisser faire mais je n'y crois pas du tout. Sa manière n'était pas de nuire aux plus faibles.

Un jour où j'avais besoin d'une forte somme et n'ayant trouvé personne qui pût me rendre service, je l'ai appelé pour lui demander de me la prêter. Il avait fait fortune mais je n'étais pas du tout sûr de sa réponse. Je l'obtins tout de suite au téléphone, il se moqua du petit con qui avait toujours des problèmes et me donna rendez-vous pour le lendemain à l'hôtel du Cap d'Antibes où il séjournait. Il partait pour les États-Unis deux jours plus tard sans repasser par Paris. J'étais pressé mais je n'avais pas les moyens de prendre l'avion, il donna des instructions pour mettre un billet à ma disposition. J'eus l'impression très nette qu'il avait envie de me revoir alors que notre dernière rencontre remontait à une dizaine d'années. Il me reçut en peignoir blanc au bord de la piscine d'Eden Roc. Il était accompagné d'une top modèle américaine, catégorie luxury, et entouré de wonder boys à trois mille dents plus ou moins milliardaires. Lunettes noires, marquées Porsche, maillot Calvin Klein et montres Mickey en plastique rose qui les amusaient beaucoup. Il avait un peu grossi, il était extrêmement beau, il exsudait la réussite, l'énergie et la puissance. Je revoyais l'apparition misérable au centre nautique d'Évian et je me sentais mal à l'aise, endimanché, dans ce décor pour film hollywoodien en scope couleurs où je craignais de rencontrer une connaissance de mes frères qui les informerait de ma présence auprès de Quentin, ce dont ils seraient certainement mécontents. Il me demanda brièvement de leurs nouvelles, m'offrit un somptueux déjeuner au grill, avec la top-modèle qui était très gentille et très amoureuse, tout en m'interrogeant sur mes activités, les raisons pour lesquelles j'avais besoin d'argent. Il était net, précis dans ses questions, sans doute le ton pour ses affaires, et je faisais piètre figure face à lui en m'embrouillant dans mes réponses; les arguments que j'avais répétés dans l'avion pour le convaincre de me venir en aide auraient peut-être pu attirer la sympathie d'autres pauvres de mon espèce, mais il ne doutait pas une seconde que j'aurais toutes les peines du monde à le rembourser. La top-modèle, qui avait de l'expérience, s'absorbait dans son crabe cocktail, je n'attendais plus que le jeu roulant des sarcasmes d'autrefois pour clore la discussion et j'avais hâte de repartir. Mais il me donna une petite tape amicale sur la joue en souriant avec une lueur d'affection dans le regard que je n'oublierai jamais et sortit de la poche de son peignoir une enveloppe en papier kraft qu'il posa devant mon assiette. Il coupa court aux remerciements, me parla de ses jeunes frères pour regretter que je n'aie pas eu plus d'influence sur eux; il se désolait de leur mode de vie et s'inquiétait des dangers qu'ils couraient; je lui promis de tenter de reprendre le contact, mais il était sceptique sur le résultat d'une telle démarche et j'eus le sentiment fugace d'une fatalité sombre et sans espoir. La top modèle avait plongé dans la piscine, j'étais en retard pour reprendre l'avion, on s'est à peine dit au revoir. Quand je me suis retourné, en remontant vers l'hôtel par la grande allée qui embaumait le pin et les lauriers sous le soleil, je l'ai aperçu de dos au bord de la piscine. J'étais encore assez près. Il avait retiré son peignoir, il avait toujours des taches de rousseur sur les épaules. C'est la dernière fois que je l'ai vu. J'ai ouvert l'enveloppe dans l'avion; il y avait mis tout l'argent dont j'avais besoin en grosses coupures neuves; je me suis dit qu'il avait dû prendre de son temps pour que tout soit si bien organisé et puis aussi que j'aurais peut-être dû lui demander plus la veille au téléphone. C'était une mauvaise pensée, mais je crois qu'elle l'aurait sans doute amusé. Je ne sais plus comment je m'y suis pris, mais j'ai réussi à lui rendre cet argent dans un délai convenable, en envoyant un chèque à son bureau. Il m'a répondu avec un petit mot dont j'ai eu du mal à déchiffrer l'écriture; il y était question d'un petit con qui pourrait toujours compter sur lui. C'est la seule lettre que j'ai de lui et je la garde dans un tiroir secret de mon bureau.

Minou est mort quelques mois plus tard. Tous mes appels étaient restés sans réponse et en revanche je ne recevais que de mauvaises nouvelles. En plein sale trip, il avait eu un accident de moto très grave et on avait dû l'amputer d'une partie du pied, je ne sais plus lequel. La rééducation s'était mal passée, il souffrait beaucoup et se déplaçait en claudiquant. La drogue lui permettait d'atténuer les douleurs et de supporter son infirmité mais en même temps il cherchait à se désintoxiquer et abusait des médicaments compensatoires. Il buvait aussi énormément et c'était un autre cycle infernal. Une nuit, il appela sa mère, il était en proie à une crise de larmes épouvantable. Elle le supplia de venir la rejoindre à la campagne ; elle lui préparerait sa chambre, elle ne se coucherait pas, elle l'attendrait. La voiture de Minou qui était ivre et conduisait à une vitesse folle a quitté la route qui grimpait vers la maison, dans le dernier virage en épingle à cheveux, juste avant d'arriver ; sa mère l'a entendue faire plusieurs tonneaux dans la pente et s'écraser en contre-bas. C'est peut-être aussi pour ça que j'aurai toujours tant de mal à me décider à lui écrire.

Howard Brookner

Il avait tourné un film sur William Burroughs et, en ce temps-là, au début des années 1980, je dirigeais un petit réseau de salles de cinéma d'art et essai. Il venait de New York et il cherchait une sortie pour son film à Paris. C'était une production modeste qu'il avait financée lui-même en s'endettant et il comptait sur la renommée littéraire de Burroughs en France, sur notre réputation de cinéphiles encore bien établie pour donner une chance supplémentaire à son film, lui ouvrir peut-être le chemin des festivals. Une salle de Soho l'avait d'ailleurs projeté durant quelques semaines et il disposait d'une revue de presse aux critiques très élogieuses. Le film se présentait comme un reportage sur l'écrivain américain avec des parties documentaires où il avait interrogé des gens qui connaissaient Burroughs, visité des lieux qu'il pratiquait habituellement, monté des éléments d'archives et avec des parties de fiction inspirées de ses textes où Burroughs jouait son propre rôle avec une indifférence somnambulique plutôt terrifiante. C'était un très bon film, au ton froid et détaché, le ton juste pour appréhender Burroughs au cinéma en évitant l'écueil de la performance inédite d'une participation active de l'écrivain. Cela, je ne m'en suis rendu compte qu'après, quand j'ai vu le film, car au moment de notre première rencontre, je n'ai vu qu'Howard Brookner et il m'a plu tout de suite.

Il devait avoir à peu près mon âge, trente ans tout au plus, il n'était pas très grand, les cheveux drus et noirs, le regard bleu, un beau visage aux traits réguliers. Il portait un imperméable coupé à l'américaine, comme Paul Newman dans les films en scope couleurs de Mark Robson, un complet de banquier ou d'avocat en chemise et cravate très soixante, très clean, mais sans aucune affectation; son style en somme, entre l'Amérique et l'Europe quand aucun des cinéastes que je connaissais ne s'habillait comme cela de New York à Paris. Il parlait lentement pour que je comprenne bien tout ce qu'il avait à me dire alors que je maîtrisais l'anglais nettement moins bien qu'aujourd'hui. J'ai d'ailleurs encore beaucoup de lacunes dans ce domaine mais je pense que notre brève relation a été décisive pour m'inciter à progresser sérieusement; j'aimais tant parler avec lui. Il n'avait aucune arrogance, pas la moindre vanité en me montrant ses critiques et en m'expliquant ce qu'était son film. Je n'ai jamais su pourquoi il avait tenu à venir me voir quand il existait toutes sortes de salles plus prestigieuses et plus prospères, mieux placées en plein Quartier latin. Il m'a seulement dit qu'il avait parcouru les circuits existants avec son *Pariscope* à la main et que la salle où je le recevais, avec le restaurant et la librairie attenants, lui avait paru mieux convenir à la diffusion de son film. L'atmosphère de l'endroit, un entrepôt recyclé centre culturel et le va-et-vient du public entre les rayonnages, les tables serrées, les écrans, l'avait séduit. D'ailleurs il ne connaissait pas Paris, c'était son premier voyage, et il ne faisait pas non plus une affaire d'argent de cette sortie ; il préférait une exploitation restreinte mais avec la garantie de pouvoir tenir plusieurs semaines au risque d'être débarqué sans crier gare si les recettes étaient insuffisantes ; il se méfiait des exploitants en général et me faisait confiance pour obtenir quelques bons articles et présenter le film au mieux des moyens dont je disposais. En plus du charme indéfinissable qui émanait de sa présence, calme, précise et réservée, cette confiance me touchait. Après une demi-heure tout au plus, nous avons conclu un arrangement ; même si je n'avais jamais entendu parler de lui auparavant et si je n'avais pas encore vu son film, un document sur et avec William Burroughs c'était a priori intéressant. Peu après, j'ai vu le film et j'ai pensé que j'avais eu de la chance.

Au fait, je connaissais mal Burroughs. Un peu sa vie, sa légende plutôt que son œuvre ; je faisais partie de ces petits malins qui alignaient dans la conversation Kerouac, Neil Cassidy, Allen Ginsberg, les années d'errance et de Tanger, le scandale du *Festin nu*, la forte imprégnation homosexuelle, la drogue, l'accident fatal de la femme de Burroughs tuée par son mari au cours d'un jeu délirant où ce fou des armes à feu avait prétendu refaire Guillaume Tell en tirant sur elle, tout ce romantisme insurgé des années cinquante qui avait réellement marqué mes frères par exemple, alors que je n'avais vraiment lu que des bribes de textes ou des articles de journaux sur la *beat generation*. Manifestement trop pervers, cet homme sans âge, peu séduisant, au physique de clergyman et aux lèvres minces, ne m'attirait pas beaucoup ; il m'apparaissait comme une sorte de gourou d'un monde opaque et morbide dont je ne possédais pas les clefs. Mais je mesurais son impact sur la littérature contemporaine, je sentais la fascination qu'il pouvait exercer sur des esprits avertis et au stade superficiel qui était le mien c'était amplement suffisant pour avoir l'air d'être impliqué et apporter ma petite contribution à une meilleure connaissance de l'homme glacé au chapeau sur sa tête.

Howard Brookner habitait la Louisiane, cet hôtel mythique de Saint-Germain-des-Prés, dont j'ai depuis décortiqué la liste de tous les clients devenus célèbres et où réside encore le délicieux Albert Cossery, un choix bien dans la ligne dont je devinais la pertinence. Maintenant, chaque fois que je passe devant la Louisiane, je pense à lui et j'ai le cœur qui se serre ; un jour, j'y prendrai une chambre rien que pour voir, et avant qu'Albert Cossery ne s'en aille puisque Howard Brookner de toute façon n'y viendra plus jamais. Nous avions décidé d'une date pour la sortie du film et avant qu'il ne reparte à New York je suis allé deux ou trois fois le prendre à la Louisiane pour l'emmener dîner. Il avait été prévu qu'il retournerait à Paris pour les quelques projections de presse que m'autorisait mon maigre budget ; après le tirage d'une copie, le sous-titrage, tout le travail qu'il faut faire avant la sortie ; mettons trois mois. Il paraissait pressé de rentrer en Amérique en attendant et c'est pourquoi je ne l'ai pas vu beaucoup durant ce premier séjour. Et puis je vivais une liaison impossible bien dans ma manière, où j'aimais sans être aimé, et où tout rendez-vous avec un semi-inconnu me culpabilisait comme une sorte de trahison ; j'avais d'autant plus peur d'être pris sur le fait que je ne courais aucun risque d'être découvert.

Il était toujours à l'heure, et moi aussi ; je n'attendais donc pratiquement pas sur le palier du premier étage et sa moquette fatiguée, devant le concierge qui s'escri-

mait avec un téléphone à peu près hors d'usage. Toujours avec son imperméable, son complet bleu, ses cols
de chemise à boutons, ses cravates passe-muraille, ses
bonnes manières, sa voix à la diction lente et au timbre
si plaisant. Nous allions dans les petits restaurants du
quartier et il se déplaçait avec moi sans manifester le
moindre étonnement devant les usages parisiens, la
carte ou la cuisine. Il avait lu Gertrude Stein, Jannet
Flanner, Mary McCarthy et vivait dans cette ville où il
venait d'arriver et où il n'avait aucune relation comme
si elle lui était parfaitement familière. Il ne buvait pas
d'alcool, se nourrissait peu et avec discernement, ne
parlait pratiquement pas de lui-même, nos conversations se limitaient au cinéma. Il n'avait pas de nostalgie
hollywoodienne particulière, la politique des auteurs
façon *Cahiers du cinéma* lui était indifférente et si le style
« camp » que je maîtrisais bien l'amusait, cette pré-
dilection pour les stars en noir et blanc, leurs vies tour-
mentées et leurs répliques cinglantes ne le concernait
pas vraiment ; ses principaux centres d'intérêt étaient
ailleurs ; il aimait Flaherty et les grands documentaristes
des années trente, les films sociaux de la Warner, le
néo- réalisme italien, Warhol, Dwoskin et les déjantés
new-yorkais de l'avant-garde des années soixante-dix ;
sa connaissance des cinéastes du tiers-monde était stupéfiante de la part d'un jeune réalisateur américain. Il
me questionnait aussi un peu sur mon métier, les parti-
cularités de la cinéphilie parisienne, le film que j'avais
fait en Somalie et dont il avait entendu parler. Il faisait
montre d'une perspicacité et d'une sensibilité remarquables dans ses jugements, sans jamais se départir de
sa réserve ni trahir d'émotion personnelle. Je mettais
cet étrange détachement sur le compte d'un pseudo-
puritanisme américain, cette façon d'argumenter sur la

vie et l'art avec autant d'intelligence que de distance c'était peut-être la manière bien yankee de se montrer *not involved*. Pas impliqué mais pas froid non plus ; avec son regard bleu posé sur moi, un demi-sourire aux lèvres, je le sentais très présent et amical. Brillant dans ses jugements, silencieux sur lui-même, mystérieusement proche de moi. Tout de même, un type qui avait passé plusieurs mois avec Burroughs, qui connaissait si bien Kenneth Anger et les films de Satyajit Ray, devait bien avoir autre chose en commun avec moi que le goût de parler cinéma jusqu'à plus soif. Mais son admiration pour Burroughs, à vrai dire plus circonspecte, ne m'apprenait pratiquement rien sur son passé et ne révélait pas non plus ce qu'étaient devenues leurs relations une fois le film achevé. Parfois, j'avais l'impression qu'il me disait autre chose que ce qu'il détaillait lentement pour que je le comprenne bien et parfois non, je me disais qu'on ne sortait pas des films que nous aimions. Je tentais aussi un peu de le séduire, très prudemment parce que sa solitude m'impressionnait tellement et que j'avais peur qu'il ne se referme brusquement, se lève et s'en aille. Mais il ne bougeait pas, persistait à sourire, sans autre réaction et ignorant mes discrets appels du pied, il continuait à parler de cinéma à sa manière tranquille et réfléchie.

Finalement, j'ai plus ou moins compris qu'il avait vécu son enfance dans un État de la côte Est comme le Maryland ou le Delaware, ni franchement plouc ni vraiment à la page, qu'il était venu à New York pour ses études et qu'il avait préféré y rester plutôt que de filer vers les studios d'Hollywood ; mais je manquais de repères sur une jeunesse américaine et pour moi tout cela restait très vague. Ainsi, je n'ai pas su s'il avait une famille et des amis et finalement même plus s'il aimait les hommes ou les femmes. Là où nous en étions arrivés, je souhaitais plutôt qu'il préférât les femmes puisque mes tentatives de charme avaient échoué et que je subissais celui qu'il exerçait sur moi. Au fond, toutes ces incertitudes m'étaient aussi agréables que sa présence.

Il m'écrivit plusieurs fois de New York. Des lettres à l'américaine, une page tapée à la machine, sur papier jaune avec son nom et son adresse imprimés en haut dans de beaux caractères et sa signature à la main. Le prénom seulement précédé de *love* également à la main, mais ça n'avait pas vraiment de sens; « regards » aurait été trop impersonnel, et *truly yours* franchement très administratif. *Love* c'était pour les dîners que nous avions partagés, notre bonne entente si polie, je trouvais que ce n'était pas si mal d'avoir obtenu au moins cela de lui. Je préparais la sortie du film et il s'agissait de lettres de travail avec des conseils pour les extraits qu'il faudrait choisir pour la promotion à la télévision, les noms de connaisseurs de l'œuvre de Burroughs que je pourrais solliciter pour des articles. Pas un mot sur ce qu'il faisait à New York à ce moment-là et bientôt plus de précisions sur la date à laquelle il comptait revenir. Pour l'absence de confidences sur sa vie je commençais à m'habituer mais j'étais surpris de ne pas avoir d'indications concernant son retour et je me demandais quelle raison pouvait le retenir à New York alors qu'il s'était montré si attentif et méthodique pour préparer la diffusion de son film. Je tentai à plusieurs reprises de le joindre au téléphone, mais je tombai sur le répondeur automatique d'un standard anonyme et je n'obtins pas de réponses à mes messages. J'avais aussi d'autres soucis entre ma triste liaison et de perpétuels problèmes d'argent et je m'habituais à l'idée que le film sortirait peut-être sans lui. Il y avait de bons comptes rendus dans la presse, les extraits sélectionnés étaient passés plusieurs fois à la télévision et avaient fait forte impression, notamment celui où Burroughs se livrait à un délire de persécution meurtrier en maniant ses armes à feu; en somme, je ne m'étais pas trop mal débrouillé et je n'avais plus besoin d'Howard pour que l'on s'intéresse à son film. Pourtant l'interruption de nos contacts et son absence inexplicable me désolaient; je crois que je n'avais jamais eu autant envie de mériter la confiance d'un réalisateur ou tout simplement de faire plaisir à quelqu'un que je connaissais à peine.

Il arriva sans prévenir le lendemain de la sortie du film. Toujours aussi beau, impeccable, tranquille, à la Louisiane. Il évoqua brièvement des difficultés imprécises pour expliquer sa disparition mais j'évitai de lui poser des questions et j'eus l'impression qu'il en était soulagé. De toute manière, j'étais heureux de le savoir ici et je m'en contentais en faisant des plans pour lui assurer plusieurs rencontres avec des journalistes. Il avait pris connaissance des articles déjà parus, assisté aux réactions des premiers spectateurs, contrôlé la qualité de la projection qu'il avait déclarée bonne alors qu'elle ne l'était pas, mais je le sentais bizarrement réticent à rencontrer des inconnus alors qu'ils auraient pu lui être utiles. J'étais habitué aux exigences, voire aux caprices des réalisateurs, mais il trouvait tout parfait et ne m'imposait aucune complication, hormis ses refus de plus en plus nets pour les demandes d'interviews. La manière dont il persistait à se reposer sur moi et à me garder sa confiance était suffisamment émouvante pour que je n'insiste pas et que je le laisse en paix. C'était son droit d'être fatigué de répondre toujours aux mêmes questions alors que toutes les réponses étaient finalement dans le dossier de presse. J'espérais que le temps gagné me permettrait de décrocher au moins l'un de nos dîners rituels dans le quartier de la Louisiane, mais les choses ne se passèrent pas ainsi. En dehors des moments où il débarquait sans crier gare dans mon bureau, jamais pour très longtemps, il restait injoignable. Le concierge de la Louisiane me faisait des réponses embarrassées pour éviter de me le passer au téléphone; soit il dormait, soit il était en communication, soit il était absent; enfin il n'était jamais là au bout du fil et ne rappelait pas non plus. Et je n'osais pas être trop pressant en allant faire le siège de sa chambre. Après une semaine, le concierge m'informa qu'il avait quitté l'hôtel et qu'il était rentré à New York; reparti sans même me dire au revoir. Nous n'avions eu aucune de nos conversations sur le cinéma, nous n'avions parlé que de détails concernant la sortie de son film, nos échanges, aimables et intéressants comme d'habitude, s'étaient limités au minimum. Décidément son attitude était incompréhensible et me laissait désemparé. Le film en revanche marchait plutôt bien et il avait eu quand même le temps de s'en rendre compte.

Je restai plusieurs mois sans nouvelles de lui. Mes tentatives pour l'atteindre à New York demeuraient infructueuses; une lettre, où je lui expliquais que je pourrais garder le film à l'affiche après cinq semaines de bons résultats en le projetant presque indéfiniment au rythme d'une séance par jour, resta sans réponse. Connaissant son esprit bien ordonné, je pensais qu'il avait su trouver le moyen de se procurer *Pariscope* à New York et de suivre régulièrement l'exploitation de son film. Peut-être disposait-il aussi d'informations que je ne connaissais pas? Il y avait une proportion notable de jeunes Américains parmi les spectateurs du film. Et peut-être avait-il, après tout, des amis français dont il ne m'aurait pas parlé et qui pouvaient le tenir au courant. Parfois, j'entrais dans la salle pour revoir une partie du film, j'entendais sa voix, son commentaire, c'était la seule manière pour rester en contact avec lui. Puis vint le moment où il n'y eut plus personne à la séance quotidienne ; je ne disposais que d'une copie et on me demandait le film pour des projections en province ; je le retirai de l'affiche et le laissait vivre son autre vie. J'espérais qu'il se manifesterait en constatant que le film n'était plus projeté à Paris. C'est ce qu'il fit.

Je reçus une lettre d'une femme qui se présentait comme son assistante et qui m'exposait qu'Howard était dans l'impossibilité de m'écrire lui-même pour « motifs personnels », c'était marqué comme ça en français dans le texte, mais qu'il m'était profondément reconnaissant pour tout mon travail et d'avoir gardé le film si longtemps. L'assistante me demandait de lui faire parvenir des comptes, s'il était possible de les arrêter désormais et elle me suggérait de tenter de négocier une vente à la télévision compte tenu de l'intérêt que le film avait suscité auprès des critiques et du public, même si le prix que je pourrais obtenir serait à la mesure d'une audience évidemment marginale. Ces indications, ce sens pratique, ce réalisme sans prétention étaient bien dans la manière d'Howard. Il avait dû dicter cette lettre ou au moins l'inspirer de façon très détaillée, mais qui était cette assistante dont je ne savais rien, ces « motifs personnels » tellement obscurs ? À la fin, il y avait écrit *love* à côté de la signature, avec une autre écriture, mais comme avant. La lettre était décidément bien de lui. Je préparai les comptes ; en fait il ne restait pas grand-chose après les dépenses pour la publicité et, de retour de province, je fis circuler la copie à la télévision sans trop d'illusions sur la réponse que nous donneraient ces messieurs. J'informai l'assistante, par lettre, du montant des recettes et de mes démarches et j'inscrivis carrément *truly yours* comme formule de politesse. Au fond, je commençais peut-être à en avoir un peu marre de toutes ces histoires. L'assistante devait s'être évanouie dans la nature car cette fois encore je n'obtins pas de réponse.

Howard surgit dans mon bureau quelques semaines plus tard. Je l'avais presque oublié, j'étais très occupé et il revenait vers moi comme ces gens que l'on a connus en voyage ou en vacances et à qui on ne trouve pas grand-chose à dire quand on retombe sur eux. En fait, ce n'était pas non plus exactement comme ça ; j'éprouvais un peu de ressentiment à son égard, il y avait du feu sous la cendre, mais, plutôt que de le questionner inutilement, je préférais me dire qu'il ne restait qu'à solder gentiment tous les comptes et au revoir, chacun reprend sa route, le fil du quotidien, en attendant peut-être un autre film. Il avait évidemment très bien compris la situation et s'était assis dans un coin du bureau, le dos à la fenêtre, en regardant la revue de presse et le résultat des locations en province, pendant que je continuais à vaquer à des affaires plus urgentes. C'était vite fait car il avait déjà lu l'essentiel des critiques lors de son voyage précédent et la liste des salles hors Paris était plutôt succincte ; mais il semblait absorbé par sa lecture, ne s'impatientait pas, s'installait avec son calme coutumier, comme si nous nous étions quittés la veille. Cette fois encore, son attitude me déroutait complètement, mon activité prétendument laborieuse patinait de plus en plus, et je sentais le charme qu'il imposait par sa seule présence emplir peu à peu la pièce jusqu'à m'envelopper entièrement. Il se tenait pourtant immobile, le regard bleu penché sur ses papiers. De temps à autre, je le regardais à la dérobée ; il avait changé presque insensiblement, mais changé quand même ; plus mince, des cernes sous les yeux, quelques cheveux blancs sur les tempes. Je me disais : voilà dix-huit mois que nous nous sommes rencontrés pour la première fois, on vieillit par étapes, c'est ce qui a dû lui arriver et à moi aussi sans doute. Finalement, comme je le regardais encore, il a relevé la tête et il m'a souri, avec cet air qui me faisait fondre et qui est revenu me frapper d'un seul coup. Je lui ai demandé comment il souhaitait que je lui règle ce que je lui devais, il m'a répondu qu'un petit acompte en espèces l'arrangerait bien pour son séjour à Paris mais qu'il ne voulait pas m'ennuyer si je me trouvais gêné et que pour le reste ce n'était vraiment pas pressé. Nous étions de toute manière en terrain de confiance, *brotherood* dans la jungle du cinéma et du commerce, pas la peine de s'inquiéter pour ce genre de détails entre nous. Il avait dit *brotherood*, j'avais bien entendu comme j'avais bien lu *love* sur ses lettres. Encore le sourire, le regard bleu, tiens, pas de cravate mais le col ouvert avec un coup puissant sur les épaules, décidément je n'y comprendrai jamais rien ; il ne me restait plus qu'à faire semblant de ranger mes affaires et à l'emmener déjeuner. Ce que nous fîmes aussitôt.

J'en viens à l'essentiel, enfin à ce qui n'a sans doute pas tant d'importance pour tous ceux que ce genre d'histoires n'intéresse pas, mais dont je me souviens souvent avec une mélancolie qui ne passe pas. Il avait prévu de repartir très vite à New York et nous ne disposions que de trois ou quatre jours pour les passer ensemble. Et encore ne s'agirait-il que des soirées ;

j'avais du travail mais j'aurais pu me rendre libre pour lui ; il était occupé, me disait-il, le matin et puis l'après-midi, il préférait que l'on se voie la nuit, avec les éclairages de la nuit, me disait-il en riant comme s'il jouait d'une manie de cinéaste. Je le sentais pourtant toujours aussi solitaire, de cette solitude sans limite qui contribuait tant au charme indéfinissable de sa présence et, quand je venais le retrouver vers 9 heures à la Louisiane, j'avais plutôt l'impression qu'il avait passé la journée à dormir dans sa chambre, ce qui était étrange de la part de quelqu'un qu'on ne pouvait soupçonner de laisser-aller ou de paresse. Je possédais une Austin Mini de couleur noire, ce modèle presque parfait de petite voiture anglaise des années soixante qui avait obtenu un succès fabuleux en son temps, mais qui était déjà nettement démodé. Je me l'étais achetée comme une fantaisie un peu snob à la mesure de mes maigres moyens et elle me convenait très bien pour l'usage strictement parisien que j'en faisais. Je m'en servais pour l'emmener en dehors du Quartier latin, dans le XVIᵉ de mon enfance ou du côté de la Bourse et du Palais-Royal, après avoir choisi avec soin le restaurant agréable aux tables pas trop serrées où l'on pourrait discuter tranquillement. Il aimait beaucoup la Black Mini qui lui semblait très exotique et suscitait chez lui une sorte de gaieté enfantine. L'exiguïté, le volant en bois, le changement de vitesse brutal, la suspension, le contraire des grosses et souples voitures américaines. Nous ne parlions presque plus de cinéma et, comme il restait toujours aussi secret sur lui-même, alors je lui parlais de moi, sans forcer sur l'impudeur mais en ne laissant aucun sujet dans l'ombre. C'était une manière comme une autre d'essayer de pénétrer dans sa vie, en lui confiant la mienne Il ne s'en lassait pas, me posait beaucoup de questions, et se découvrait seulement par quelques remarques gentiment ironiques qui me laissaient deviner qu'il était passé lui aussi sans doute par bien des expériences que j'avais connues. À vrai dire plutôt les pires. Il y avait tout un rituel ; je commençais par des propos plutôt généraux quand nous étions au restaurant, en gros les usages et les mœurs de la vie parisienne, et j'abordais les détails plus personnels quand je le ramenais en faisant de grands détours. Nous roulions longuement dans la Black Mini à travers l'émouvant Paris nocturne des heures tardives. Je le sentais près de moi, extrêmement attentif, miraculeusement amical, mystérieux comme l'interdit, son beau visage au demi-sourire tourné vers moi, éclairé par le passage des phares d'une autre voiture ou à l'arrêt d'un feu rouge. *Brotherood.* Ça nous prenait une ou deux heures pour revenir à la Louisiane et nous restions aussi parfois silencieux, il voulait écouter Édith Piaf sur la radiocassette et me demandait de lui traduire les paroles quand il ne les comprenait pas. En fait, il se débrouillait assez bien en français, j'évitais de toucher son genou en changeant les vitesses si brutales et il n'avait pas de projet d'autre film, enfin pour le moment. C'étaient des moments délicieux, ceux des commencements de l'amour qui ne s'avoue pas encore, lorsque la vie s'élargit à une vitesse vertigineuse, quand le passé disparaît, les obstacles s'effacent, la mort n'existe plus. La Black Mini nous transportait vers des horizons sans limites, j'aurais pu conduire comme ça jusqu'à l'aube et le jour d'après, et la nuit suivante, et encore et encore s'il me l'avait demandé.

Le dernier soir, je ne savais pas que ce serait le dernier, nous ne parlions plus de son départ, je lui ai proposé d'aller voir les garçons sur le chemin du retour. Je lui avais confié que la Black Mini, ce n'était pas si mal pour draguer, moins bien qu'une Porsche ou une Italienne, mais le petit côté ancien, anglais, soigné avait des amateurs. Nous chantonnions *The black mini strikes again*, un refrain de notre composition, en parcourant le quartier de la rue Sainte-Anne, où il y avait à cette époque des gigolos à chaque mètre, alors qu'il n'y a plus personne maintenant, seulement les gens qui vont dans les restaurants japonais qui ont remplacé les boîtes homos. Ce devait être à la fin du printemps parce que les garçons étaient souvent en short et certains même torse nu; il y avait de tout, quelques-uns étaient évidemment très beaux. Je jouais les habitués en désignant discrètement les garçons que je connaissais et qui nous saluaient avec leur effronterie coutumière. Howard les regardait avec attention; il fredonnait tout doucement *The black mini strikes again* mais il paraissait aussi de plus en plus triste. C'était un nuage d'orage qui venait de s'abattre sur lui, il devenait tout sombre comme si la mélancolie l'éloignait brusquement de moi. Les gigs de la rue Sainte-Anne, ce n'était pas une bonne idée au fond, j'ai embrayé vers l'avenue de l'Opéra et ses lumières. Je regrettais mon erreur, il m'a dit que ce n'en était pas une. Il s'est détendu et on a remis Édith Piaf. *Les Mots d'amour*, sur une musique de Michel Rive-Gauche et des paroles de Charles Dumont, comme elle l'annonçait elle-même avant les chansons; et il aimait cette politesse qu'elle avait, cette voix qui disait les noms et qui était déjà la chanson. Il n'y avait que Frank Sinatra pour faire pareil, parfois, en Amérique, selon lui. J'aurais voulu qu'il ne retourne pas en Amérique, mais je ne pouvais pas le dire évidemment même si je suis sûr qu'il l'entendait dans mes silences et qu'il l'écoutait dans la voiture. La chanson, oui la chanson :

« c'est fou c' que j' peux t'aimer, c' que j' peux t'aimer
des fois, des fois j' voudrais crier, car j' n'ai jamais
aimé, jamais aimé comme ça, ça je peux t' le jurer, si
jamais tu partais, partais et me quittais, me quittais
pour toujours, c'est sûr que j'en mourrais, que j'en
mourrais d'amour, mon amour, mon amour. »

Plus tard, alors que je le déposais à la Louisiane et
qu'il était déjà dans l'encadrement de la porte de
l'hôtel, au pied de l'escalier, il s'est retourné vers moi et
il est venu se pencher sur la portière encore ouverte de
la Black Mini. Je pourrais filmer cet instant au cinéma
même si c'est vingt-cinq ans plus tard tant l'image est
restée marquée au plus profond de moi. La porte, la
lumière blafarde de l'entrée sur la rue et le sempiternel
imperméable, le regard bleu, le sourire qui hésitent et
qui s'approchent. « Vous viendrez chez moi demain
soir », m'a-t-il dit en français, puis il m'a embrassé très
vite, très légèrement sur la joue avant d'ajouter « dormir, seulement dormir, *no body fluids* ». J'étais tellement
content que je n'ai pas su quoi répondre, ah si, tout de
même, qu'il avait fait des progrès en français, ce qui
était idiot, assez gentil et pas complètement exact. Je
pensais aussi pourquoi pas ce soir, maintenant, mais
c'était un moment parfait, il ne fallait pas demander
plus. *No body fluids, no body fluids.* Je ne l'ai pas vu entrer
dans l'hôtel, j'étais un peu confus et je regardais devant
moi. À cet instant, sur l'écran il n'y aura plus que la
rue déserte extérieur nuit, devant la Black Mini.

Le lendemain, il était parti, il avait dû changer d'avis
au petit matin, je ne l'ai plus jamais revu, je n'ai pas eu
de réponse à mes appels et à mes lettres, je n'ai plus
jamais entendu le son de sa voix. *No body fluids.* Dans le
grand foutoir de la télévision, ils ont perdu la copie du
film sur Burroughs et je ne l'ai pas non plus retrouvée.

Quelques années plus tard, après la faillite de mes cinémas, j'ai commencé à animer plusieurs séries d'émissions télévisées justement, où je recevais toutes sortes de personnalités selon le principe du talk-show. L'éditeur de Burroughs ayant organisé un voyage promotionnel de son auteur en France, j'ai été naturellement contacté pour le recevoir.

Je n'avais guère progressé dans la connaissance de son œuvre dont je ne négligeais certainement pas la puissance mais dont la cruauté glacée m'angoissait et m'était désagréable. Enfin, j'en savais suffisamment pour assurer une conversation d'environ une heure et en tirer une émission intéressante, et j'espérais surtout que notre rencontre me permettrait de comprendre les raisons de l'évanouissement subit d'Howard avec qui Burroughs avait peut-être gardé un contact. Cette fin sans explication, la flambée d'espoir aspirée par le vide, l'élan perdu contre rien m'avaient longtemps hanté comme il arrive, je l'imagine, aux gens qui sont confrontés à l'énigme d'une disparition ; ces parents qui s'accrochent à l'image d'un enfant que personne ne retrouve et sont condamnés à la douleur aveugle de ne même pas savoir s'il s'agit d'une fugue, d'un enlèvement crapuleux, d'un accident qui n'aurait pas laissé de trace ; femmes de marin ou de soldat perdu, mari dont l'épouse s'est volatilisée durant leur sommeil, doubles vies secrètes qui emportent un être dont on partageait l'existence et qui laissent à ceux qui restent l'obsession de refaire le parcours commun en sens inverse ; les impasses des questions sans réponse, le labyrinthe des jours à venir où l'on se demande si on le reverra un jour ; des histoires de polars ou de films rigolos ; ces photos de gosses qui serrent le cœur dans les aéroports et les bureaux de poste. Je n'en étais pas là bien sûr, seulement un peu amer, et cela ne s'était pas estompé avec le temps.

Il me fallait établir un contact avec Burroughs pour préparer l'émission et peut-être pourrais-je aussi en profiter pour lui demander tout de suite ce qu'il pensait de la disparition d'Howard. Une atmosphère d'agitation semi-littéraire et mondaine entourait l'écrivain dans ses déplacements qui comportaient des interviews auprès de journalistes de la presse écrite, des séances de signatures, un grand raout après que Jack Lang l'eut décoré des Arts et Lettres. Tout cela était normal, mais le comportement provocateur et nihiliste de Burroughs, que je soupçonnais très vite d'en rajouter dans le cabotinage truqueur pour épater la galerie et la complaisance pénible de ses admirateurs plus ou moins branchés me dégoûtèrent lorsque je lui fus présenté une première fois. Ses yeux pochés regardant ailleurs, sifflant d'une voix inaudible entre ses lèvres de rasoir des mots que je ne compris pas mais qui me semblèrent incohérents et peut-être orduriers, il se déchargea auprès d'une attachée de presse du soin de me faire savoir qu'il se fichait complètement de ce que nous pourrions nous dire durant l'émission. Je fis une autre tentative durant la fête donnée en l'honneur de sa décoration, mais il était trop occupé à faire semblant de tirer au revolver sur sa médaille au milieu des gloussements et des rires de l'assemblée, pour que je prenne le risque de lui raconter ma petite histoire. Je ne pouvais m'empêcher de penser qu'Howard était peut-être au fond comme lui, un cynique absolu en plus jeune et plus *light*; la réussite du film c'était parce qu'ils s'étaient rencontrés dans une même habileté perverse à manipuler les êtres. Et j'en voulais à Burroughs d'avoir fait naître cette idée en moi; je le détestais déjà pour ce nouveau doute se rajoutant à tous les autres, cette salissure qui me renvoyait à mon statut de petit-bourgeois français incapable d'apprécier le nécessaire trafic des sentiments de la contre-culture américaine.

Je menais l'émission comme on s'embarque sur le train fantôme, sans croire aux recettes de l'épouvante mais avec l'intention que les spectateurs en aient pour leur argent. J'étais tout de même bien documenté, mes questions centrées principalement sur la technique littéraire à laquelle même un auteur comme Burroughs devait être sensible n'étaient pas si mal ; il n'était pas non plus nécessaire de se montrer trop aimable, sauf à jouer la complicité des flatteurs que j'avais eu tout loisir de prendre en horreur pour y sacrifier à mon tour. Et en fait, tout se déroula plutôt tranquillement. Burroughs était venu, accompagné d'une sorte de secrétaire, géant blondasse d'une quarantaine d'années, également froid comme un glaçon, qui était chargé de répondre à la place du maître pour le cas où mes demandes lui auraient paru trop niaises. L'attachée de presse de l'éditeur, qui commençait à fatiguer après une semaine incontrôlable, était dans ses petits souliers pour m'expliquer que la présence du secrétaire offrait la garantie de pouvoir faire l'émission jusqu'au bout sans que Burroughs, saisi par l'ennui ou quelque fantaisie, ne me plante là et s'en aille. Va pour le secrétaire dont je cherchais à deviner s'il avait peut-être été beau dans sa jeunesse à défaut d'avoir du charme. Burroughs ne regardait rien, ni moi, ni les caméras, ni le secrétaire ; il murmurait entre ses dents et la traductrice en régie peinait à suivre le fil de sa pensée ; cela n'avait pas d'importance. Avec sa pâleur de spectre, son osseux visage fermé, son chapeau vissé sur la tête, son complet gris d'employé aux pompes funèbres, ses nasillements vaguement inquiétants, il installait une présence-absence tout à fait fascinante ; *La Nuit des morts vivants* après le mot fin, quand on se demande ce que feront les revenants lorsqu'ils en auront fini de liquider tous les mortels. Quand la traductrice perdait pied ou que Burroughs gardait le silence en grimaçant une sorte de rictus à flanquer la frousse aux petits enfants des belles lettres, le secrétaire remplissait son office dans le registre universitaire américain vulgarisant pour des primaires semi-analphabètes. C'était du bon spectacle, et, à la fin de l'émission, l'attachée de presse était euphorique comme si elle sortait d'un abri après une alerte nucléaire. Détente. Même avec Pol Pot il devait y avoir des moments comme ça quand on éteignait les caméras, la tension qui s'envole et un tout petit retour de connivence sociale. Alors que j'évoquais enfin Howard, *Howard Brookner, that young guy who made a good film with you*, Burroughs répéta plusieurs fois Howard Brookner comme s'il recherchait le nom dans sa mémoire. Howard Brookner, non il ne trouvait pas qui pouvait bien être cet inconnu dont le frenchie affirmait qu'il avait passé plusieurs mois avec lui. Le studio était plongé dans une semi-obscurité, l'équipe débranchait les câbles et je restai pétrifié à écouter ce nasillement sans regard qui, à chaque fois qu'il répétait le nom d'Howard, le rejetait un peu plus loin dans la nuit. La grande blonde − cette fois j'en étais sûr, il y a vingt ans sur la plage à Tanger, elle devait avoir quelque chose − débloqua la situation : *Howard Brookner died from Aids, five years ago. − Ah, yes, died from Aids*, reprit Burroughs comme s'il écrasait une mouche sur son costume. Et ils se mirent à rire. J'insistais. Ils n'en savaient pas plus, mais ça c'était sûr et certain, *died from Aids five years ago*, c'était aussi normal et puis marrant en plus puisqu'ils en riaient comme d'une bonne blague. J'en étais là avec mon Howard mort, à peine quelques mois après *no body fluids*, et ces deux salopards qui rigolaient et qui ne s'étaient même pas donné la peine de se préoccuper de lui.

Moi qui saisis assez bien les sentiments des gens, le pourquoi de leurs actes, il y a des trucs que je n'arrive pas à voir, des secrets de polichinelle qui crèvent les yeux et dont je ne me rends pas compte. La drogue, les réseaux, les habitudes sexuelles, les liens d'argent, il m'en faut beaucoup pour comprendre et c'est souvent trop tard; après une cassure irréversible ou un drame que je n'ai pas su prévenir. Ces lacunes dans le rapport que j'entretiens avec la réalité s'expliquent sans doute par la peur que j'éprouvais enfant en appréhendant le monde extérieur et l'avenir, une peur que j'ai globalement surmontée mais qui a laissé des traces en m'incitant à ignorer ce qui est inquiétant, ce qui menace ma sensibilité et mon équilibre. Ainsi, je peux me montrer intrépide en de nombreuses circonstances, affronter des situations difficiles qui en rebuteraient d'autres réputés plus aguerris, et j'ai eu plus que mon lot de rudes aventures qui ne m'ont pas durablement traumatisé, mais j'ai du mal à appliquer les leçons que j'en retire à l'expérience des autres. Lorsque j'ai rencontré Howard, je savais tout de l'épidémie et de sa vertigineuse progression, des symptômes, des souffrances, de l'affolante dégradation physique avant la mort inéluctable, et aussi de l'invraisemblable courage manifesté par de nombreux malades; les récits à peine croyables des folles nuits de New York, le fantasme d'Armagueddon qui leur avait succédé, le sort épouvantable des premières victimes que je connaissais de nom ou que j'avais même parfois croisées, toute cette irruption d'irrationnel et de tragédies bien tangibles m'était connue. J'étais même mieux informé, plus attentif et concerné que la plupart et pourtant je n'avais pas pensé un seul instant qu'Howard était atteint et se savait condamné lorsqu'il venait me voir à Paris.

Je n'avais envisagé ses absences et ses silences qu'en fonction de mes déceptions et sans imaginer qu'il pût avoir de sérieuses raisons personnelles pour se retrancher du monde ; traitement, dissimulation de son état, épuisement et crises de désespoir. Je m'étais contenté d'observer la discrète altération de son apparence physique d'une manière frivole et superficielle. Sa réserve, la confiance inébranlable qu'il m'avait témoignée, sa bizarre négligence à l'égard de l'aspect commercial de notre transaction avaient été facilement mises sur le compte de son acharnement à sortir le film sans que je m'interroge sur tant de bienveillance et d'opiniâtreté alors qu'il s'agissait sans doute du seul lien qui le rattachait encore à la vie, de sa dernière tentative pour laisser une trace et être reconnu, ultime bouteille à la mer. Son accès de soudaine mélancolie durant notre promenade parmi les garçons de la rue Sainte-Anne aurait dû me faire réfléchir, au lieu de quoi j'avais continué à fanfaronner avec cette comédie glauque de la drague en Black Mini. Je n'avais pas entendu *no body fluids* comme un aveu et peut-être comme un appel.

« Padam, padam, écouter le chahut qu'il me fait, [...] comme si tout mon passé défilait... » Près de vingt-cinq ans plus tard j'entends encore le son de sa voix au timbre si particulier lorsqu'il fredonnait cette autre chanson de Piaf dans la voiture et je revois le regard bleu, du premier jour à mon bureau au dernier soir à la Louisiane. L'idée qu'il ait pu mourir peu de temps après dans un hôpital sinistre de New York, et dans cette solitude absolue qui était la sienne, m'a longtemps habité avec la force d'un remords et j'ai tenté plusieurs fois de contacter son assistante. C'est curieux, je ne peux pas m'empêcher de penser que ce n'était pas son assistante, mais plutôt sa mère, et cette idée me fait un peu de bien. Je me dis que c'est parce qu'elle était trop proche de lui et qu'elle avait trop de chagrin qu'elle ne m'a pas répondu. Je me suis promis de faire des recherches à New York pour savoir ce qui s'est vraiment passé entre son retour et sa mort et pour savoir si je lui avais fait un peu de bien malgré mon inconscience. Mais les années passent, je n'y reste jamais assez longtemps et il doit être de plus en plus difficile de retrouver des gens qui se souviennent d'Howard Brookner. Pourtant comme moi je ne l'oublierai jamais, je me suis écrit une lettre dans mon anglais de cuisine, une fausse lettre tapée à la machine sur papier jaune avec en haut l'adresse en caractères américains et en bas une belle signature à la main avec *love* sur le côté, et j'ai classé ce vrai mensonge avec les autres lettres tapées à la machine sur du papier jaune dans le dossier du film sur Burroughs que j'ai emporté chez moi après la faillite de mes cinémas. Je la regarde de temps en temps et je trouve qu'elle ressemble de plus en plus aux autres.

Dear Fred,

Don't worry if I decided not to stay one more night in Paris. You will know someday the reason why and you will understand then, that my only purpose was to protect you from some personal problems that I cannot overcome. We will never meet again, I am afraid, but I want you to know that I am deeply grateful for all that you did for me, and moreover since you have been the most sensitive and most charming French brother I could have dreamed of. Would you forgive me if I did not let you know which were my feelings for you; from the first day these were feelings of tenderness and love even if I did not want to intrude in your life and bring some more strain as it was impossible for me to fulfil the hopes and the promises of my heart. Keep your share of the film. Regards to our Edith and the Black Mini. Take care and please, please, « no body fluids ». Love. Howard.

Tenerézza Tenderness

La première fois, ce fut rue de l'Université, dans le VIIe arrondissement. Vous marchiez gaiement avec votre petit garçon; je passais en Solex. C'était un de ces jours de soleil où Paris est le plus beau, un jour où l'on a envie de faire des courses dans un quartier tranquille où il y a des antiquaires, des libraires, des magasins qui vendent des jolies choses pour la maison. Vous portiez des lunettes noires et un sac de toile à la main, l'enfant vous suivait de près comme tous les petits attachés à leur mère; il devait avoir dans les sept ans, c'est parce qu'il était avec vous que je vous ai reconnue tout de suite. Les gens ne faisaient pas attention; moi, je regarde mieux, je me suis arrêté un peu plus loin pour vous observer discrètement et j'ai fait semblant d'ajuster mon antivol quand vous vous êtes approchés. J'ai entendu que vous parliez tous les deux, c'était sans doute pour vous deux l'un de ces moments ordinaires qui font la trame des temps heureux.

Je peux dater ce jour avec une certaine exactitude, ce devait être au printemps 1969. Malgré les apparences d'une vie étudiante normale, je me trouvais alors dans un état de grande confusion intellectuelle et sentimentale et j'avais encore aggravé la situation en tombant sous la coupe d'un ténébreux fils de famille, intelligent et pervers qui jouait au héros des événements de Mai 68 et m'embarquait dans ses chimères gauchistes. Je lui servais de confident, de factotum et de rabatteur pour les filles, un mauvais rôle que je tenais très bien pour lui plaire. C'était le début de la série des allumeurs et notre amitié que je présentais partout comme exaltante était en fait une relation ambiguë, pleine de tristesse et de désolation. Dans le fatras de nos références antibourgeoises Drieu La Rochelle voisinait, sans nous poser l'ombre d'un problème, avec les théoriciens de la lutte armée et il m'avait fait lire *L'Intermède romain*, beau récit désespérant d'une brève liaison amoureuse. Le genre de lecture qui nous permettait de poser bêtement aux esprits libres et cultivés. Parmi toutes les illusions de mon âge, j'entretenais aussi le rêve de devenir metteur en scène de cinéma. J'ai cru voir un signe du destin et une chance à saisir en vous croisant par hasard ; dans ma vanité et ma candeur j'ai pensé que vous seriez l'héroïne idéale du film dont mon ami et moi prétendions adapter la nouvelle. Ce n'était d'ailleurs pas tout à fait stupide mais entre un adolescent attardé et une femme comme vous il y avait évidemment un monde qui ne serait jamais à ma portée. Vous étiez belle, jeune, célèbre et j'étais encore tellement puéril et inconscient. Je ne doutais de rien. J'ai donc lancé mon Solex jusqu'à la librairie La Hune, par une espèce de miracle j'y ai déniché un exemplaire du livre et je suis reparti à votre recherche. J'avais fait très vite et je vous ai retrouvée rue du Pré-aux-Clercs ; vous aviez dû vous arrêter quelques instants dans une boutique car votre fils portait un grand paquet bien emballé et il avançait toujours derrière vous, comme un petit soldat tout fier de donner un coup de main à celle qu'il aime.

Je me rappelle encore votre expression d'étonnement lorsque j'ai surgi devant vous en vous tendant le livre ; mon cœur battait à grands coups, je devais être cramoisi de timidité et je bredouillais en expliquant que je venais de l'acheter pour vous car il contenait une nouvelle que vous aimeriez sans doute. Mais enfin, j'avais l'air poli, je m'excusais beaucoup et je faisais tout mon possible pour ne pas effrayer le petit garçon qui me considérait avec des yeux pleins de méfiance ; au fond, c'était assez gentil quoiqu'un peu brusque et vous avez jugé tout de suite que ce gosse en Solex qui avait un tel désir de forcer votre attention n'appartenait pas à l'espèce des admirateurs dangereux. Vous m'avez remercié d'un ton égal, vous avez glissé le livre dans votre sac et vous avez repris votre chemin ; l'enfant vous emboîtait le pas, il ne s'est pas retourné et il était certainement soulagé d'être débarrassé d'un importun. Tout s'était passé dans un éclair. J'étais un peu désappointé que toute cette manœuvre hardie, la course folle aller retour à La Hune, la chance d'avoir trouvé le livre et celle de vous avoir retrouvée, se fût achevée d'une manière si rapide et banale, mais j'éprouvais surtout un sentiment de triomphe. Je n'avais pas raté mon coup ; j'avais osé vous aborder, vous ne m'aviez pas rejeté, je pouvais imaginer que vous penseriez à moi en ouvrant votre sac ; d'une certaine façon, j'étais un peu entré chez vous, dans votre vie. Et peut-être liriez-vous ce livre et vous demanderiez-vous qui pouvait bien être ce jeune inconnu qui avait su faire un si bon choix. J'étais prêt pour une deuxième rencontre où nous engagerions cette fois la conversation et où je saurais vous intéresser; le hasard m'avait si bien servi, il n'y avait pas de raison pour qu'il ne joue pas encore en ma faveur. Je suis reparti sur mon Solex comme on éperonne un étalon, la tête bourdonnante et en sens interdit; la vraie chance est que je ne me sois pas encastré dans le premier camion venu.

L'affaire comme de juste n'a jamais eu de suite et je ne me suis même pas risqué à en parler à mon ami; il se serait sans doute moqué de moi comme à chaque fois que je prenais une initiative qui lui échappait; au fond, une fois bien dégrisé, je n'étais plus très sûr que l'atmosphère morbide du récit glacé de Drieu La Rochelle pût vous plaire. Après, j'ai peu à peu cessé de me sentir fier de ce que j'avais fait et, le temps passant, je me suis dit que je m'étais comporté avec une insistance indiscrète et ridicule. Quelle mouche m'avait donc piqué? J'ai alors plus ou moins compris que cette manière si déraisonnable de me jeter à la tête d'une femme idéale et forcément inatteignable était liée à la crainte que j'éprouvais à l'égard des filles de mon entourage, celles qui étaient disponibles et que j'évitais, celles que j'aurais dû désirer et que je ne désirais pas. Et j'ai eu honte de m'être servi de vous pour continuer à me mentir. Bien sûr ce n'était pas très grave, je ne vous avais fait aucun mal et vous m'aviez certainement vite oublié, mais ce qui m'avait d'abord semblé un bel acte de fougue et de générosité n'était qu'une forme de manipulation égoïste, presque un abus de confiance. C'est sans doute par ce genre de petits méfaits et par le remords qu'on en éprouve que l'on commence à grandir. Mais en même temps, par un renversement naturel des sentiments, de même que je me suis longtemps abstenu de passer par la rue du Pré-aux-Clercs, fuyant toutes les éventuelles occasions de vous croiser à nouveau, c'est vous qui êtes entrée plus profondément dans ma vie, en secret et pour toujours. Il est vrai aussi que même sans vous connaître on ne manque pas de raisons pour penser à vous. Curieusement, l'idée d'adapter *L'Intermède romain* au cinéma devait être dans l'air car c'est de cette nouvelle que s'est inspiré Bertolucci pour tourner *Le Dernier Tango à Paris*, seulement trois ans plus tard. Je m'étais alors brusquement libéré de l'ascendant que mon ami avait exercé sur moi à la suite d'une de ces trahisons cruelles dont il avait paraît-il l'habitude. Je ne l'ai revu qu'une fois, après bien des années, hagard et méconnaissable, peu avant sa mort dont je n'ai pas su les circonstances, et je n'ai jamais eu envie non plus de relire *L'Intermède romain*.

Je ne me rappelle plus le nom du petit club de plage où j'avais vu votre sœur trois ans plus tôt. Dans ce coin tranquille, en bas de Ramatuelle, on disait le Hawaï ou l'Acapulco Beach, c'était prévisible, gentiment provincial et il fallait remonter longtemps le long de la mer pour rejoindre les foires à Rivas et paparazzi. Ma belle-mère louait pour l'été une charmante maison de village pleine d'amis et d'enfants, nous descendions nous baigner en famille et n'avions que peu de contacts avec la *dolce vita* tropézienne. L'atmosphère de fête permanente déteignait néanmoins sur moi ; je venais de passer mon permis de conduire, mon père me prêtait sa voiture italienne et le soir j'allais rejoindre des garçons de mon âge que je connaissais de Paris, pour la plupart. Nous courions les boîtes et les raouts dans les villas où l'ambiance était incroyablement chaude pour celui qui n'avait connu que les rallyes bien conventionnels du XVIᵉ. Minces, halés, sexys, le corps délié sous les vêtements légers, l'été leur allait bien et leur jeunesse faisait le reste en leur ouvrant toutes les portes ; une nuit après l'autre, mes amis additionnaient joyeusement les aventures amoureuses en accomplissant des ravages parmi des femmes qui plus tard passeraient devant eux à la sortie des facs, par les jours gris d'automne, sans même leur jeter un regard. Vaguement à l'affût mais forcément gauche et timoré, je n'assistais qu'aux prémices et restais dans les marges, glissant entre des intrigues où j'aurais risqué d'être impliqué plus directement. De toute manière il y avait tant de monde, de tohu-bohu et de manœuvres que mon attitude élusive pouvait passer inaperçue. Malgré les soupçons ou les élans de complicité embarrassante de leurs conquêtes à mon endroit, mes jeunes tombeurs étaient bien trop occupés à leurs affaires pour me poser des questions gênantes et, s'ils n'avaient plus guère de doutes me concernant, la jolie voiture dont je disposais et ma constante bonne volonté à servir de chauffeur suffisaient amplement à me faire apprécier. C'était une vie infirme, toute de refoulements et de frustrations ; je la préférais à celle que m'annonçait la perspective sans joie de la rentrée mais je sentais bien que l'euphorie des vacances ne changeait rien, cette vie resterait presque toujours amère et solitaire. Un simple petit slow romantique entendu à la radio alors qu'un couple s'embrassait sur la banquette arrière, une mélodie sentimentale près d'un beau gosse qui me faisait ses confidences pendant que je le conduisais à l'un de ses rendez-vous m'emmenaient très facilement au bord des larmes. Enfin, je roulais vite sur les petites routes sinueuses de la presqu'île, toutes vitres baissées dans la nuit tiède, et personne n'a jamais rien remarqué.

Je pense que votre sœur avait choisi notre plage parce qu'elle était précisément à l'écart de l'agitation. Mais les jeunes employés qui installaient les matelas et

servaient les consommations l'avaient reconnue et ils
étaient tout excités ; leur attitude m'a fait, à mon tour,
remarquer sa présence. Elle était venue seule, avec un
petit chien, le genre griffon anglais ou chihuahua, et vu
son ample chapeau de paille, le peignoir de bain qui
l'enveloppait presque complètement, le parasol qu'elle
avait commandé et la place retirée qu'elle avait choisie,
elle tenait manifestement à ce qu'on la laisse tranquille.
Les familles peu à peu alertées se tordaient le cou pour
l'apercevoir et bruissaient de commentaires comparatifs
sur le thème « laquelle des deux sœurs est l'aînée, la
plus jolie, la plus talentueuse », mais elle s'était plongée
dans un livre et, le petit chien à ses côtés, elle négligeait
ostensiblement l'attention générale. La situation était
tout de même assez curieuse, on n'avait pas l'habitude
de côtoyer des gens célèbres sur cette plage et on ne
s'attendait pas à voir une jeune femme comme elle,
sans personne autour ; il fallait être bien fatiguée de la
fausse effervescence ou être dotée d'une personnalité
singulière pour se mettre ainsi à l'abri afin de protéger
son incognito. Dans son cas, les deux sans doute. Notre
petite société étant relativement bien élevée, l'accès de
fièvre est finalement retombé assez vite. En revanche, il
faisait très chaud, nous étions tous plus ou moins assou-
pis sous le soleil, je rêvassais comme souvent à mes
beaux effrontés comme s'ils s'intéressaient enfin à moi,
quand nous avons entendu votre sœur qui appelait le
chien ; il s'était échappé et avait disparu. Je me suis levé
d'un bond pour aller au-devant d'elle et lui proposer
mon aide. Je me souviens très bien du ton rauque de sa
voix, de l'expression soucieuse et angoissée de son
visage ; j'étais aussi frappé par la blancheur de porcelaine de sa peau qui contrastait avec les teints bronzés
qui nous entouraient. L'heure n'était pas aux civilités, il

fallait retrouver le petit animal au plus vite, les garçons de la plage couraient en tous sens à sa recherche et elle était de plus en plus inquiète, quasiment désespérée. Je savais ce que c'était de perdre un chien, en général les gens s'en fichent; on se donnait un peu de mal pour elle mais ça n'allait pas durer longtemps, c'était le moment du déjeuner et des familles attablées sous les canisses s'impatientaient déjà pour passer la commande. J'ai eu le bon réflexe, puisqu'on ne l'avait pas retrouvé chez nous, je suis allé à la cuisine de l'autre plage la plus proche; il y était, câliné par deux grosses dames à l'accent du Midi et je l'ai rapporté à votre sœur en le tenant dans mes bras; une opération d'ailleurs assez périlleuse car il était de très méchante humeur d'avoir été dérangé en plein festin. Elle était tellement heureuse de le retrouver que nous avons un peu parlé; elle m'a remercié avec beaucoup de gentillesse et cette fois j'ai été touché par l'intensité de son regard, si clair, si pénétrant; elle m'a demandé mon nom mais je ne voulais pas qu'elle se souvienne de moi comme cela et je ne lui ai dit que mon prénom; je faisais aussi comme si je ne savais pas qui elle était; je sentais qu'elle hésitait un peu à me proposer une récompense mais je me suis débrouillé je ne sais plus comment pour lui faire sentir que cela me gênerait et elle a eu la délicatesse de ne pas insister. Ce fut tout; ceux qui n'avaient pas retrouvé le chien avaient l'air mécontent et nous jetaient des coups d'œil torves dans le genre beaucoup de bruit pour rien et puis je me sentais mal à l'aise en maillot de bain devant elle alors que j'étais si complexé par mon corps malingre; nous n'avions plus rien à nous dire, cet incident nous avait rapprochés d'une façon imprévisible, nous étions contents l'un et l'autre, il ne fallait pas gâcher un

moment pareil en s'enlisant dans une conversation inutile. Avec un peu de chance elle ne m'oublierait pas, je
resterais le sympathique garçon sur la plage qui avait
retrouvé son petit chien et n'en avait pas profité pour
en retirer un avantage quelconque, même pas un autographe puisqu'il ne l'avait pas reconnue. Je ne me souviens plus du tout de la manière dont nous nous
sommes dit au revoir, j'ai dû avoir un peu de mal à
rejoindre les miens d'un air détaché en marchant sans
me retourner ni me hâter sur le sable brûlant. En
revanche, je me rappelle très bien que je me suis senti
moins en arrière de la main avec mes amis au cours des
virées nocturnes qui suivirent ; moi aussi j'avais eu mon
aventure ; elle ne valait peut-être pas les leurs mais elle
n'appartenait qu'à moi.

J'ai revu votre sœur quelques mois plus tard et cette
fois vous étiez avec elle. Je sortais alors avec une gentille petite bande beaucoup moins délurée que celle des
vacances, garçons et filles du même âge, studieux et
limpides, à peine extirpés du container à sages principes des beaux quartiers. Les amitiés sentimentales y
prenaient le pas sur les projets d'aventures amoureuses ;
l'indécision affective y passait pour un état plutôt poétique, voire rassurant et qui se clarifierait dans le bon
sens avec le temps. On en profitait pour me prêter de
manière romanesque une certaine expérience du
monde attirant et mal connu de la nuit et comme je
m'étais imprudemment vanté d'avoir réussi à entrer au
New Jimmy's, la boîte de Régine qui était à la fois très
en vogue et d'un accès strictement réservé, il avait été
décidé que j'y emmènerais mes amis ; une récompense
pour la vie d'études sages et de province que nous
menions à Paris, tout à côté. J'avais effectivement péné-
tré une fois dans le saint des saints des noctambules à la

mode mais en semaine, seul et en me glissant parmi les habitués; j'étais terrifié à la perspective de devoir affronter un samedi soir, à plusieurs, le dragon qui gardait la porte derrière son judas, et de subir l'humiliation d'être refusé. Inconnus et gauches comme nous l'étions, nous n'avions aucune chance. Pourtant, contre toute attente, nous fûmes littéralement aspirés à l'intérieur; la boîte était archicomble mais manquait un peu de jeunesse ce soir-là, l'alchimie d'une ambiance réussie impliquait sans doute que l'on mélangât les âges et nous avions à peu près le bon genre. Les tables où l'on nous a installés étaient vers le fond plutôt sombre, il fallait traverser pour aller et venir, en revanche la piste de danse au centre était brillamment éclairée. J'ai tout de suite reconnu votre sœur qui était accompagnée d'un homme qui m'a semblé plus âgé mais que je serais incapable de décrire aujourd'hui. Je ne regardais qu'elle en espérant qu'elle se souviendrait de moi quand elle remarquerait ma présence si je sortais de mon recoin obscur. Je vous ai vue juste après; vous étiez avec votre mari, le photographe anglais qui ressemblait tellement au héros de *Blow up* que je venais de découvrir au cinéma; les photos du mariage à Londres étaient parues dans *Match*, vous portiez une petite robe noire, tout s'était passé entre intimes et sans cérémonie, j'avais trouvé que c'était le comble du chic. En ce temps-là, on avait souvent la tête en Angleterre et un peu en Italie aussi; l'Amérique était encore trop loin. Vous dansiez tous les quatre sur des airs plus ou moins latinos d'après le twist, indifférents aux regards faussement blasés de l'assistance; avec votre gaieté, votre insouciance, votre complicité, vous donniez l'impression d'évoluer dans un cercle magique éclipsant tout le reste; les autres danseurs, la petite bande qui m'entourait, ma propre existence tâtonnante. Curieusement, ce soir-là, j'ai trouvé que votre sœur était encore plus belle que vous avec son teint pâle et ce feu qu'elle transportait partout ; les traits de Greta Garbo, l'énergie de Janis Joplin, j'avais alors ce genre de références ; encore une erreur de jugement sans doute, vous étiez seulement différentes l'une de l'autre malgré tout ce qui se disait dans les conversations et les magazines ; cependant c'était elle dont je voulais attirer l'attention, j'étais persuadé d'en avoir acquis le droit depuis l'épisode de la plage et du petit chien retrouvé. Nous avons dansé toute la nuit avec mes amis, et vous aussi, les quatre du cercle magique. Par moments, il y avait moins de monde sur la piste et vers la fin il n'y avait pratiquement plus que nous, c'était comme si nous dansions ensemble. J'étais infatigable, on me suivait sans se demander pourquoi ; je l'entendais rire, je retrouvais par bribes la voix qui m'avait ému et j'essayais à tout prix d'accrocher son regard qui passait sur moi sans s'arrêter ; ça n'a pas marché, elle ne m'a pas reconnu ou elle m'avait oublié. En revanche, vous aviez peut-être deviné mon manège car j'ai eu l'impression que vous me dévisagiez avec un peu d'impatience comme pour me faire sentir que mon insistance n'était pas de mise dans un endroit pareil mais ce n'était peut-être qu'une impression, j'avais déjà tendance à divaguer très vite.

Je ne sais plus comment ça s'est fini, mais c'est sans importance puisque l'essentiel est là, toujours avec moi. Je la vois qui danse, je pourrais presque lui parler, elle n'est pas absente. Et, en tout cas, ce fut une des plus belles soirées pour la petite bande.

Chaque fois que je prends l'autoroute du Sud, sur la Côte d'Azur, en allant vers Nice, je pense à elle. Je ne suis pas sûr de connaître l'endroit exact, je l'ai lu quelque part, mais je ne m'en souviens plus. De toute façon, c'est dangereux plus on se rapproche de l'aéroport, avec tous ces camions qui roulent comme des fous, les lumières de ces agglomérations informes qui se confondent avec les phares entre chien et loup, cette angoisse d'arriver en retard et de rater l'avion. Une fois j'ai fait le parcours en moto à la tombée du jour, sur le siège arrière, avec un copain qui pilotait à deux cents à l'heure ; on était à la fin de l'été et on sentait l'odeur des pins et des lauriers parmi les vapeurs d'essence, je me suis dit que j'allais mourir comme elle, c'était très stupide, on pourrait même dire de la démence pure. C'était moche aussi, je n'avais pas à mélanger mes délires infantiles à un vrai chagrin qui n'était pas le mien, dont on ne se consolerait pas ; qui ne passera jamais.

Au cours des années soixante-dix, quand je m'occupais du petit complexe de salles de cinéma dont la programmation était assez réputée, je voyais passer dans le hall des artistes célèbres et je me suis lié d'amitié avec certains d'entre eux. J'ai beau chercher dans ma mémoire, il me semble que vous n'y êtes jamais venue, ou alors manque de chance pour moi c'était un jour où je n'étais pas là. Mais je continuais à rêver de vous connaître, et prenant mes désirs pour la réalité il m'est arrivé de raconter à des journalistes que vous aviez tenu la caisse un soir pour me faire plaisir. Je ne suis pas très enclin à la mythomanie, il fallait vraiment que vous occupiez une place particulière dans mon esprit pour que je me laisse aller à ce genre de mensonge. Lorsque j'en ai retrouvé l'écho dans la presse, j'ai été horrifié d'avoir commis cette bêtise et j'ai craint une réaction désagréable de votre part ; je n'ai rien vu venir, soit que vous n'ayez pas lu l'article qui reprenait mon étrange invention, soit que vous ayez haussé les épaules en jugeant que vous aviez autre chose à faire que de décrocher votre téléphone pour moucher un fabulateur de plus. Mais je m'étais fait peur, mon envie d'établir un contact était décidément irrationnelle et elle risquait de m'entraîner trop loin; il fallait que je me reprenne en main si je ne voulais pas devenir l'un de ces fanatiques névrosés qui poursuivent leur idole avec un acharnement maniaque et parfois dangereux. Ce sont le plus souvent des gens plutôt ordinaires qui mènent une petite vie grise et sans joie; la mienne n'était pas si triste mais elle avait ses côtés morbides que je trompais en regardant compulsivement des films, et notamment les vôtres, ce qui compliquait évidemment mes efforts pour me maîtriser.

Il était malheureusement inévitable que je retombe sur vous, un jour ou l'autre. C'est arrivé dans une salle de projection privée où j'étais allé récupérer une copie et où vous visionniez avec l'équipe de tournage les rushes d'un de vos films dont je connaissais et aimais le metteur en scène, un homme délicieux et amical qui n'aurait certainement pas hésité à nous présenter si je le lui avais demandé. Au lieu de quoi, je suis resté dans la cabine du projectionniste, passant ensuite devant vous quand les lumières se sont rallumées, avec mon casque de moto sur la tête et ma copie sous le bras comme un livreur à qui personne ne prête attention. J'ai tout de même eu le temps de remarquer que vous aviez l'air très contente du résultat des rushes et j'ai pensé que le metteur en scène avec qui vous aviez déjà plusieurs fois tourné devait avoir bien de la chance de pouvoir travailler avec vous. En même temps, ce tenace sentiment de mélancolie en passant près de vous; pour moi, tout ce qui vous concernait relevait d'une sorte de fête à laquelle je n'aurais jamais accès. Pourtant, si j'en juge d'après ce que vous avez écrit dans un livre que je garde constamment avec moi, au détour d'une page et sans insister, il s'agissait alors pour vous d'un temps de difficultés et d'inquiétudes, la traversée éprouvante d'une longue période de *black out*, dites-vous. Or, aux yeux de ceux qui vous connaissent aussi mal que moi, vous meniez votre carrière avec toujours autant de perspicacité et de rayonnement, une belle moisson de films intéressants, parfois excellents, et de cinéastes souvent remarquables, et vous partagiez discrètement la vie d'un homme qu'on ne peut qu'admirer, quoique sans doute passablement insaisissable, le père de votre fille et le fabuleux acteur italien qui était votre partenaire dans le film dont précisément j'avais aperçu quelques rushes. On est évidemment seul à pouvoir déterminer quand les papillons noirs s'envolent et nous laissent un peu de répit mais je pense que le doute, l'angoisse, la vulnérabilité ne vous lâchent au fond jamais et que tout ce que vous construisez et donnez à voir est le résultat d'un formidable effort sur vous-même, poursuivi à force d'intelligence, de quant-à-soi et de pudeur, et aussi d'une énergie vitale qui ne s'explique pas mais qui fait la différence entre ceux qui se lèvent le matin et ceux qui dorment debout leur vie durant. Comme je me suis fait raconter ce qu'il en coûte aux impolis et aux imprudents de vouloir forcer votre réserve, glace ou cinglements et parfois un rude cocktail des deux, je ne me fais pas beaucoup d'illusions sur le jugement que vous porterez sur ces lignes s'il vous arrive de les lire. Je vous imagine très peu disponible pour les fantasmes que vous pouvez inspirer et cette intrusion dans votre vie à laquelle je me livre y ressemble certainement. Mais, voyez-vous, j'ai trop longtemps vécu en pensant beaucoup à vous pour ne pas vous l'avouer un jour. Cette fois, rien qu'une fois, après il n'y en aura plus d'autre. Nous ne nous sommes salués que rarement, de loin en loin, mais après toutes ces années d'un dialogue qui n'a jamais existé, je sollicite votre indulgence puisque au lieu d'entreprendre une énième tentative pour me rapprocher de vous, maintenant je suis seulement en train de vous dire adieu.

On s'intéresse forcément à la vie privée des gens qu'on aime en secret et on remarque des détails, des indices auxquels personne ne fait attention. Au petit restaurant de l'hôtel de la Fenice à Venise, par exemple, il y a quelques photos de vous deux encadrées, au même endroit, au-dessus des banquettes où s'asseyent les dîneurs. Elles ne sont pas vraiment mises en évidence, on dirait plutôt qu'il s'agit d'un petit signe d'amitié du patron pour des clients fidèles. Elles ont dû être prises en hiver, vous portez tous les deux des vêtements chauds et elles sont aussi relativement récentes. Il me semble que vous étiez séparés depuis longtemps et que vous vous étiez retrouvés simplement pour quelques jours; quoi qu'il en soit, en estimant le nombre des années entre les films que vous avez tournés ensemble et ces photos, j'ai pu mesurer une fois de plus la force du lien qui vous unissait; lorsque je les ai regardées au milieu du brouhaha et de l'indifférence générale j'ai eu encore l'impression de m'immiscer dans des souvenirs qui ne m'appartenaient pas mais qui m'étaient pourtant aussi précieux que si j'avais vécu avec vous deux quelques instants d'une autre vie, bien plus belle et plus intéressante que la mienne. Venise en hiver, la brume humide sur la lagune qui oblige à bien se couvrir, un couple qui se reforme pour quelques heures ou quelques jours, à l'abri des indiscrets qui sont allés faire du tourisme ailleurs au soleil ; ce sont des clichés assez ordinaires, mais pour moi ces photos précisément n'en étaient pas. En revanche, j'ai assez facilement résisté à la tentation d'en voler une ; elles n'étaient pas très solidement accrochées et j'aurais pu revenir à un moment où le restaurant était vide ; mais c'est un aspect curieux de mon obsession : je n'ai pas la vocation d'un oiseleur.

Je repense souvent aussi à un autre instant que la télévision a capté de son regard froid et sans âme et qui m'a d'autant plus ému que vous aviez refusé de lui concéder quoi que ce fût de vous-même ; celui où vous êtes arrivée avec votre fille au pied de l'immeuble où reposait son père qui venait de mourir. L'entrée était assiégée par les photographes et les cameramen qui vous mitraillaient sans vergogne, vous les ignoriez toutes les deux absolument. Vous portiez un foulard et des lunettes noires, votre fille était tête nue mais le visage aussi fermé que le vôtre. Vous avez fendu le cercle pour pénétrer dans l'immeuble, votre fille vous précédait, la meute menaçait de s'engouffrer à votre suite jusqu'à la porte de l'ascenseur, vous étiez de dos désormais l'une et l'autre mais je vous ai entendue distinctement lui demander de vous attendre. C'était presque un cri de femme en fuite, une réaction tellement humaine de colère contre eux, de détresse partagée avec elle. Pourtant ce qui m'a le plus touché c'est que vous lui avez parlé en italien, votre langue à tous les trois ; la mère, le père, la fille et aussi l'amant, l'amante, l'enfant qu'on emmène avec soi, la langue et son domaine auquel vos poursuivants n'auraient pas accès. *Aspetta, aspetta,* il y avait aussi le nom de votre fille, c'était encore plus radical et plus intime avec le nom; mais je n'écris pas les noms, comprenne qui pourra.

Le sien par exemple, le nom de celle qui vient de mourir tout près d'ici, en Normandie où je suis allé passer le week-end avec l'enfant. Tout le monde l'aimait, c'est si rare, vraiment tout le monde, ses amis, ceux qui la connaissaient un peu comme moi, ceux qui ne la connaissaient que par ses livres ou par ce qu'ils avaient lu ou entendu dire à son sujet, par ce qu'ils avaient vu à la télévision ou sur des magazines, et même ceux qui la critiquaient et en disaient du mal et qui ne mettaient qu'une conviction distraite à tenter de la démolir comme s'ils sentaient que ça ne prendrait pas. Son fils aussi dont j'allais découvrir bientôt à quel point il la chérissait et qui ne doutait pas d'avoir sa place à part des autres, sans doute au centre secret de cette vie extrême cernée par la célébrité et les rumeurs, les compliments, les mensonges qui vont avec; à bout de souffle depuis des années. On sait que le charme ne s'explique pas, on pourrait en aligner toutes les nuances sans épuiser les raisons de l'emprise qu'exerçait le sien sur les êtres. La liberté et l'intelligence, le talent et l'élégance, la profondeur et l'impertinence, toutes ces clefs peuvent servir pour approcher des personnalités moins singulières mais l'essentiel leur échappe quand il s'agit d'elle. On pourrait tout mettre sans se tromper, ce serait encore un problème d'une grande complexité que d'ajuster l'ensemble, distrayant comme les jeux de société ne le sont plus, angoissant comme tout ce qui résiste à l'analyse, impossible à résoudre; elle nous a laissé des centaines de pistes où l'on a tout loisir de s'égarer gaiement, il n'empêche elle est partie avec la solution.

La jeune femme qui partage la vie de son fils m'avait prévenu de l'imminence de la fin. C'est une personne très douce, très agréable que le hasard du travail a placée près de moi ; elle s'était évidemment attachée à elle et m'en parlait comme il me semble qu'elle lui parlait aussi de moi ; c'était un lien discret de plus entre nous quand bien même je ne la voyais que de loin en loin et encore moins souvent depuis que je la savais si souffrante ; je restais dans son sillage, mais comme en retard, nos vies étaient très différentes et j'éprouve une anxiété proche de la panique devant les gens malades ; avec ceux que j'aime c'est encore pire. Pourtant je ressentais pour elle la tendresse que l'on réserve à une amie très proche, ce qu'elle n'était pas, et à une amie de cœur, ce qu'elle était devenue dès la première fois où je l'ai croisée et au fil des années où elle me faisait sentir, à chacune de nos rencontres, comme si c'était naturel, l'affection qu'elle me portait. Je l'admirais et j'étais aussi intimidé par elle, deux attitudes qu'elle récusait en se moquant de moi gentiment qui me paralysaient moins lorsque je me trouvais en sa présence, fasciné par la verve, l'humour, la vivacité, cet entrelacs de vie et de poésie qui donnaient l'impression que tout scintillait autour d'elle, moi compris. Je l'ai emmenée en moto, elle m'a transporté en voiture à une allure folle, nous avons souvent parlé, comme on le dit, légèrement de choses graves et gravement de choses légères, nous avons partagé des repas au parfum bien parisien et d'autres en compagnons de mélancolie, c'étaient parfois les mêmes ; nous avons eu des rendez-vous de télévision et de radio comme des voyages de vacances, nous nous sommes beaucoup amusés ensemble ; elle possédait le don inouï de savoir faire rire sans que ce fût jamais au détriment des autres. Notre complicité flattait sans doute un peu ma vanité, elle me laissait surtout une impression de fantaisie et de délicatesse merveilleuses. Au fond, nous faisions vraiment attention l'un à l'autre tout en continuant à se vouvoyer.

Du temps où je passais devant vous déguisé en coursier, je ne la connaissais pas encore, mais j'associais facilement vos deux images dans un même élan romanesque. Vous aviez tourné quelques années plus tôt l'adaptation d'un de ses livres, à mon avis la plus réussie ; votre beauté fracassante et votre sens du ton juste, du geste net s'y conjuguaient parfaitement à la grâce ineffable de son style. Je me souviens d'être allé voir le film avec ma grand-mère ; elle était sortie du cinéma très contente, une scène lui avait particulièrement plu : lorsque vous êtes assise sur un banc sur la petite place si charmante devant le théâtre de l'Atelier, une bande de godelureaux vous observe à distance et chante à votre adresse une rengaine improvisée : « Ah, la jolie dame, ah la jolie dame ! » Ma grand-mère disait : « Comme je les comprends, une jeune femme aussi agréable à regarder, si ton grand-père était encore parmi nous, il l'aurait certainement adorée. » Ma grand-mère avait de ces enthousiasmes de jeune fille qui en étonnaient quelques-uns de la part d'une personne d'apparence si sage et si convenable ; il est vrai qu'elle aimait aussi Marilyn Monroe. Cependant, malgré la qualité du film qui a dû vous faire plaisir, à l'une comme à l'autre, j'en suis venu peu à peu à douter qu'il y ait eu des relations très étroites entre vous. De l'estime certainement, quelque chose d'aimable et de bienveillant aussi, quand il vous arrivait de vous rencontrer mais cela devait rester vague ; je n'imagine plus une de ces amitiés étroites que vous pratiquiez chacune de votre côté. Vous aviez peu de points communs et vous gravitiez dans des mondes parallèles. Je le regrette un peu, et vous aussi peut-être maintenant, mais j'ai appris à ne plus rêver aux réunions idéales ; les parents divorcent, des amis se séparent, certains ne s'entendront jamais ; cela ne diminue en rien la force des sentiments que j'éprouve pour chacun d'eux. Pourtant puisqu'elle n'est plus là, il est probable que je penserai encore plus souvent à vous. Le désert progresse, je n'ai pas tant de repères. D'elle, je garderai de bons, de délicieux souvenirs. De vous, les années à venir et mon attention silencieuse, presque clandestine.

Mais il est encore bien trop tôt pour s'arranger de souvenirs et se consoler avec leur douceur amère. J'ai appris la nouvelle cette nuit sur la route, par la radio, presque en arrivant, et alors que je pensais à elle comme à chaque fois que je passe sur la petite route qui conduit chez ma mère et peut mener aussi à sa maison où elle vivait recluse, disait-on. Je me suis couché tout de suite en m'enfuyant dans le sommeil, il n'y avait rien à dire, c'était prévu. Aujourd'hui la peine qui m'attendait au réveil n'arrête pas de monter en moi depuis le matin. Je demande aux gens qui sont de garde que l'on repasse une émission qui lui est consacrée sur la chaîne de télévision dont je m'occupe ; je lis les journaux où les articles et les photos reviennent longuement sur sa vie et ses livres, la magie si particulière qui en émanait ; c'est *Libération* comme souvent qui en rend le mieux compte ; on évoque aussi longuement ses

ennuis judiciaires, la drogue, ses problèmes d'argent ; je
sais tout cela et en même temps je ne connaissais pas
cette personne dont ils parlent. Je regarde les informations où le reste de l'actualité pourtant dramatique
passe au second plan, l'émotion semble être partout
considérable, elle attise un peu plus la mienne ; on diffuse des témoignages nettement moins convenus que
d'habitude en ce genre de circonstances, ils expriment
sincèrement le manque, le désarroi comme une sorte
de remords de l'avoir laissée seule et quasiment sans
ressources, les derniers temps ; on ne voit pas ceux qui
étaient restés les plus proches, ils se cachent sans doute,
c'est tout un pan de leur propre vie qui disparaît avec
elle ; j'essaye de joindre certains d'entre eux, je laisse
des messages sur répondeur, je trouve celui de la
compagne de son fils. Cette mort me renvoie à celles de
plusieurs de ses amis qui l'ont précédée, un petit cercle
de gens qui ont eu la vie facile apparemment, la même
curiosité et le même refus de l'apitoiement sur soi-
même, la repartie brillante, parfois très riches et très
connus, mais sans doute moins créatifs, moins inquiets,
ou moins lucides ; les personnages de ses livres leur res-
semblaient et je les côtoyais assez souvent en restant au
second rang, attentif à leur plaire, réticent à les suivre,
les observant sans faire partie de leur univers et les
aimant sans qu'ils en aient vraiment conscience ; peu
leur importait. Morts, leur souvenir déjà évanoui ou sur
le point de l'être ne me quitte pas. Finalement, je n'y
tiens plus, je ne veux pas regretter plus tard d'être resté
inerte alors qu'elle se trouve à côté ; je pars chez elle
sans savoir ce que je cherche, j'ignore sur qui je vais
tomber, je ne suis même pas sûr de pouvoir pénétrer
dans la maison. De toute façon, je lui avais promis de
revenir la voir quand je lui avais rendu visite, il y a un
mois exactement.

C'est une belle propriété un peu à l'écart de la petite route ; il faut connaître le chemin et s'enfoncer dans les bois pour la trouver. La maison est au centre d'une vaste clairière, précédée d'une longue allée bordée par de grands arbres qui ont résisté à toutes les tempêtes ; la mer est à deux pas mais on ne la voit pas ; il doit bien y avoir un sentier qui descend à travers le liséré de la forêt pour l'atteindre en contrebas ; je suis sûr qu'on la sent à marée haute, parfums de varechs et d'embruns salés remontant parmi les hêtres ; j'aurais dû lui poser la question mais je n'y ai jamais pensé sur le moment et on parlait de tant d'autres choses. Le style n'y est pas celui d'un manoir normand à colombages mais d'une demeure de famille bourgeoise bâtie au XIXe dans un goût dénué d'ostentation, avec le sens du confort et des proportions agréables ; des notaires ou des médecins d'Honfleur peut-être, ayant investi une partie de leurs biens dans l'acquisition de terres travaillées par des métayers comme semblent l'attester les fermettes et les granges aux alentours. Pas vraiment à la portée de Mme Bovary, mais assez Flaubert quand même ; on se rappelle aussi la maison d'André Gide de l'autre côté de la Seine. Après les notables sont venus les artistes ; Alphonse Allais et Lucien Guitry l'ont habitée ; l'un d'entre eux a certainement rajouté le grand salon sur le devant, une chambre sur le côté ; l'effet de ces adjonctions est masqué par la vigne vierge. Et puis il y a eu aussi Lucie Delarue-Mardrus, poétesse fantasque dans le genre exotico-lyrique en vogue à la Belle Époque et lesbienne intrépide à faire pâlir Nathalie Barney et Colette qui s'est retirée ici durant l'entre-deux-guerres avant de sombrer dans l'oubli. Nous nous sommes amusés à évoquer son souvenir la dernière fois ; c'est une maison qui craque, il s'agit peut-être de son fantôme. J'avais promis de trouver ses Mémoires chez des bouquinistes, je n'ai pas eu le temps.

Je ne suis pas seul devant le portail fermé par un cadenas, plusieurs paparazzis sont à l'affût ; je ne suis pas un bien gros gibier pour eux mais ils me collent avec une familiarité professionnelle à laquelle je n'ai pas envie de répondre. Selon eux, il y aurait du monde dans la maison, ils ont vu des gens qui entraient et sortaient mais ils n'ont reconnu personne. J'escalade le petit muret près du portail pour passer de l'autre côté ; c'est facile ; elle n'était pas du genre à dresser des grillages autour d'elle ; un des paparazzis déclenche son appareil sans faire trop de zèle, voilà une photo inutile qui ne lui remboursera pas ses notes de frais. En approchant de la maison j'ai le cœur qui bat très fort, le chagrin déborde et je pense intensément à elle qui est là quelque part, tout près ; en même temps je crains d'être indiscret ; le fait d'être venu il y a quatre semaines ne me donne aucun titre à revenir aujourd'hui ; je sais qu'on ne me le fera pas sentir mais je suis décidé à ne rester que pour un court moment ; il est probable que je ne retournerai jamais dans cette maison. Il y a des voitures garées un peu n'importe comment sur la pelouse, on sent les allées et venues. Mais je ne vois rien d'autre. Tout est calme et silencieux. Je sonne, je frappe à la porte, doucement puis plus fort, pas de réponse. Je commence à faire le tour de la maison en regardant par les fenêtres, c'est un peu gênant, je déteste cette impression d'intrusion mais au point où j'en suis je ne veux pas m'arrêter ; les meubles, les objets, un imperméable sur un fauteuil, ils ne sont certainement pas loin, au premier étage peut-être, pourtant j'ai beau lever la tête je n'entends rien et comme je continue à passer devant les fenêtres, chaque pièce, l'une après l'autre, est vide. J'ai presque fait le tour et tout à coup je l'aperçois, étendue dans la solitude et l'immobilité de la mort. À cette heure, on parle d'elle partout en France, la presse internationale lui consacre déjà de longs articles, on prépare des émissions souvenirs et des hommages sur toutes les chaînes de télévision et moi je suis devant elle, de l'autre côté de la vitre, seul aussi au seuil de sa chambre et de sa maison apparemment désertée. J'avais eu la même sensation d'irrémédiable étrangeté en découvrant ma grand-mère reposant dans une pièce qu'elle habitait encore de sa présence mais d'où la vie s'était retirée en continuant à battre ailleurs. Peut-être qu'on ne veille plus les morts comme autrefois. Je me demande où sont passés les petits chiens qui couraient partout, même eux semblent s'être réfugiés dans quelque cache invisible. Je continue à faire le tour, mes pas sur le gravier me donnent l'impression de marcher sur du cristal tant j'ai peur maintenant de faire du bruit et qu'on me surprenne comme un voleur ; je me retrouve devant la porte que j'ouvre très doucement. Je connais les lieux, l'entrée, le petit salon, le couloir, la deuxième porte à droite. La télévision est allumée sans le son, il ne manque qu'une tasse de café fumant, une cigarette qui se consume dans un cendrier pour se sentir dans une séquence inédite de *Pandora*. J'entre dans la chambre, je m'assieds près du lit et je pense soudain que je ne l'ai jamais vue dans son sommeil. Les jolis mouvements brusques de la tête comme pour s'abandonner, le sourire et la fragilité qui donnaient envie de la prendre dans ses bras, ce que je me serais bien gardé de faire car elle était aussi la pudeur même et en aucun cas familière, le regard si gai si triste, cette manière d'être tellement courtoise et légère, tout ce qui exprimait en elle l'amitié et le plaisir de vous voir, j'en ai fait l'expérience ; mais le sommeil non, cette marque de confiance absolue que l'on accorde à ceux que l'on a choisis en la partageant avec eux, son sommeil non, je n'en ai jamais été témoin. Le drap, l'édredon léger cachent tout le corps et ne laissent apparaître que le visage, elle est au fond de son lit comme une petite fille qui s'est couchée après une rude journée et qui a froid. Les yeux clos, les cheveux blonds, le profil d'oiseau, aucun stigmate de l'agonie et de la fin, il faudrait pouvoir se dire ce qu'on dit aux enfants, elle dort pour toujours, mais il y a aussi cette envie absurde de la réveiller, de sortir ensemble brusquement d'un mauvais rêve pour entendre la petite voix qui boulait les mots, les phrases courtes, les interrogations amusées. Mais il n'y a rien à faire, juste rester là près d'elle et attendre un peu, attendre rien.

Au fond il y a eu deux dernières fois. L'une pour son anniversaire au début de l'été, quand l'enfant lui a porté de ma part un petit livre sur Tchekhov – on la disait très malade, très diminuée et je n'avais pas eu le courage d'affronter cette situation. Je m'étais garé en retrait de la maison et j'avais recommandé à l'enfant de remettre le livre à la première personne qu'il rencontrerait à l'intérieur, mais il était tombé sur elle assise dans le petit salon, enchantée de l'attention, du cadeau et du gentil émissaire mystérieux ; il avait eu la présence d'esprit de dire qu'il était venu à bicyclette et elle ne l'avait pas questionné plus avant. Au retour, dans la voiture, il était fier d'avoir accompli sa mission aussi habilement et, si je regrettais un peu finalement de ne pas y être allé moi-même puisqu'elle n'avait pas l'air d'aller si mal, j'étais content qu'ils se soient rencontrés, aimer l'enfant c'est aimer ce que je voudrais être. Elle m'avait téléphoné ensuite pour me remercier et après une conversation aussi enjouée que d'habitude nous étions convenus d'un autre rendez-vous pour la fin de l'été où je viendrais en personne ; ce serait la vraie dernière fois mais je ne m'en doutais pas encore. La rumeur décrivait une atmosphère étouffante avec une protectrice omniprésente et impérieuse qui l'avait prise en charge, des affidés épuisés et anxieux, les sombres à-côtés de la dépendance et on m'avait prévenu qu'elle n'allait décidément pas bien. Effectivement elle n'était pas seule, on s'occupait d'elle comme d'une personne en danger. Pourtant la visite s'est déroulée plus ou moins dans le même climat de gaieté qu'autrefois et il ne s'est rien passé de particulièrement morbide ou d'angoissant. La conversation était peut-être un peu plus décousue bien qu'un certain flou poétique eût toujours été de mise. Elle était seulement épuisée mais tout à fait présente, vive comme dans le passé. De toute façon, je ne faisais pas partie des intimes, je n'étais pas en mesure de poser des questions ni de me mêler de ce qui ne me regardait pas et je suis sûr qu'elle attendait de moi que je me comporte comme si tout était normal et que rien n'avait changé, comme avant.

J'ai fait mon possible pour me montrer agréable à son entourage, je savais qu'elle me demanderait de revenir et je ne voulais pas qu'il y eût des difficultés puisqu'elle ne s'appartenait plus tout à fait. Je ne suis pas resté longtemps, je redoutais de la fatiguer un peu plus mais en partant j'avais le cœur serré, on la poussait sur son fauteuil roulant dans l'allée, les mots si rapides se bousculaient encore plus vite qu'à l'ordinaire, je n'ai pas su si elle me disait au revoir. Quand j'ai appelé le samedi suivant pour revenir comme je le lui avais promis, la gouvernante aux lunettes noires qui n'avait pas dit un mot durant ma visite et qui m'avait inspiré une confiance instinctive m'a parlé de rechute et m'a dit que c'était impossible. Elle avait la voix rassurante que l'on emploie pour les grands malades. Je m'en suis contenté, je n'ai pas cherché à en savoir plus ; lâchement, j'étais soulagé.

Le soleil éclaire la pièce joliment meublée ; la protectrice qui a arraché la maison aux persécutions du fisc a tout fait refaire avec goût et simplement ; la chambre comme le reste ; il y a un tableau de femme nue au-dessus du lit, comme on en trouve chez les antiquaires qui vendent des petits maîtres du Montparnasse des Années folles. Je me demande qui l'a choisi, d'elle ou de son amie vigilante. Le tableau est assez beau mais la présence de ce corps féminin sensuel et triomphant a quelque chose d'étrange quand il surplombe celui qui repose inanimé et recouvert, trop éprouvé sans doute pour qu'on l'ait laissé voir. En même temps, un Christ en croix, une Vierge en majesté auraient été grotesques. Ma pensée vagabonde, il est temps que je m'en aille. En sortant de la maison, je me retrouve nez à nez avec le gardien, il m'explique que le fils est parti à Honfleur pour des formalités, son retour ne devrait pas tarder, il suffit que j'attende un instant pour le voir. Je ne l'ai croisé qu'une fois et il m'a plu tout de suite ; le charme, l'attachement pour sa mère dont il se préoccupait beaucoup ; mais j'ai honte de mon effraction, je ne saurais quelle contenance adopter devant lui. La protectrice dort, elle ne s'est pas couchée les derniers jours ; on attend des gens pour le soir, les plus fidèles sans doute, ceux qui ne l'avaient pas laissée tomber. Le gardien me propose d'aller voir la chambre, je n'ose pas lui dire que j'en sors et je trouve un prétexte pour m'enfuir. Dans la voiture je repense à la photo de François sur son lit de mort ; son ami dont elle avait la délicatesse de ne pas me parler puisque notre relation ne relevait pas d'une telle parenté; cette photo prise par un inconnu et dont la publication a suscité tant de réactions outragées alors qu'on trouvait naturel de photographier les défunts il n'y a pas si longtemps. J'aurais pu prendre la même, ni vu ni connu et la garder pour moi seul. Cette idée vulgaire me fait un peu de bien, elle me ramène parmi les vivants. Enfin, je n'aime pas regarder les photos que j'ai faites de ma grand-mère, je les ai rangées dans un tiroir que je n'ouvre jamais.

Au cours des années quatre-vingt, je vous ai revue plus souvent et il nous est même arrivé d'échanger quelques mots çà et là. J'étais alors très attaché à la petite Célia qui travaillait pour la maison de couture qui vous habillait; elle appartenait au cercle des intimes de ses deux fondateurs à qui vous restiez constamment fidèle par admiration pour leur talent et affection pour leur personnalité; ce cercle qui pratiquait l'excellence dans de nombreux domaines artistiques exerçait une énorme influence sur la mode, marquait de son empreinte le monde des affaires et rayonnait dans les médias; vous y étiez naturellement associée et il me semble que vous aviez pris Célia en amitié. Enveloppé de l'amour que Célia me portait et toujours bien accueilli mais intimidé et accaparé par mon travail je naviguais plutôt aux alentours de la sphère enchantée; Célia qui est discrète ne me parlait pas beaucoup de vous; je sentais votre présence au détour d'une phrase ou par allusions; je vous voyais passer d'un peu loin durant les raouts privés, les collections, les cérémonies du cinéma auxquels j'assistais avec elle; ce n'était pas assez pour se connaître mais quand même assez pour se parler brièvement d'une manière superficielle et agréable. J'étais vaguement dans le paysage, comme un satellite de la nébuleuse apparemment détaché de tout lien avec d'éventuelles rencontres survenues dans le passé et dont je me souvenais alors qu'elles n'avaient pas laissé de traces en vous. Je me gardais bien d'y faire allusion. J'ai toujours des photos de cette période où l'on me voit avec vous ; elles me donnent l'impression aujourd'hui de ces instantanés où des inconnus se sont furtivement approchés de personnes célèbres ; ils les exhibent pour faire la preuve de relations flatteuses qui ont à peine remarqué leur existence sur le moment et les ont ensuite complètement oubliés. De toute façon en ce temps-là, je ne pensais pas tellement à vous ; c'était Célia qui m'occupait entièrement, nous étions accrochés l'un à l'autre comme deux rescapés d'un naufrage qui n'était malheureusement pas le même.

Petite, très jolie et très bien faite avec un teint de porcelaine et des menottes de poupée elle ressemblait incroyablement à ses portraits d'enfance alors qu'elle approchait la quarantaine. Elle était d'origine sud-américaine et sur ces images on voyait la minuscule héritière d'une fortune mystérieuse campée sur le canapé de velours d'un de ces grands salons de Buenos Aires si comparables à ceux des hôtels particuliers haussmanniens des beaux quartiers de Paris. Elle ne parlait pas de son père et je n'ai jamais su pourquoi, adolescente, sa mère l'avait emmenée à Paris où elles avaient vécu comme des cigales les premiers temps, partageant les habitudes de ce que l'on appelait encore la *cafe society*. Par son intuition, son chic, son goût très sûr, elle s'était liée à toutes sortes de gens brillants sans tomber dans les travers de la futilité et du snobisme qui auraient pu la menacer ; quand l'argent avait fini par manquer, elle s'était mise à travailler pour la fameuse maison de couture où ni elle ni sa mère ne pouvaient plus s'habiller, comme on retrouve une famille, sans amertume mais avec le regret inavoué des années d'insouciance. Elle avait eu quelques amants, beaux et remarquables, et elle avait même brièvement défrayé la chronique en arrachant de ses petits poings menus un danseur russe dont elle était amoureuse, et qui deviendrait bientôt célèbre dans le monde entier, aux griffes des argousins du KGB en plein aéroport d'Orly devant un essaim de reporters stupéfaits ; mais elle ne s'était pas mariée, inapte aux calculs d'une carrière mondaine dans le grand genre pourtant à sa portée ; Rive gauche et Toscane plutôt qu'avenue Foch et Palm Beach, elle était aussi incapable d'aliéner sa liberté et au fond de s'arracher à sa propre solitude. En dehors du cocon rassurant de la maison de couture, d'ailleurs pas totalement exempt de sautes d'humeur imprévisibles, elle menait une existence retirée dans un appartement charmant mais trop cher pour elle de l'île de la Cité avec la seule compagnie d'un petit chien qui lui faisait fête quand elle rentrait le soir et qui s'asseyait sagement près d'elle sur la banquette quand elle emmenait sa mère déjeuner chez Prunier chaque dimanche. Elle avait beaucoup de relations et seulement quelques amis très proches, souvent ceux-là mêmes que je connaissais à distance. Elle aimait Paris et pratiquait tout ce qu'il offre comme seuls les étrangers cultivés savent le faire mais sa préférence allait encore aux dîners entre intimes dans des bistrots raffinés dont elle possédait une liste inépuisable. Elle ne s'y éternisait pas, regagnant tôt son appartement où le petit chien l'attendait. Curieusement, elle n'avait pas renoncé à sa nationalité d'origine ni au pays où elle n'était jamais retournée et où elle aurait peut-être retrouvé des parents et des reliquats de sa fortune évanouie; elle y était attachée par des liens secrets et des souvenirs de cette enfance qui me frappait dans son apparence; elle était autre, subtilement et sans tapage, en tous lieux et en toute circonstance. Au début, j'avais été épaté par les aspects romanesques de son existence et puis je l'ai très vite aimée profondément d'un amour qui dure encore même si nous ne nous voyons plus aussi souvent qu'autrefois. Mais c'était un amour sans désir tandis que Célia me voulait tout entier pour elle. Cependant, mon impuissance à coucher avec elle ne l'avait pas découragée; elle y voyait sans doute la garantie que je n'irais pas vers d'autres femmes et en ce sens elle avait raison; je pensais même à l'épouser, j'ai eu la prudence de ne pas le lui demander, il me semble qu'elle aurait dit oui.

J'ai toujours aimé des femmes. Lorsque j'ai rencontré Célia cela faisait déjà longtemps que j'avais renoncé à me conformer à un quelconque modèle hétérosexuel que j'aurais endossé comme une imposture et tout autant à m'associer à des démonstrations homosexuelles dont la virulence et l'impudeur me rebutaient. Mes amitiés, mes relations sentimentales qui s'épanouissaient sans exclusive compensaient ce refus obstiné des généralisations et des repères qui semblaient si nécessaires à tant de gens. Et même les attirances violentes qui m'orientaient nettement dans une seule direction pouvaient me réserver des surprises, j'étais sensible à la séduction du corps féminin et il m'arrivait d'en rêver la nuit. J'avais appris à me méfier des femmes péremptoires, possessives et castratrices dont la soif de pouvoir et de domination jouait avec perversité de la vulnérabilité réelle ou supposée de leur état et de l'injustice sociale de leur sort mais je faisais très bien la différence entre elles et toutes les autres et j'avais eu à faire avec assez de pédés égocentriques, paranoïaques et destructeurs pour continuer à m'illusionner sur l'irénisme officiellement unanime de leur communauté. Certes, je n'étais pas épargné par l'identification aux stars de cinéma, si possible avec un passé lourd d'amours tumultueuses et de scandales, plutôt qu'aux joueurs de foot et aux rockers bagarreurs; elle me procurait une liberté ludique précieuse, celle de me sentir Ava Gardner ou Liz Taylor devant un despote de bureau qui croyait tenir mon avenir entre ses mains et de planer en leur compagnie vers un horizon d'aventures et de fantaisie quand un beau gosse un peu niais me parlait de sa copine en se trompant sur mon compte; en revanche je n'étais pas du tout la bonne camarade pour femme solitaire qui parle chiffons et peines de cœur avec la Madone. Ces complicités me paraissaient suspectes : ersatz d'homme pour des femmes vieillissantes et malheureuses qui méprisaient autrefois les tapettes et s'en contentaient dans le désert au crépuscule; ersatz de femme pour d'autres hommes folles qui cherchaient leur maman et risquaient de la dévorer comme une marâtre; tout de même j'avais constaté que ça marchait quelques fois, il y a tant de combinaisons possibles et on s'arrange comme on peut. Avant que je ne connaisse Célia cette aptitude à me montrer relativement viril et dénué d'arrogance masculine, dessinant une fausse image d'hétéro sensible, m'avait valu des débuts d'aventures féminines déclinant vite en liaisons languissantes au fur et à mesure que le malentendu initial et la découverte réciproque s'étaient avérés irrémédiables. Car toujours venait cet instant où je me dérobais lorsque la décision de faire l'amour était brusquement balayée par l'incapacité absolue d'y parvenir. Après chaque échec je m'étais un peu plus reproché l'orgueil et l'aveuglement qui m'avaient entraîné à me mentir à moi-même et à faire du tort à mes amies par mon inconscience. Et si elles avaient eu un frère, un fils, un garçon dans leur entourage qui m'avait paru agréable, la culpabilité s'était faite encore plus lourde et plus opaque, aiguisant la hantise de renouer bientôt avec mes illusions et de recommencer l'expérience avec une autre, la prochaine qui m'accompagnerait dans le piège infernal. La liste était longue, imprégnée d'un sentiment de malheur fatal et jalonnée de remords. J'avais enfin appris qu'aimer ce n'est pas forcément être amoureux et que vouloir ce n'est pas désirer quand j'ai commencé à partager l'existence de Célia. Elle l'avait appris également mais elle était peut-être encore plus vulnérable et meurtrie que moi et elle me vouait une affection passionnée qui reportait toujours à plus tard la question de savoir ce que nous allions devenir. Cette fuite en avant exacerbait même un attachement sans mesure enraciné dans l'inquiétude perpétuelle d'être abandonnée ; celle de la pauvre petite fille riche à qui son lumineux miroir parisien renvoyait l'image d'une exilée désargentée dont le père avait disparu et qui était devenue la mère de sa mère. À la fois disponible et inatteignable je lui avais procuré sans m'en rendre compte une sorte de frère idéal et plus je m'occupais d'elle et plus je la protégeais, sans pouvoir lui donner ce qu'elle attendait aussi de moi et qu'elle feignait de ne pas vouloir me demander, et plus nous étions proches ; elle par le manque et moi par le remords.

On s'amusait bien ; Célia pratiquait l'humour que je préfère, celui qui se moque de tout sans faire trop de mal aux autres et qui pointe le détail incongru ou ridicule dans une situation ou un comportement que le savoir-vivre interdit de critiquer ; elle s'y exerçait avec une lucidité infaillible et une légèreté allègre dénuée de méchanceté et de toute propension à humilier qui que ce fût. Et ses propres travers comme les miens figuraient en bonne place dans notre ligne de mire. Juste avant les faits divers, la chronique des ambitions, les histoires de folles, tout pédantisme culturel étant strictement prohibé. Les gens sages trouvaient que nos conversations étaient futiles et que nous passions trop de temps à regarder la télévision. Mais c'étaient eux qui étaient lourds et Boy George, Jacques Becker ou n'importe quel héros du jour nous protégeaient. Libre comme une marginale de luxe mais conventionnelle comme une émigrée qui n'est jamais tout à fait sûre de pouvoir rester, Célia promenait un regard ironique sur un monde dont elle craignait plus que tout d'être un jour retranchée pour un motif obscur qu'elle n'aurait pas vu venir. Cela correspondait assez bien à mon propre comportement social plein de convoitise et d'appréhension, à cette impression générale d'être constamment en sursis. À travers elle, ma place paraissait de plus en plus affirmée dans le petit club magique dont chacun des membres était assurément intéressant et remarquable, mais où j'avais aussi la sensation d'être dans une cage dorée. Mon travail, ma dépendance matérielle faute de pouvoir suivre par moi-même un train de vie considérable, d'autres envies me laissaient un sentiment de malaise que Célia pouvait fort bien comprendre et qu'elle refusait pourtant d'admettre. Elle jugeait mes tentatives pour prendre un peu de champ comme des trahisons personnelles et la panique s'installant augmentait ses exigences d'attention et de présence. Au fond, elle voyait juste, en prétendant m'éloigner d'eux c'était tout son système de vie que je remettais en cause. Cependant, je lui résistais mal car je l'aimais toujours autant ; sa détresse m'attendrissait, son charme, sa singularité, sa manière de formuler des pensées que je partageais avec elle seule m'étaient devenus indispensables et il n'était pas question non plus pour moi de rompre complètement avec son entourage, des gens qui ne ressemblent à personne et que je ne cesserai jamais d'admirer avec une réelle affection en plus. Mais si je n'envisageais pas sérieusement de la quitter, mes promesses, mes serments, mes preuves ne suffisaient plus à éteindre un doute qu'elle ne supportait plus. On était bel et bien revenu au temps de l'enfant perdue dans son palais de Buenos Aires, il lui fallait sans doute revivre la séquence jusqu'au bout, de la demande à la perte d'amour. La mécanique s'était enclenchée, de scènes en réconciliations, de procès en ruptures, les bistrots étaient devenus fades, les sorties obligatoires, les autres toujours là pour éviter des tête-à-tête qui s'achevaient dans les larmes. Le jour où je l'ai rattrapée de justesse alors qu'elle s'était mise en grand danger, certainement sans y croire, mais on ne sait jamais, ce jour-là, j'ai vraiment compris que nous étions allés trop loin. Je pense que si j'étais arrivé à coucher avec elle, nous vivrions encore ensemble aujourd'hui ; ce n'était peut-être pas essentiel pour elle, mais ça l'était pour moi.

Je ne sais pas si vous vous voyez encore. Célia s'est arrêtée de travailler, la maison de couture a été vendue, vous n'avez plus autant de raisons de vous rencontrer. Je n'ai jamais réussi à déterminer si l'affection qu'elle vous portait débordait du cadre professionnel ou si c'était juste un sentiment en plus qui rendait vos contacts spécialement agréables mais sans aller jusqu'à cette complicité particulière qui fait partager une soirée de cinéma ou courir ensemble les antiquaires. Enfin, elle allait parfois dîner chez vous et curieusement elle ne m'a jamais demandé de l'accompagner alors qu'elle m'emmenait à peu près partout. Vous êtes sans doute comme elle ; les gens qu'on ne connaît pas et qui sont si nombreux partout, ceux qui vous parlent et à qui on se sent obligé de répondre, les mêmes qui vous demandent des choses dont on n'a pas idée, tout ce monde l'ennuyait et l'épuisait ; je devais en faire partie selon vous et elle n'était peut-être pas assez sûre de moi pour vous convaincre de faire une exception en ma faveur. Je l'ai déposée une ou deux fois sous vos fenêtres éclairées, j'imaginais l'appartement que l'on disait très beau et puis je repartais très vite ; dans ces cas-là, quand il lui arrivait de me laisser, j'avais des rendez-vous avec des garçons pas très nets dans des hôtels qui l'étaient encore moins. À mon avis vous la trouviez très bien, je ne vois pas comment il aurait pu en être autrement, mais il y avait ce fond de modestie et d'inquiétude en elle que je sentais rien que dans la manière de dire votre prénom comme on cite une parente que l'on admire et que l'on ne veut pas déranger et ce côté sauvage, foncièrement désintéressé de sa personnalité qui expliquerait qu'elle n'ait pas gardé le contact une fois la maison de couture vendue, le cercle enchanté peu à peu dispersé, le petit chien mort. Enfin je n'en sais rien mais je l'ai tellement vue ranger, ne garder que le strict minimum, tourner les pages ; ce genre net qui vous ressemble et cette propension à la fatalité qui vous ressemble si peu.

On a diffusé récemment à la télévision un documentaire sur la maison de couture qui a été tourné peu avant la fin ; il y a une assez longue séquence d'ouverture, manifestement improvisée et filmée au vol comme par surprise, où l'on vous voit choisir des robes et faire des essayages. C'est un pur moment de cinéma d'une gaieté délicieuse comme il y en avait dans les comédies américaines d'autrefois et comme on ne sait plus les réussir aussi bien dans les films d'aujourd'hui. Célia n'apparaît pas, sa hantise de la caméra sans doute, à moins qu'elle ait déjà dit adieu à cette maison qu'elle ne reconnaîtra plus bientôt, pourtant j'ai senti sa présence à chaque instant, vous étiez chez elle, elle était avec vous, l'une et l'autre imprégnant de son charme cet univers gracieux, incarnant son style sans pareil ; on aurait dit que vous tiriez toutes les deux votre révérence en souriant dans un bruissement d'étoffe qui refermait le rideau sur toutes ces années dont j'ai la nostalgie et où vos images se recoupent dans mes souvenirs. Finalement cette séquence infirme mes présomptions ; en y réfléchissant je suis prêt à parier que vous êtes encore plus proches l'une de l'autre que par le passé ; vous n'êtes pas de celles qui jettent la mémoire avec le reste. D'ailleurs les autres femmes que j'aime sont aussi vos amies, quand elles parlent de vous, il y a cette nuance d'admiration et je dirais même de respect, en général si rare dans les compliments qu'une femme adresse à une autre, qui me laisse deviner que vous tenez une grande place dans leur vie. Anita, Pascale et Dora ; ce ne sont pas les noms mais enfin presque ; assez pour que cela vous dise éventuellement quelque chose.

Talitha Getty vous connaissait également. Elle me téléphonait de temps en temps, très tard dans la nuit et dans un demi-sommeil j'avais dû lui parler de l'un de vos films ; elle avait saisi l'occasion pour me faire comprendre qu'elle vous voyait de temps en temps ; des soirées à Londres et à Rome, vous n'étiez pas intimes mais vous viviez à peu près dans le même monde ; ses allusions glissaient par petites touches dans nos conversations, je les retenais sans relever, elles me gênaient comme des indiscrétions. De toute manière, notre relation était très étrange. Je ne me souvenais pas de l'avoir rencontrée, je ne pouvais pas mettre un visage sur sa voix chaude et agréable, je me demandais comment elle avait obtenu mon numéro de téléphone ; elle évoquait des vacances aux sports d'hiver où nous aurions skié ensemble quelques années plus tôt, des amis communs dont elle protégeait l'anonymat. C'était vague et passablement embrouillé. En revanche, elle savait beaucoup de choses sur mon travail, mes loisirs, les gens avec qui je sortais, elle m'en parlait avec naturel, familièrement comme si l'on se voyait de façon régulière. Or, on ne se voyait pas du tout ; il en était parfois question au cours de nos conciliabules nocturnes, on envisageait des rendez-vous qui seraient donc selon elle des retrouvailles où je la reconnaîtrais tout de suite, on fixait même une date, un lieu, puis elle disparaissait brusquement pendant plusieurs semaines en laissant un message sur le répondeur, enregistré à une heure où elle se doutait que je ne serais pas chez moi en prétextant un autre engagement pressant, un voyage imprévu. Elle ne laissait jamais un numéro de téléphone où j'aurais pu la joindre. Je n'avais plus qu'à attendre qu'elle resurgisse au bout du fil, aucunement gênée de s'être décommandée, voire amusée par sa dérobade. Je ne savais pas ce qu'elle attendait de moi mais elle avait su s'insinuer dans mon existence en me saisissant à ces moments où la fatigue et la solitude atteignaient des extrêmes ; nos discussions murmurées, décousues, pleines de silences évoquaient pour moi une autre fatigue, une autre solitude; elle me donnait l'impression d'en avoir bavé elle aussi, elle pratiquait cet humour-là, celui où l'angoisse affleure, elle me disait que nous lisions les mêmes livres et que nous voyions les mêmes spectacles, c'était assez pour échanger les symptômes et faire semblant de se comprendre à demi-mots. Je suis le genre de garçon qui se confie à des inconnus dans le train et qui ne craint pas d'éberluer des relations de bureau en leur disant soudain qu'il les aime avec les yeux embués. Je dois reconnaître que ces appels insolites d'une personne à la fois si présente et si insaisissable me procuraient un genre de plaisir morose assez excitant, je les prenais comme des sortes de communication avec l'au-delà; un peu ce qu'on raconte dans les films d'hypnose et de possession. Je continuais évidemment à m'interroger sur la curieuse amnésie qui l'avait gommée de ma mémoire et sur ses éclipses à répétition mais je laissais jouer le mystère car j'aime aussi les passages secrets, les signatures indéchiffrables, les bouteilles à la mer. Et puis ses appels me flattaient en plus de m'intriguer.

Getty c'était un nom légendaire, celui du magnat du pétrole, l'homme qui avait eu la réputation d'être le plus riche du monde et qui avait édifié un fabuleux musée pour abriter ses collections d'œuvres d'art avant de s'éteindre; célèbre pour ses lubies de milliardaire reclus dans un château anglais, sa misanthropie, les taxiphones qu'il mettait à la disposition de ses invités par avarice, l'énorme rançon qu'il avait fini par payer à la maffia qui avait enlevé son petit-fils après que les kidnappeurs eurent tranché l'oreille de l'adolescent dévoyé parmi les dealers romains; un physique lugubre et de grandes manières, une rapacité planétaire puissante et complexe qui avait terrorisé sa famille et lui avait laissé une fortune incalculable en héritage et dont le destin hors série fascinait encore les biographes, les amateurs d'art et des types comme moi épris de romanesque. Cependant je n'en savais pas plus, le tout-venant que j'avais pu lire dans les journaux et retenir comme anecdotes glanées çà et là ; j'aurais peut-être dû me plonger dans les livres que j'avais achetés et qui racontaient son histoire ; je n'avais fait que les survoler par habituelle indolence. Sur Talitha, dont le prénom exotique me plaisait énormément, j'en savais encore moins ; elle était la belle-fille du patriarche et avait mené la *dolce vita* entre un palais romain et un ryad de Marrakech avec toute une bande de *beautiful people* et de folles dorées sur tranche ; je me souvenais vaguement des échos parus dans la presse, des photos de paparazzis et des articles dans des revues de décoration consacrés aux refuges glamour des super-riches branchés sympas. On avait aussi beaucoup parlé d'histoires de drogue, de partouzes, de brouilles et de réconciliations avec le vieux crocodile qui lui aurait réservé une indulgence dont il n'était pas coutumier. Tout cela était plutôt flou dans mon esprit et aussi plus ou moins daté ; le compteur arrêté aux années soixante-dix, celles de ma propre jeunesse avide de ce genre d'aventures qui n'étaient pas à ma portée ; une période qui s'éloignait déjà à une vitesse vertigineuse. Talitha était avare de détails, elle répugnait à revenir sur son passé et ne m'en livrait que des bribes mais je m'en contentais pour faire travailler mon imagination ; je l'écoutais comme les pauvres regardent les vitrines de luxe. L'intérêt que me portait une authentique princesse de la jet-set cajolait mon amour-propre ; elle était fidèle, à sa manière, à force de me réveiller en pleine nuit ; notre nébuleuse intrigue clandestine se confondait avec mes rêves; et puis il y avait ces confidences invérifiables sur vos rencontres qu'elle distillait habilement et qui ferraient le poisson à moitié endormi au bout du fil; ma vie quotidienne ne m'offrait pas tant de satisfactions.

Tout de même j'ai fini par apprendre un jour que Talitha Getty était morte depuis vingt ans, fauchée par une overdose à Rome, après une nuit de scènes sordides avec son mari. Ma compagne de la nuit, mon amie du demi-sommeil, la confidente attentive et pénétrante auprès de qui je m'épanchais dans la solitude de ma chambre plongée dans le noir n'était qu'un imposteur; notre liaison, car pour moi c'en était une malgré l'absence de tout contact physique, se résumait à un ténébreux mensonge, un trafic de sentiments perpétré par une mythomane. J'avais été floué mais je n'en ai conçu aucune amertume; ce n'était qu'un coup du sort de plus dont j'étais responsable par naïveté et négligence; je me suis senti seulement un peu plus triste que d'habitude. Je l'ai laissée m'appeler encore deux ou trois fois sans lui dire que je savais qu'elle me trompait, je m'accrochais encore à des lambeaux de cette fable que nous avions inventée ensemble, moi par inconscience et elle par folie, à moins que ce ne soit l'inverse. Et puis la lassitude l'a emporté, j'ai profité d'un de nos silences pour lui raconter l'histoire de sa mort; la dispute avec son mari, la seringue, les ragazzis du petit matin qui s'apostrophaient dans la rue en patois romain et qu'elle entendait depuis sa chambre avant de sombrer dans le coma; les carabiniers, l'ambulance, les photographes, le scandale; toute l'histoire. Elle était tétanisée à l'autre bout du fil, je savais qu'elle était encore là, j'entendais un souffle de plus en plus oppressé de bête traquée. Ensuite, elle m'a dit seulement bonsoir, très doucement, et elle a raccroché. J'étais certain qu'elle ne rappellerait plus jamais; elle me laissait comme le meurtrier devant le cadavre de la femme aimée. À cet instant, j'ai repensé à vous en imaginant que vous deviez avoir, encore plus que moi, l'expérience de tous ces dingues attirés par la notoriété et qui deviennent parfois très dangereux, ce que Talitha n'était pas. Et je me suis dit que la différence dans ce domaine entre vous et moi, c'est qu'il m'arrive d'aller si mal que je suis prêt à leur lancer la clef. Le truc de Vivien Leigh à la fin du *Printemps romain de Mrs. Stone*, quand elle se penche depuis sa terrasse et qu'il y a le va-nu-pieds en bas, celui qui la suit dans les rues depuis des jours et des jours; on pense qu'elle est folle et qu'il va certainement lui faire la peau. C'est d'ailleurs le risque qu'elle courait dans la vraie vie, Vivien Leigh, les nuits sans joie où elle faisait monter les chauffeurs de taxi...

Cela fait maintenant à peu près quinze ans que l'on se parle, de temps en temps, comme si l'on se connaissait sans se connaître; le genre d'échange où l'on se dit tranquillement des choses sans importance et dont on ne se souvient pas ensuite; enfin moi, je m'en souviens. Une fois quand même, je glisse une phrase sur votre fils qu'il m'arrive de croiser; je n'évoque pas bien sûr le petit garçon de la rue du Pré-aux-Clercs, mais l'homme qu'il est devenu et que je trouve aussi beau que l'était son père lorsqu'il jouait aux cartes avec André Gide du côté de Grasse. Je vous sens aussitôt sur vos gardes et je bats en retraite; retour aux banalités polies. C'est le hasard qui nous met en présence l'un de l'autre, mais c'est un hasard télécommandé par la proximité et l'habitude; vous avez l'usage de Paris, comme Célia,

avec un discernement rare; nous habitons à peu près le
même quartier, nous côtoyons souvent les mêmes gens,
nos métiers, nos centres d'intérêt nous rapprochent.
Parfois j'ai l'impression de vous suivre à la trace; ce
n'est pas le cas; je ne cherche pas les occasions de vous
rencontrer, je n'interroge pas compulsivement nos amis
communs, j'écoute seulement très attentivement ce
qu'ils disent de vous, ce n'est pas très difficile de les
relancer, ils ne s'en rendent pas compte; ils sont très
discrets, soyez en certaine mais il faut bien admettre
qu'ils sont en général subjugués comme je le suis moi-
même; vous n'êtes pas Garbo non plus, il n'y a pas de
consigne du silence absolu. C'est ainsi que je vais, dans
votre sillage et en rêve, à Saint-Pétersbourg, au Portu-
gal ou dans le Midi de la France et que je regarde vos
films comme si je m'étais glissé sur les tournages. Ma
vigilance ressemble à celle des anorexiques et des drogués qui savent si bien cacher leur dépendance; il n'y a
pas à s'inquiéter, j'ai une longue pratique, je me maîtrise très bien, confit dans ma tendresse pour vous
comme d'autres dans l'alcool; sauf que la tendresse
c'est un sentiment que l'on partage tandis que je suis
seul à continuer à faire les questions et les réponses
durant les périodes où je ne vous vois pas et où l'on ne
me parle pas de vous. Et puis franchement j'ai des
excuses, il ne se passe pas de jour sans que je ne tombe
sur une photo de vous, sur un article vous concernant;
il y a eu aussi ce livre tout récemment; dans la librairie
où je l'ai acheté et où je suis sûr que vous allez souvent,
le vendeur me l'a tendu avec une sorte de sourire un
peu narquois qui m'a déplu; un de ces petits poseurs
bien dans l'air du temps qui prennent tout à la dérision
et traitent tout le monde avec une complicité vulgaire
que je ressens à chaque fois comme une insulte; la

logique des amuseurs qui s'étale partout et rend la vie finalement plus maussade et plus moche; je n'ai pas relevé, il n'aurait pas compris. En lisant le livre, je me suis senti tellement proche de vous que j'ai eu le sentiment que vous l'aviez aussi écrit pour moi. Décidément, j'aurai du mal à guérir. Vous y évoquez la violence de l'écrit, les mots qu'on ne peut pas inscrire, la pudeur qu'il faut préserver, la persévérance à l'égard des autres que nous n'avons pas le droit de blesser. On lit donc ce qui va et le reste entre les lignes, il suffit de réfléchir. J'espère ne pas me tromper en revenant sur ce qui vient.

La fête à la Concorde pour le bicentenaire de la Révolution; vous faites partie des invités de marque; votre tailleur bleu pâle, votre teint, cette complexion de la porcelaine encore dans la lumière d'un soir d'été comme celui-là. Je dois commenter la grande parade sur le petit écran, je sais que ça se passera mal, l'incurie de la télévision est à son pire; problèmes techniques en série, collègues trop confiants, réalisateur imbu de lui-même et dépassé par l'ampleur du dispositif; je suis inquiet et tendu; vous me souhaitez bonne chance en passant près de moi et comme je reste sombre, vous vous retournez et vous me souriez l'air de dire « si, si, ça va aller ». On se sent un peu plus seul dans ce genre de circonstances et il n'y a eu que vous pour faire ce geste. Vous êtes accompagnée d'un homme très en vue; on dit que vous partagez sa vie, ses obligés vibrionnent dans les parages avec un essaim de belles filles, ils ne cachent pas qu'ils sont jaloux et fiers de leur chef; des fantasmes de jeunes machos ambitieux qui flottent dans l'angoisse et la cruauté et qui me mettent mal à l'aise. Je me dis que leur univers n'est pas le vôtre et que ce ne doit pas être tous les jours agréables d'avoir à les côtoyer. La soirée se déroule encore plus mal que prévu, la retransmission est informe et bâclée, il ne reste presque rien à l'image de la magnifique parade. Je vous cherche des yeux quand la foule des invités se disperse mais vous êtes déjà partie. Je rentre à pied chez moi, ulcéré par tout ce gâchis et détestant le type qui vous a emmenée avec sa bande de carnassiers, les habituels vainqueurs d'un monde de grandes affaires et de camaraderies viriles qui prétend vous annexer et auquel je n'aurai jamais accès.

À la FNAC, deux ans plus tard, la chance fait que nous attendons au même moment qu'on nous délivre nos achats. Les gens vous reconnaissent et vous dévisagent, ils ne sont pas comme les commerçants près de chez vous qui savent comment s'y prendre pour avoir l'air de rien. Ma présence inattendue à vos côtés vous permet d'ignorer plus facilement leur insistance. On se parle. L'éclairage du magasin est dur, l'atmosphère qu'on y respire a quelque chose d'oppressant ; je vous trouve l'air fatigué, traits tirés et yeux cernés ; vous en êtes certainement consciente, mais il n'y a rien à faire, sauf s'échapper de ce piège où l'attente se prolonge. Je pourrais vous proposer de me charger de prendre vos achats à votre place et de les déposer ensuite chez vous, mais je n'ose pas, ce serait souligner que vous ne me paraissez pas très en forme et de toute manière vous refuseriez sans doute. La voix est toujours aussi belle avec cette cadence rapide que j'aime tant. Vous me dites que vous êtes à la veille de partir en Extrême-Orient pour un film que vous avez voulu faire dès que vous avez lu le scénario et le rôle qu'il vous attribue ; mais la perspective d'un long voyage et d'une aventure de cinéma dans des conditions matérielles difficiles vous inquiète un peu ; je vous sens à la fois heureuse et anxieuse, pressée de vous retrouver dans la formidable énergie d'un tournage, cette volonté collective indifférente, cette discipline implacable et totalitaire qui permettent d'oublier tout le reste et de surmonter la lassitude tenace, les soucis que l'on traîne avec soi. Je vous regarde en vous écoutant, je me dis que le chef opérateur va devoir faire attention et puis peut-être non ; et si c'était cela le visage du rôle, celui d'une belle femme que minent insidieusement le climat, les frustrations de la vie coloniale d'autrefois. Je ne sais pas vous dire que je vous trouve courageuse, on nous apporte nos paquets, vous disparaissez d'un coup dans la foule de la rue de Rennes comme Alice au pays des merveilles du lendemain.

Je vous revois quelques mois plus tard avenue Montaigne, amincie. et conquérante, l'éclat est revenu, les marques de fatigue ont disparu. Vous êtes pressée, vous marchez vite, on n'a pas le temps de mettre un nom sur celle qui passe mais on se retourne, saisi par le chic impeccable de l'apparition. Tellement française sur les photos hollywoodiennes de *Vanity Fair* au milieu des autres stars de là-bas, tellement glamour façon Minnelli-Donen dans un décor de Paris Couture ; la petite sœur de Marlène quand elle sort de chez Dior et d'Audrey quand elle arrive chez Givenchy. La femme en robe rouge, incroyablement désirable, qui ouvre la porte d'une chambre de palace et qui regarde Helmut Newton, un air de défi dans le regard aussi. Il n'y a que vous pour que mon film ne s'arrête jamais et j'aimerais bien savoir quel est ce rendez-vous si urgent qui vous appelle. Vous ne m'avez pas remarqué, peut-être parce que vous ne regardez pas autour de vous, peut-être parce que vous avez autre chose à faire. Je n'ai pas le cran de m'élancer à votre poursuite, mais je traverse l'avenue, je cours à perdre haleine sur le trottoir d'en face pour vous rattraper et je retraverse pour me retrouver bien en face de vous. Depuis les confidences de la FNAC je me suis timidement persuadé d'avoir le droit de pouvoir vous déranger un peu, juste un peu. Vous ne pouvez pas m'échapper, je bredouille un salut, un compliment gentil, mais ce n'est vraiment pas le moment, vous me répondez à peine ; aimable, évasive, en fuite. Je me reproche mon obstination, la maladresse de mon attitude ; il y a beaucoup de femmes superbes avenue Montaigne quand on y pense, je pourrais prendre le temps de les regarder mais elles ne m'intéressent pas et le jeune chauffeur de limousine qui me sourit non plus. Le tournage du film en Extrême-Orient vous a apporté ce que vous en attendiez ; l'éloignement et la découverte, la confiance de l'équipe, le bon travail accompli ; cela vous a fait du bien. Je l'ai lu aussi dans le livre il n'y a pas si longtemps.

La Nuit du Sidaction en direct, toutes chaînes confondues ; un beau projet qui résiste comme il peut, c'est-à-dire pas très bien, à l'habituel torpillage par le chantage à l'émotion et le marketing du spectacle ; des moyens démesurés, un monde fou, la bonne conscience qui coule à flots ; très vite le bordel généralisé, les histoires de capotes qui font rigoler, les dealers de coke infiltrés sur le plateau pendant les numéros de variétés. Les camés de banlieue qui s'époumonent dans les travées n'ont pas cette chance, leur détresse est bien trop subversive pour ne pas gêner la régie planquée dans des cars à l'extérieur ; elle préfère braquer les caméras sur des stars à la compassion prudemment calibrée pour ne pas faire de vagues dans la France profonde. Line, Clémentine et quelques autres ont les mots, les gestes justes dans le vacarme ; il y a aussi tous ceux qui s'y retrouvent mieux que les malades et les soignants, les infirmières à 2 heures du matin bien après les chanteurs. J'en ai marre presque tout de suite, je m'éteins mais je ne peux pas sortir ; c'est sans doute pareil pour vous, égarée dans cette foire qui nous dépasse. Je suis censé vous interroger sur le sens que vous donnez à votre présence. Normalement je devrais m'en tirer correctement, j'ai l'habitude de la schizophrénie légère qui me permet de jouer à l'intervieweur professionnel en refrénant mes élans personnels, mais ce soir-là rien n'est normal. Je n'ai plus envie de quoi que ce soit, je pose des questions idiotes à force d'être conventionnelles et banales, vous me rembarrez brièvement, sèchement même on pourrait dire ; échange glacé, ambiance lugubre. De toute manière les assistants font de grands signes pour dire que c'est déjà trop long ; on passe à autre chose. J'étais assis à côté de vous, nous ne nous sommes pas regardés en face, une seule fois. Le lendemain l'expérience me semble un peu moins amère ; au fond je ne vous ai jamais vraiment touchée jusque-là ; nous étions tellement serrés dans toute cette foule, j'ai senti votre corps contre le mien ; vos bras, vos épaules, vos seins, le parfum sur votre peau. J'ai déjà éprouvé cette impression physique brutale de décharge sensuelle au contact de Montand et de Delon ; effleuré par eux, on découvre d'un seul coup tout leur corps et à chaque fois qu'ils m'ont pris par l'épaule c'est une puissance charnelle inouïe qui s'abattait sur moi. Avec vous il y a cette douceur vertigineuse en plus. Je me rappelle un seul film où l'on apercevait vos seins magnifiques, la nudité au cinéma n'est pas dans vos habitudes. Désormais je n'ai plus besoin d'imaginer, j'ai vraiment vu votre corps. C'est peut-être pour cela aussi que j'étais nul dans mes questions, sidéré par ma découverte et comme assommé par le choc. Cependant le fait qu'une telle expérience de somnambulisme se soit déroulée devant des millions de gens qui n'ont rien remarqué sur leur petit écran a également flatté mon penchant pour le secret parmi la multitude ; cette garantie de survie entraîne toujours un certain sentiment de jubilation, teinté de mélancolie dans ce cas précis puisqu'il n'y a aucune raison pour que cela m'arrive encore.

Année 2000, un des longs week-ends de mai. L'autopunition perpétuelle fonctionne à plein régime, je me suis débrouillé pour avoir du travail à faire et je reste coincé dans Paris désert. Il fait très beau, je promène mon chien le soir près de chez moi dans les grandes avenues vides. L'heure d'été accuse l'aspect fantomatique des alignements d'immeubles. Je suis au mieux du vague à l'âme doux-amer qui m'est habituel. Soudain au coin de la rue qui fait un coude le long de l'ambassade de Pologne, une voiture brûle un feu et percute un motard qui descendait le boulevard des Invalides. La collision est très violente. Le chauffard s'enfuit, le motard reste à terre, inerte et désarticulé, la moto sans pilote fonce sur moi, sa sirène d'alarme hurlant comme une bombe dans les reportages de guerre. J'évite le bolide d'extrême justesse, il s'écrase contre un mur derrière moi. La brusquerie de l'accident déchirant la tranquillité absolue du quartier, l'irruption d'un danger incontrôlable dans la quiétude du soir, j'ai vu ma mort devant moi en un éclair ; c'est comme cela que ça se passe parfois, il y a des gens qui le racontent, on peut avoir la chance de lui échapper à quelques secondes près avec de bons réflexes. Je viens d'avoir cette chance. J'ai eu peur pour mon chien aussi, il tremble comme une feuille en se serrant contre moi. Si le monstre de fer m'avait frappé de plein fouet ou s'il l'avait fauché d'un seul coup, comment continuer l'un sans l'autre ? Il y a des moments comme ça où nous avons tous les deux l'impression d'être seuls au monde. Je sais bien qu'il y a cinq ou six vies de chien dans une vie d'homme mais nous sommes tellement proches l'un de l'autre que j'essaye de ne pas y penser. En général on trouve des flics dans les parages à cause de l'ambassade, mais je ne vois rien venir, ils ont dû faire le pont pour le week-end eux aussi. Personne aux fenêtres ou aux balcons non plus. La sirène de la moto s'enroue et expire, on dirait le râle d'une bête à l'agonie. Le silence de plomb est retombé ; pas une voiture ne passe, mon chien s'ébroue comme s'il sortait de l'eau, je lui dis de se coucher et d'attendre ; il a l'habitude, il passe le plus clair de son temps à m'attendre. Je m'approche du motard étendu en plein carrefour, il semble reprendre ses esprits, il remue un peu en gémissant. C'est un homme dans la quarantaine avec une petite moustache, en parka et pantalon de velours largement déchirés maintenant ; sans doute un type plutôt modeste qui porte des vêtements d'hiver jusqu'au seuil de l'été. Le casque a l'air d'avoir bien tenu le choc mais c'est la jambe droite qui a souffert ; elle est en accordéon et complètement retournée. Je me souviens du vieux précepte selon lequel il ne faut pas toucher aux blessés pour éviter de leur causer des lésions irréversibles, je tente de lui parler, il cligne des yeux sans répondre, il a peut-être une fracture du crâne malgré tout et je regarde s'il a du sang qui coulerait des oreilles. Mes talents de secouriste sont décidément minces, je me penche sur lui inutilement, je tourne autour de lui complètement impuissant à lui porter secours. Et il n'y a toujours personne à l'horizon, hormis le chien immobile et qui ne me lâche pas des yeux. Même un 15 août en pleine canicule il y aurait plus de monde. Après un temps qui me semble interminable, j'aperçois enfin une voiture qui s'est engagée dans la rue de Grenelle et qui s'approche. C'est une Audi noire, pas le genre tank pour nouveaux riches mais un modèle intermédiaire ; récent et discret, celui qui convient à une bourgeoisie urbaine et raffinée ; idéal pour les trajets vers une maison de campagne aux environs de Paris. Je fais signe à la belle auto de s'arrêter, elle se range docilement sur le côté, vous en sortez avec votre fille. L'heure n'est pas à s'étonner de cette apparition proprement stupéfiante et encore moins aux embrassades pour retrouvailles inattendues. C'est à se demander si vous m'avez reconnu, en revanche vous avez parfaitement saisi la situation et vous prenez les choses en main ; vous ouvrez le coffre de l'Audi et vous en sortez un plaid écossais et un thermos tandis que votre fille gonfle un appui-tête en caoutchouc. Éberlué, les bras ballants, je jette des regards stupides sur l'intérieur du coffre où j'aperçois de petites valises de cuir impeccablement rangées ; je me demande si vous vous déplacez comme ça tout le temps avec votre fille, l'escadron volant des auxiliaires de médecins sans frontières version luxe, et ça me donne une furieuse envie de rire. Le contrecoup de la moto qui a failli me tuer sans doute, mais vous ne pouvez pas le savoir et mon attitude vous agace. En m'appelant par mon prénom, vous me dites de soutenir la tête du blessé qui grelotte sous le plaid pendant que votre fille lui fait boire un peu de thé. Je glisse le coussın gonflé, j'ai toujours autant envie de rire mais j'arrive à me retenir. Je dois avoir l'air encore tout à fait ahuri, cela fait tout de même pas mal d'émotions pour moi en l'espace de quelques minutes ; auxquelles se rajoute celle de savoir que je ne suis pas complètement un inconnu pour vous puisque vous vous souvenez de mon prénom. Le pauvre motard n'est pas non plus au bout de ses peines ; le plaid, le thé chaud, le coussin, toute cette attention féminine l'ont un peu requinqué, il ne cligne plus des yeux et il regarde alternativement sa jambe et le ciel ; lorsqu'il vous voit au-dessus de lui, il replonge instantanément dans les vapes. Encore un qu'on soupçonnera de bouffées délirantes dans sa famille quand il racontera son accident ; et moi qui prenais toute cette mésaventure pour le post-scriptum surréaliste de la rencontre de l'avenue Montaigne je ne sais plus comment ça va se terminer s'ils se mettent à plusieurs pour me faire rire. Cependant vous avez appelé police secours sur votre portable, les flics arrivent et emmènent le blessé sur une civière ; ils ne font pas attention à moi, ils vous aident à ramasser vos affaires et ils les replacent dans le coffre avec des gestes gracieux d'ours intimidés ; ils vous demandent également si vous avez été témoin de l'accident et vous me désignez comme on se souvient au cours d'un déménagement d'un meuble de famille oublié. J'exagère sans doute, vous ne faites que répondre à leur question, mais tout d'un coup je me sens triste et fatigué et ça me rend bêtement susceptible ; il est probable aussi que vous voyez venir le moment des autographes et que vous avez envie de filer au plus vite. Votre fille me sourit gentiment, les portières claquent, l'Audi s'en va, le témoin reste avec ces messieurs de la police ; piètre témoin qui n'a même pas noté le numéro d'immatriculation du chauffard ; je leur raconte tout de même l'histoire de la moto devenue folle et qui a failli m'écraser, ils examinent les débris en sifflant et ils comprennent que j'ai besoin qu'on me laisse tranquille. Je retrouve mon chien qui n'a pas bougé et qui me fait fête ; il y a au moins quelqu'un pour être content de me revoir. La nuit est tombée, nous rentrons à la maison tous les deux, *allegro ma non troppo* ; ce sont des vies où l'on n'arrête pas d'attendre ce qui n'arrive jamais et dont les surprises tournent court. L'ami François qui vous aimait bien mieux que moi disait aussi, lucide et tendre : « C'est un petit Prussien, il faut savoir le suivre. » Et puis, j'ai lu quelque part : « Je ne fais pas beaucoup d'efforts avec les gens qui ne m'attirent pas. » À cette heure l'Audi noire ne doit plus être très loin de la maison de campagne.

Un soir d'hiver où je vais voir au cinéma de la rue Saint-André-des-Arts un film de Taiwan dont on dit beaucoup de bien. Je suis seul, il n'y a pas grand monde dans la salle, le film est long et triste ; il agit sur moi comme une incantation morose et je sors de la salle dans cette atmosphère de rafle et cet état de déprime douce où je parlerais à n'importe qui pour déverser le trop-plein de sentiments. Cela m'arrive souvent et les gens me répondent en général, avant qu'on ne se sépare. Il pleut un peu, les cafés sont en train de fermer, la rue est sombre. Vous étiez assise avec des amis quelques rangs devant moi, attendant tranquillement que les spectateurs s'en aillent. Je vous ai reconnue de dos et de profil quand les lumières se sont rallumées. Vous rentrez à pied, vous êtes gaie, la conversation avec vos amis est animée. Je pousse mon scooter sans le mettre en marche, ce n'est pas un vélo, il pèse le poids d'un âne mort mais je veux absolument pouvoir vous aborder et vous parler. Une fois de plus je dois avoir l'air bizarre, surgissant de nulle part avec ce fardeau que je traîne dans la semi-obscurité et la bruine. Vos amis me considèrent avec la réserve suspicieuse des personnes qui accompagnent quelqu'un de célèbre et qui ont le réflexe de la protection rapprochée quand un inconnu s'avance. Mais vous avez aimé le film et ma présence ne vous gêne pas; vous êtes curieuse de connaître mon avis; je sais deux ou trois choses à propos du metteur en scène qui vous intéressent, vous me présentez à vos amis, soudain moins réservés; on est tous brièvement du même monde. Et voilà encore cette impression que nous sommes habitués l'un à l'autre et qu'il y a comme un fil ténu mais solide ou un passage secret qui nous relierait, cachés quelque part près de l'écran lumineux qui vous préserve. Il s'agit toujours de la même illusion bien sûr mais comment se délivrer du charme que vous exercez, votre manière d'être si franche, si claire, la beauté qui émeut, la distance qui attire, les mots qui sont justes et la diction que l'on reconnaîtrait entre toutes jusque dans la nuit la plus profonde. J'ai eu mon instant, je ne songe pas à en abuser, je mets le scooter en route en essayant de ne pas faire trop de bruit. En me souriant vous me dites d'être prudent, cette fois encore vous m'appelez par mon prénom; il me semble que c'est quand on se quitte que vous m'appelez par mon prénom. De retour à la maison je vous écris une lettre de fou, pleine de détresse et d'affection et je la poste aussitôt pour ne pas avoir à le regretter. Je ne reçois pas de réponse, pas le moindre signe de vous; bientôt je ne doute plus que ce caprice de vieil enfant qui réclame qu'on le remarque et qu'on l'aime vous a été désagréable ; les déclarations d'amour n'engagent que ceux qui les font, tant pis s'il y a du cœur et de la sincérité dans celle-ci, toute cette effervescence ne vous regarde pas et vous n'avez sans doute même pas envie d'en rire ; ce n'est qu'une de ces intrusions impudiques qui mettent mal à l'aise et dont on ne sait que faire sauf couper court et éviter à l'avenir celui qui en est l'auteur. Je vous imagine mécontente, peut-être furieuse même, contre moi et contre cette indéfinissable injustice de la notoriété qui autorise des étrangers à se servir de vous pour élaborer leurs mirages et courir après leurs chimères des années durant. Cette maudite lettre va me poursuivre longtemps comme le remords d'une faute sérieuse et écrasant mes élans pour vous revoir sous une chape de honte et d'inquiétude.

Or quelques mois plus tard je fais office de maître de cérémonie pour la première d'un de vos films ; c'est un rôle que je déteste tenir, il me renvoie à ce statut d'utilité frivole qui me fait mesurer tout ce qui me sépare des véritables créateurs ; je me suis laissé entraîner par amitié pour le réalisateur et aussi par bravade pour en avoir le cœur net ; je crois encore que je pourrai contrôler mon anxiété et que je saurai improviser selon votre attitude. Avant de rejoindre les Champs-Élysées l'équipe du film s'est donné rendez-vous dans le salon d'un grand hôtel ceinturé de malabars de la sécurité et de paparazzis surexcités ; il règne une animation joyeuse, on sert des cocktails et, bien que vous soyez entourée d'autres actrices de renom, un seul coup d'œil me confirme que tout le groupe s'organise en fonction de vous ; affaire d'autorité naturelle et de prestige ; ce genre de cérémonie fait aussi partie de votre métier et personne ne se permettrait de contester la sûreté avec laquelle vous le pratiquez. Il y a encore des détails à régler, et on me presse d'en parler avec vous, quoi de plus normal. En traversant le salon, je sens la lettre qui pèse un peu plus lourd à chaque pas ; lorsque je me retrouve en face de vous je suis complètement paralysé, la tête vide et le cœur battant, avec une seule envie, celle de mettre fin à ce cauchemar et de m'enfuir. Mais ce n'est sans doute pas le moment d'étaler mes états d'âme, l'arrangement de la soirée pèche par certains aspects, vous me l'exposez sans trop d'aménité alors que je ne suis en rien responsable de ce qui ne va pas. Je retrouve un peu la situation de l'accident, mon prénom est repassé à la trappe, je ne m'appelle pas, j'ai rejoint la masse informe de ceux qui n'ont pas fait correctement leur travail. C'est d'autant plus injuste que j'aperçois les organisateurs qui se planquent prudemment près du buffet, ils sont sans doute moins sensibles que moi à la séduction que vous exercez jusque dans vos reproches. Au fond, leur lâcheté me rassérène ; au point où j'en suis rien n'est grave et je n'ai plus peur ; ils vous aiment moins que moi, le majordome improvisé que gagne un soupçon d'insolence et qui sait l'essentiel : aimable ou mécontente, courtoise même quand vous êtes cinglante, distante même quand vous êtes chaleureuse, attentive et inatteignable, disponible et secrète, passionnée et retenue, intrépide et prudente, généreuse et méfiante, consciente du privilège de votre beauté et réticente à vous en prévaloir, cultivée sans être intellectuelle, fidèle jusqu'à en être possessive, sophistiquée et simple, gourmande et disciplinée, libre et bourgeoise, insolente et pudique, forte et vulnérable, cherchant l'excellence en toute chose et abhorrant le toc et la tricherie, gaie et triste, là et pas là, je n'en finirai jamais d'aligner tout ce qui me lie à vous depuis si longtemps. Compte tenu de l'atmosphère en ce début de soirée il est consolant de se rappeler à toute allure que votre personnalité ne se réduit jamais à ce que vous donnez à voir de vous-même. Donc je peux trouver presque autant de satisfaction à vos reproches qu'à vos compliments puisque je crois deviner vos sentiments et que je prétends les comprendre ; le prix à payer c'est de se résigner à ne pas devenir proche de vous car je ne suis ni assez homme, ni assez créatif, et pas assez fragile non plus pour que je parvienne à vous intéresser et pour que vous vous attachiez vraiment à moi. En l'occurrence, cet accueil réfrigérant m'arrange aussi ; je le prends pour une réponse à ma lettre sous couvert d'une conversation d'ordre professionnel qui pose des questions de métier et appelle des réponses pratiques. Je bredouille des excuses que je n'ai pas à faire et je m'éclipse au prétexte de revoir le programme de la soirée selon ce que vous souhaitez. Comme souvent lorsque le désastre menace, tout se déroule finalement très bien, je suis disert comme si je partageais l'euphorie ambiante, j'observe du coin de l'œil que mes fadaises habituelles vous font sourire et puis je rentre chez moi quand on éteint les lumières pour la projection du film en coupant au dîner qui doit suivre ; personne n'a plus besoin de moi et on ne remarquera pas mon absence. Sur les Champs, un groupe de jeunes beurs hallucinés me demande « qui c'est la belle meuf » qu'ils ont vue entrer tout à l'heure dans la salle sous les flashes des photographes, je leur réponds que c'est ma copine et ils me regardent mi-incrédules mi-envieux. Ce n'est qu'un tout petit mensonge et j'ai eu bien assez d'émotions pour aujourd'hui.

Quelques mois plus tard, je vous aperçois parmi les invités qui empruntent le charter affrété pour se rendre à la fête de Pascaline donnée dans un château du Bordelais. Pascaline est une femme extraordinaire par son intelligence, son humour et ses qualités de cœur ; elle use de sa fortune avec discernement et sans arrogance mais elle ne lésine pas sur le faste quand elle le juge nécessaire à la renommée de l'affaire de vins qu'elle dirige de manière très avisée. Nous sommes liés par une amitié amoureuse ancienne et profonde où il n'y a que de bons souvenirs et toujours autant de plaisir à se retrouver. Je ne suis pas étonné qu'elle vous connaisse mais je ne vous ai jamais vue chez elle, et comme je doute que vous aimiez courir les bals et les mondanités j'imagine que cet embarquement parmi tous ces gens élégants qui se saluent avec effusion sous la lumière blafarde de l'aéroport ne vous réjouit pas beaucoup. Vous vous tenez d'ailleurs un peu à l'écart, accompagnée de votre chevalier servant, Gabriel, un garçon qui ne fait pas mon âge et dont j'ai longtemps gardé la photo dans un tiroir ; en maillot de bain sur une plage du Midi. Les invités sont déjà apprêtés pour la fête, vous êtes en tenue de jour, le chic naturel quand les autres paraissent endimanchés ; Gabriel porte une valise où vous avez dû ranger une robe du soir et tout ce qu'il vous faut pour le pique-nique champêtre du lendemain. La lettre que j'ai eu la sottise de vous envoyer a continué à faire des ravages dans ma tête, je ne me risque pas à vous approcher, le moment me semble particulièrement peu indiqué. Je ne vous vois pas dans l'avion, où il serait également mal venu de circuler dans le couloir pour tenter de vous repérer ; l'anonymat est une des règles de la comédie sociale parmi tous ces visages connus. À Bordeaux, une limousine vous emmène discrètement avec Gabriel tandis que nous montons dans des cars, j'ai l'impression d'être le seul à remarquer la disparition de Cendrillon à moins que toutes les vilaines sœurs soient trop polies pour manifester leur jalousie. Durant la soirée, je vous quitte rarement des yeux; Pascaline vous a placée à la table d'honneur des super-stars décidément bien pâlichonnes auprès de vous qui portez l'étourdissante robe mystérieuse; au fond, de loin avec mon smoking trop serré de cousin de province, j'ai l'impression de vous avoir tout à moi. On danse, vous passez et repassez dans les reflets dorés d'une forêt de candélabres et c'est la plus belle scène de bal d'un film que nous n'aurez jamais tourné. Quand Pascaline me réclame vous avez déjà regagné le château. Je reprends l'avion à l'aube avec Gabriel, qui rapporte la valise, je lui demande s'il lui arrive d'être tenté, parfois, d'emprunter les robes de la reine pour des soirées d'un autre genre, il me jette un regard horrifié, je comprends qu'il en a furieusement envie. Un peu plus tard, Pascaline à qui n'échappe aucun de mes enfantillages me confirme que vous n'avez jamais reçu la lettre. J'ai dû me tromper en recopiant l'adresse sur l'enveloppe mais la poste ne me l'a pas renvoyée non plus.

La vieille dame

La vieille dame sort du métro Rue de la Pompe en tenant un paquet dans les mains. Elle est vêtue de noir, comme souvent les vieilles dames dans ce temps-là ; hormis le col de dentelle blanche, tout en noir du chapeau de paille aux souliers vernis. Le paquet a la taille d'une boîte à chaussures, enveloppé de papier kraft et serré par un bout de ficelle ordinaire. Elle le tient avec précaution ; malgré la modestie de l'emballage, ce paquet est important pour elle ; peut-être un cadeau, des gâteaux qu'elle a préparés elle-même ou un souvenir personnel qu'elle veut offrir à des proches et qu'elle a recouvert avec les moyens du bord, ce qu'elle a trouvé chez elle ; sans doute une de ces bonnes maisons où l'on garde tout. Elle porte aussi un sac à main qui la gêne et qui bat contre le paquet. Elle monte les dernières marches avec difficulté, ses doigts maigres sont pris par le paquet, elle ne peut pas se servir de la rampe. Lorsqu'elle arrive au-dehors, elle est essoufflée, des gens la dépassent, le paquet tombe.

J'ai à peu près douze ans et je reviens du lycée. Chaque jour, je passe devant le métro Rue de la Pompe et je m'y arrête un instant pour lire les titres des journaux que l'on vend en haut de l'escalier. Je vois la vieille dame, son air désolé, je me baisse pour ramasser le paquet. Il est léger, facile à porter, la vieille dame est décidément bien vieille. Elle remercie le gentil petit garçon et s'éloigne d'un pas incertain. Le paquet retombe, elle n'arrive pas à le tenir. D'où vient-elle, qui l'a laissée s'en aller sans aide avec ce fardeau dérisoire qui lui échappe, depuis combien de temps subit-elle une telle épreuve ? Assise dans un wagon, le paquet sur les genoux, ça va encore, et à condition qu'il n'y ait pas trop de monde et que l'on cède la place à une personne âgée ; mais descendre, remonter, la foule qui est pressée, la correspondance peut-être. Je l'ai suivie des yeux ; je reprends le paquet et le lui redonne. Elle me sourit avec une expression extrêmement gracieuse où il y a de la douceur, de la confusion, une sorte de complicité enfantine et l'aveu désolé de la maladie de la vieillesse. Elle repart mais elle ne peut pas faire plus de quelques pas sans que ce maudit paquet ne lui glisse des mains et ne se retrouve sur le sol. Je m'empare du paquet ; à ce petit jeu-là il va finir par s'abîmer, si son contenu est fragile il risque d'être cassé ; je lui déclare que je vais l'accompagner à l'adresse où elle se rend et que je porterai le paquet jusque-là. Elle me dit que ce n'est pas la peine, elle est presque arrivée ; on n'a pas idée d'être aussi maladroite, vous allez vous mettre en retard, vos parents vont s'inquiéter, vous voyez c'est là, voilà juste au coin de la rue. J'ai l'air sûr de moi, elle n'insiste pas, et se laisse convaincre. Cet enfant des beaux quartiers est bien élevé, elle s'appuie sur lui en toute confiance.

Elle s'est un peu embrouillée pour le coin de la rue, c'est celui d'après, au moins cent mètres encore. Les scrupules à me déranger sans doute. Nous marchons lentement. Elle me paraît si fatiguée, si fragile. Mais la voix est bien timbrée, agréable, avec une nuance de gaieté qui sonne jeune ; c'est une personne qui aime certainement la vie qui lui reste. Elle me demande dans quelle classe je suis, si je travaille bien, si j'ai de bons amis car les bons amis on les garde pour toujours. Des questions comme ça, celles que posent les vieilles dames à des jeunes garçons inconnus. Mes réponses sont tout aussi banales, mais au fond cet échange n'a pas tant d'importance, nous sommes simplement heureux d'être ensemble. J'éprouve le sentiment d'accomplir une bonne action, elle est contente que je sois venu à son secours ; et puis je trouve qu'elle a fière allure malgré sa démarche oppressée tandis qu'elle doit apprécier mon genre cartable à dos, blazer et flanelle.

Nous sommes arrivés, immeuble moyen au-dessus d'un marchand de couleurs. Elle me dit que sa fille l'attend et qu'il ne faut pas s'inquiéter, il y a un ascenseur ; elle cherche dans son sac, elle voudrait me donner pour acheter des bonbons, quelque chose qui me fasse plaisir. Je refuse bien sûr mais sans préciser que j'ai passé l'âge des bonbons et que je ne sais jamais ce qui pourrait me faire plaisir. Alors, elle m'embrasse avec un mouvement vif qui me laisse étonné ; ça sent le frais, la poudre, un parfum de violette ; elle rit en répétant merci, merci, sur un ton enjoué ; il y a une jeune fille dans tous ces vêtements noirs ; je n'ai pas d'expérience en ce domaine, mais il me semble que la jeune fille vient d'embrasser son amoureux.

Je lui tiens la porte vitrée, je lui donne son paquet, elle le serre comme elle peut, elle disparaît dans la cage d'escalier sombre. J'aurais dû vérifier qu'il y a bien un ascenseur. Au fait, rien ne me prouve qu'elle ait une fille, et d'ailleurs je ne sais même pas qui habite à cette adresse. J'ai l'impression que le paquet est retombé une fois de plus. Oui, j'en suis sûr, j'ai entendu le bruit sourd, derrière la silhouette noire qui se penche avec peine pour le retrouver ; mais je n'ose pas rouvrir la porte, la chercher dans cet immeuble obscur. Nous nous sommes fait nos adieux, nous ne nous reverrons jamais. Je rentre chez moi en courant. Je ne sais pas pourquoi, mais j'ai toujours aimé les vieilles dames.

Bird

Le garçon marche dans la nuit à quelques pas devant moi. Pantalon de teinte sombre ajusté sur les hanches, étroit le long des jambes; tee-shirt blanc qui colle au contour des épaules et à la ligne du dos; bras nus, une Swatch au poignet, cheveux noirs avec des reflets brillants, dégagés sur la nuque. Démarche souple, allure tranquille, tout est beau, net, irréprochable. Il ne se retourne pas, il sait que je le suis et il devine sans doute que cet instant où je le regarde en profil perdu, de près et sans le toucher, me procure un plaisir violent. Il a l'habitude. C'est le quatrième depuis hier soir, j'ai voulu passer par un club que je ne connaissais pas encore avant de rentrer à l'hôtel et je l'ai aussitôt remarqué. Il n'y a que pour ceux qui ne les désirent pas qu'ils se ressemblent tous. Il se tenait comme les autres sur la petite scène, les mains croisées en arrière pour bien marquer le corps dans la lumière, en boxer short immaculé, le côté saint Jean-Baptiste qu'ils retrouvent instinctivement et que les pédés adorent, mais le visage fermement dessiné, l'expression avec du caractère, regard sans mièvrerie et sourire sans retape, un charme immédiat qui le détachait du groupe des enjôleurs professionnels. J'imaginais Tony Leung à vingt ans. Il a ri comme s'il avait gagné à la loterie quand j'ai fait appeler son numéro et lorsqu'il est venu près de moi, j'ai deviné brièvement l'odeur de sa peau, eau de Cologne légère et savon bon marché ; pas de ces parfums de duty free dont ils raffolent en général. Il avait l'air vraiment content d'aller avec moi ; j'ai senti qu'il serait vif et fraternel. Les rats qui grouillent dans la ruelle détalent à notre passage, les néons disparaissent derrière nous dans la pénombre, les remugles des poubelles s'estompent dans la chaleur poisseuse, et le vacarme assourdissant de la techno qui dégorge par les portes ouvertes de tous les autres clubs accentue cette impression de privation sensorielle où je concentre toute mon attention uniquement sur lui et sur ce que j'en attends. Mauvaise musique grossièrement frelatée au synthé sur des standards que l'on ne reconnaît plus mais dont le rythme infernal bombarde tout le quartier, fait chanceler entre excitation et hébétude et saoule le désir qui tambourine contre les tempes. Ça baisse un peu dans le souterrain qui mène au parking de l'hôtel. Il élève ses quinze étages de médiocre confort international au-dessus du flot populeux et du magma des boîtes et des gargotes, abritant une clientèle pas trop friquée de tour operators qui sort le jour en groupes serrés et tâte furtivement du grand frisson et de la rigolade à souvenirs avant de se coucher tôt derrière les doubles vitrages climatisés. Mais il plonge ses racines dans un sol autrement plus fertile : la sorte de grotte où le gang des chauffeurs de taxi se livre à des parties de cartes vociférantes dans une atmosphère de tripot pour films de kung-fu commande l'accès à une série de chambres sans fenêtre qui se louent ordinairement à l'heure, et pour longtemps, voire à perpétuité si on veut en finir et y mettre le prix. Ce n'est certainement pas le pire endroit pour mourir, anonymat et discrétion assurés. De vilains jeunes gens qui n'auraient eu aucune chance sur la rampe à numéros prennent leur revanche en s'affairant devant les caves à plaisir : ils détiennent les clefs, assurent la circulation qui peut être très dense, relèvent les compteurs, font le ménage entre les passes. Plutôt sympathiques au demeurant : ils prétendent connaître tous les garçons par leurs noms et traitent les habitués à pourboires en jouant la comédie d'un service de palace. Le réduit et la salle de bains sont très propres : serviettes sous cellophane, housse en papier sur le lit sans drap, moquette neuve, ventilateur chromé, des miroirs un peu partout et même au plafond pour qui ça intéresse. Le *room valet,* comme il se désigne élégamment lui-même, fait une tentative pour me montrer comment marche la télévision et, jaugeant mon air apparemment défait, me propose à tout hasard des cassettes sans doute destinées à me ranimer. On rit un peu sans bien se comprendre, je lui refile les billets pour deux heures avec de quoi s'offrir une autre dent en or et il sort en chantonnant. Nous sommes seuls. Mon garçon n'a pas dit un mot, il se tient devant moi, immobile, le regard toujours aussi droit et son demi-sourire aux lèvres. J'ai tellement envie de lui que j'en tremble.

Ce n'est pas seulement lui qui explique la force de mon attirance, c'est aussi la mise en scène si bien réglée qui m'a fait découvrir sa présence. Dans chaque club, les garçons se tiennent sur la scène très éclairée par petits groupes de quatre ou six ; ils portent la tenue distinctive de l'établissement et de sa spécialité, minimale et sexy : maillot 1900 à bretelles ou cycliste pour les athlètes, boxers shorts, slips, strings pour les minets ou pseudo-voyous, les follassons ont droit à des mini-jupes. Ils demeurent immobiles, silencieux, corps bien droit et jambes légèrement écartées, l'air absent ou souriant selon la classe du club où la catégorie supérieure demanderait plutôt qu'ils se montrent impassibles, au moins en début de soirée, et tous le regard perdu vers la semi-obscurité de la salle en contrebas, la pénombre d'où la clientèle les observe en se faisant servir des verres. Le numéro est accroché à l'aine, en évidence. La plupart d'entre eux sont jeunes, beaux, apparemment épargnés par la dévastation qu'on pourrait attendre de leur activité. J'apprendrai plus tard qu'ils ne viennent pas tous les soirs, sont souvent étudiants, ont une petite amie et vivent même parfois avec leur famille, qui prétend ignorer l'origine de leur gagne-pain. En revanche, ils ont tous un portable, un e-mail pour retrouver ailleurs et à tout moment leurs *customers* les plus accrochés, ce qui laisse supposer que les clubs prélèvent un pourcentage trop important et qu'ils n'ont de cesse de pouvoir se débrouiller seuls. Quelques-uns sont plus âgés et il y a aussi un petit contingent de malabars mal dégrossis qui a manifestement son public. C'est le côté menines de l'exposition : leur présence fait ressortir la séduction juvénile de tous les autres. Au rythme de la sempiternelle techno, après trois minutes, deux cèdent leur tour et retournent en coulisses, une autre paire les remplace et ainsi de suite. Quand toute la troupe est passée sous les feux de la rampe, une manière de finale rameute l'ensemble sur un air plus triomphal façon Gloria Gaynor, les garçons abandonnent leur maintien hiératique, se parlent à voix basse en évaluant la clientèle avec des facéties obscènes et racolent plus ouvertement puis le petit manège reprend, un peu moins rigide et discipliné au fur et à mesure que l'on avance dans la nuit. À l'heure la plus chaude, quand la salle est pleine à craquer, les clubs les plus réputés présentent ce qu'on appelle le sexy-show, vague pantalonnade pornographique à base de lasers et de strip-tease qui s'achève immanquablement par l'enculage d'un travesti dans une ambiance de rigolade généralisée un peu trop outrée pour être tout à fait franche. Les artistes qui pratiquent ce numéro particulier travaillent comme les danseuses nues de Pigalle ; on les croise dans la rue, drag-queens en tchador transparent, se hâtant d'un club à l'autre pour ne pas rater le show. Pour leur part, les garçons sont attachés à leur club et n'en changent pas. On imagine les tractations, les magouilles, le danger à ne pas respecter les règles et ce qu'il doit en coûter pour racheter un petit béguin afin de le sortir du circuit. L'expédient des portables et des e-mails, préalable à ce genre de transactions, n'est que provisoire ; on ne se perd jamais dans cette ville tentaculaire et il ne faut pas chercher à obtenir un visa pour une destination lointaine sans laisser ses affaires en ordre.

Les coulisses font partie du spectacle. En arrière de la scène ou sur le côté, elles se livrent facilement aux regards des spectateurs intéressés ; ces établissements ne sont pas si grands et un marketing efficace veille aux mûres réflexions et aux repentirs du public. En attendant de remonter sur scène, les garçons gardent d'ailleurs un œil sur la salle en affectant de s'adonner à des activités très absorbantes : ils suivent un programme de variétés ou de sport à la télévision, font des mouvements de gymnastique avec des appareils compliqués, lisent les journaux ou devisent tranquillement une serviette de boxeur autour du cou. Quand l'un des serveurs vient leur glisser à l'oreille qu'ils ont été choisis, ils cochent une petite case sur un tableau avant de se diriger vers le bar d'un air parfaitement dégagé et les autres garçons se gardent poliment de commenter la transaction qui s'ébauche. La direction relève sans doute le carnet de notes mural avant la fermeture. Une fois que la réservation a été confirmée, après une présentation qui s'éternise rarement, le garçon se rhabille prestement en coulisses, et revient ; il n'y a plus qu'à régler les consommations, la commission au club due par le client et à sortir au milieu des courbettes, des marionnettes grimaçantes qui font office de loufiats et lancent d'une voix suraiguë : *Good night sir, see you again.* On peut prendre deux garçons, ou même plusieurs, aucune objection puisque la réponse est toujours : *I want you happy.* Contrairement à une assertion généralement colportée il y a peu de ruines sexuelles occidentales parmi le public, la clientèle est en majorité locale, d'âge moyen, bien convenable et sort en bande légèrement arrosée au whisky-Coca. Les quelques naufragés à peau blanche du Spartacus font plutôt tache dans l'ensemble mais il est vrai aussi qu'on leur propose les meilleures tables.

Évidemment, j'ai lu ce qu'on a pu écrire sur le commerce des garçons d'ici et vu quantité de films et de reportages ; malgré ma méfiance à l'égard de la duplicité des médias je sais ce qu'il y a de vrai dans leurs enquêtes à sensation ; l'inconscience ou l'âpreté de la plupart des familles, la misère ambiante, le maquereautage généralisé où crapahutent la pègre et les ripoux, les montagnes de dollars que cela rapporte quand les gosses n'en retirent que des miettes, la drogue qui fait des ravages et les enchaîne, les maladies, les détails sordides de tout ce trafic. Je m'arrange avec une bonne dose de lâcheté ordinaire, je casse le marché pour étouffer mes scrupules, je me fais des romans, je mets du sentiment partout ; je n'arrête pas d'y penser mais cela ne m'empêche pas d'y retourner. Tous ces rituels de foire aux éphèbes, de marché aux esclaves m'excitent énormément. La lumière est moche, la musique tape sur les nerfs, les shows sont sinistres et on pourrait juger qu'un tel spectacle, abominable d'un point de vue moral, est aussi d'une vulgarité repoussante. Mais il me plaît au-delà du raisonnable. La profusion de garçons très attrayants, et immédiatement disponibles, me met dans un état de désir que je n'ai plus besoin de refréner ou d'occulter. L'argent et le sexe, je suis au cœur de mon système; celui qui fonctionne enfin car je sais qu'on ne me refusera pas. Je peux évaluer, imaginer, me raconter des histoires en fonction de chaque garçon; ils sont là pour ça et moi aussi. Je peux enfin choisir. J'ai ce que je n'ai jamais eu, j'ai le choix; la seule chose que l'on attend de moi, sans me brusquer, sans m'imposer quoi que ce soit, c'est de choisir. Je n'ai pas d'autre compte à régler que d'aligner mes bahts, et je suis libre, absolument libre de jouer avec mon désir et de choisir. La morale occidentale, la culpabilité de toujours, la honte que je traîne volent en éclats; et que le monde aille à sa perte, comme dirait l'autre.

Il existe certainement des établissements de ce genre ailleurs qu'en Thaïlande; Amsterdam ou Hambourg; mais j'ai mis trop longtemps, je viens de trop loin, je dois absolument continuer, pousser bien plus en avant pour parvenir à mes fins; je ne veux pas courir le risque de rencontrer des garçons qui m'en rappelleraient d'autres, d'être confronté à des situations qui resteraient familières, d'entendre des paroles que je pourrais comprendre. Il me faut l'inconnu, la terre étrangère, le pays sans repère. Là où l'on ne saura jamais rien de moi, il existe une chance, si ténue soit-elle, que j'obtienne l'abandon et l'oubli, la rupture des liens et la fin du passé. Le choix.

Comme on le dit pour les drogues dures, je n'ai jamais tout à fait retrouvé le choc ineffable de la première fois, mais c'est sans importance car la vague qui me porte est bien plus puissante que la relative diminution d'intensité qu'entraîne l'accoutumance. Je me traite à l'alcool, une légère brume entretient la compulsion et il y a toujours un garçon que je n'avais pas encore remarqué. Je n'éprouve jamais de vraie déception. On ferme à deux heures et ça recommence demain. Je sais aussi très bien que tout cela n'est qu'une sinistre farce que je me raconte à moi-même. J'ai beau résister, le mensonge se délite quand je prends l'avion du retour, le réel me remet le nez dans ma merde dès que j'arrive à Paris, le remords m'attrape et ne me lâche plus d'une semelle, rendu furieux par la peur d'avoir failli perdre ma trace.

Mon garçon enlève brusquement son tee-shirt comme il doit le faire au sport sans même se rendre compte de la grâce virile de son mouvement et il secoue la tête pour remettre en place ses cheveux ébouriffés par l'encolure. Cette vision me tétanise un peu plus tandis que je l'observe depuis la porte ; je suis incapable de m'approcher de lui, de desserrer l'étau qui m'écrase la nuque et de maîtriser les frissons qui me prennent. J'avais oublié depuis longtemps des sensations si violentes. Bizarrement, il a plus de mal à retirer son pantalon et son caleçon américain, il évite mon regard, un fond de pudeur, une ombre d'inquiétude peut-être devant mon comportement qui doit lui paraître exagéré, insolite. Ces gosses ont largement l'habitude des hommes bien qu'ils ne les aiment pas vraiment, ils considèrent leur désir avec satisfaction mais avec une sorte de persistance dans l'étonnement candide ; il leur arrive aussi de ramasser des dingues et un Occidental de passage qui paraît encore relativement jeune, ça ne cadre pas avec la clientèle ordinaire ; à mon âge, dans cette ville, on se trouve un darling gratuit quand on bénéficie du prestige et des privilèges de l'étranger, quitte à lui payer un walkman avant de repartir. Un détritus de vieille folle peinturlurée lui paraîtrait moins menaçant et ferait mieux l'affaire. Pourtant son hésitation est brève, il ne veut certainement pas se mettre en tort, il plie soigneusement ses effets qu'il pose sur la console de la télévision et me fixe enfin en recommençant à sourire. Tout est impeccable, aussi bien dessiné que le reste. D'où vient cette légende qui voudrait que leur sexe soit d'une taille ridicule ? Je peux attester du contraire même si je ne suis pas un fanatique des comparaisons superlatives qui occupent tant les conversations de certains pédés.

Je sors de ma stupeur, je pose sur ses habits quelques billets défroissés, nettement plus que la juste somme indiquée par le manager du club, mais il semble ne pas y prêter attention. Aussi étrange que cela puisse paraître, la prostitution est un tabou dans ce pays, à tel point que le mot qui pourrait la désigner n'existe même pas. La petite liasse n'a aucune valeur à cet instant, elle le gêne et ne l'intéressera qu'après, non comme le paiement d'une transaction, ni comme la rétribution d'un service précis, mais plutôt à la manière d'une récompense amicale détachée de toute notion d'obligation réciproque. De ma part, ce serait une faute de goût, presque une insulte que d'insister pour qu'il les prenne. Les billets disparaîtront ensuite, sans que je m'en rende compte, comme par enchantement. Mais si j'ai presque honte d'avoir commis un manquement à cette politesse que je connais mal, je constate que c'est encore la vieille peur d'une négociation difficile au dernier moment, voire d'être repoussé en touchant au but qui aura été la plus forte. J'ai toujours payé tout de suite pour prendre l'avantage et sidérer l'adversaire ; la corruption est un sport d'aveugle, on allonge l'argent à tâtons tant ce qu'on cherche à atteindre est incertain. En l'occurrence, c'est un impair et heureusement le garçon ne m'en tient pas rigueur ; il suit en toute innocence sa propre règle qui est de me faire plaisir car il n'en connaît pas d'autre. Avec un petit signe de la main, il m'indique la salle de bains, passe devant moi sans me toucher, déchire d'un coup de dents l'étui de cellophane qui emballe les serviettes et le gant de toilette et commence à se doucher en m'invitant de la tête à le suivre. Et si je faisais partie de ceux qui refusent de se laver ? Pour ces garçons qui sont à juste titre des maniaques de la propreté, se dérober aux ablutions c'est un autre signal d'alerte, même s'il est là encore trop tard pour reculer et malséant de laisser deviner sa répugnance. Je me déshabille et le rejoins sous la douche ; au cas où il se poserait encore des questions sur l'effet qu'il me fait, elles n'ont plus de raisons d'être et il me savonne gaiement, cette fois bien rassuré. Tout se passe normalement. En France, avec la plupart des gigolos, c'est toute une histoire pour arriver à les faire bander mais on n'est décidément pas en France et nous continuons avec le gant, le savon, le pommeau de la douche à nous explorer et à nous mesurer l'un à l'autre en riant doucement. Il est presque aussi grand que moi et certainement plus solide, bâti comme les champions de kick-boxing qui vous allongent en un éclair. Mais je n'ai rien à craindre de lui, c'est un jeu délicieux auquel je m'abandonne en fermant les yeux, plein de joie et de confiance. Je ne sais plus qui protège l'autre.

Nous nous essuyons avec mille précautions ; il suffirait d'un rien pour que mon corps me trahisse et que j'en

aie fini. D'un seul coup. Je ne sais pas s'il pense comme
moi que ce serait trop bête mais il admet tout à fait que
je prenne mon temps et il me laisse l'initiative. Je n'ose
pas encore l'embrasser, mais je le caresse, je le touche et
il en fait autant. Nous regagnons la chambre; ils ont
décidément tout prévu, un rhéostat permet de tamiser
les lumières. Alors que nous sommes étendus, je tente
un baiser sur les lèvres du garçon, j'avais bien tort
d'hésiter, il embrasse merveilleusement bien, sans doute
avec la même adresse qu'avec sa copine, il y revient
autant que je le souhaite, lèvres fraîches, langue en profondeur, salive salée de jeune mâle sans odeur de tabac
ni d'alcool. Sa peau est d'une douceur exquise, son
corps souple se plie quand je l'effleure et quand je le
serre et j'ai l'impression qu'il éprouve du plaisir en quelque endroit que je le touche. Le fait que nous ne puis-
sions pas nous comprendre augmente encore l'intensité
de ce que je ressens et je jurerais qu'il en est de même
pour lui. Ce qui ne m'empêche pas de parler, de lui dire
des mots tendres, qu'il reprend à la volée et répète en
désordre avec de grands rires. Il me lèche avec une délicatesse extraordinaire et je vois sa nuque, son dos, son
cul dans la glace au plafond, la masse aux reflets bleus
de ses cheveux quand je baisse la tête pour regarder son
visage si attentif à ce que j'éprouve. Je ne sais d'où il a
sorti les capotes, mais il nous les enfile en un clin d'œil
et avec une dextérité de voleur à la tire. C'est lui qui
décide désormais, et ça se complique un peu; son corps
me tient tout entier, son sourire découvre ses dents serrées, ses yeux sont fixés dans les miens, mais sans
aucune dureté dans le regard; avec une lueur de ruse
malicieuse et de joie plutôt comme s'il s'étonnait le premier de ce qu'il est en train de faire. Il y a des choses
que je n'assume plus depuis une mauvaise expérience

avec un Marocain, il y a trente ans dans un sauna. C'était un ouvrier immigré, assez beau gosse, qui ne pensait qu'à son plaisir et se vengeait de tout le reste, en bon macho, la lutte des classes au bout du zob enfoncé jusqu'à la garde dans le cul des jeunes bourgeois. Il m'avait blessé, infecté d'une maladie, souffrance tenace et secrète dont j'ai mis des mois à me guérir. Je n'ai plus recommencé. Mais là, c'est différent, je n'ai même pas mal, je le laisse m'emmener où il veut, pourvu que ce soit avec lui; il est devenu mon homme. Je m'aperçois au-dessus, par bribes, comme les stars américaines dans les films d'autrefois quand elles se donnent, amoureuses et maternelles, un air de mélancolie lointaine dans l'expression. Joan Crawford à Patpong. C'est bien ce qui s'appelle de l'égarement car au fait pour Joan Crawford, la maternité n'était pas vraiment son fort, même si elle a brièvement épousé ce pédé de Cary Grant. Il faut toujours que je me trompe en pensant à autre chose. Mon garçon, lui, n'est pas à Hollywood, il est là où sont les garçons quand le désir s'en va et qu'ils se retrouvent seuls; je sens la chamade en son cœur contre le mien, mais il détourne la tête et roule sur le côté. Joan Crawford a tout loisir de se voir au plafond et de se dire qu'il faudrait encore baisser la lumière. Je retrouve cette angoisse qui m'est habituelle de le voir se relever subitement et partir; c'est pour cela que je viens généralement le premier, pour ne pas affronter leur lassitude; parfois c'en est assez pour moi et on en reste là, et parfois j'ai envie de continuer et eux aussi; dans ce cas, il y a encore un peu de marge. Mon garçon est prêt à tout pour tenir son contrat; le *I want you happy* qui ne connaît pas d'exception. Il est revenu contre moi, la mine un peu voilée comme s'il était désolé d'être parti trop vite et regrettait son absence; on recommence mais autrement, maintenant c'est moi qui décide et tout le plaisir est pour moi. Je n'ai jamais connu une telle sensation de plénitude et de puissance. Il a fermé les yeux, je ne sais pas ce que sont ces traces humides sous ses paupières, les légers cernes, au creux des tempes un peu de sueur peut-être ou des larmes de fatigue, ça existe sûrement les larmes de fatigue. Le miroir de côté me renvoie notre image, moi comme un fou et lui comme un mort, et cette image me foudroie. Je suis pris d'un sentiment immense de compassion et de tendresse à son égard, à le voir si docile et démuni, alors qu'il m'avait paru le plus libre et le plus fort de tous, le jeune roi des clubs couché avec un autre salaud de menteur étranger en attendant que ça se passe; ma honte comme un chagrin d'enfance glisse sur son silence et son corps nu, enveloppe ses pauvres vêtements si bien pliés sur la télévision et ne trouve pas les mots qu'il ne comprendrait pas d'ailleurs; mon désir s'évanouit à la vitesse du skytrain qui le ramènera tout à l'heure vers sa banlieue pourrie, une poignée de bahts dans la poche à dépenser aussitôt en babioles inutiles. Dehors, j'entends les chauffeurs de taxi et les loufiats qui s'invectivent dans un bruit de crécelle; je sens l'odeur d'essence et d'huile du parking qui dégorge du ventilateur. Il n'y a plus un soupçon de joie ni d'émotion dans cette chambre ripolinée de fausse clinique. Trente ans de mauvaise baise pour en arriver là. Je me retire gentiment, allons ce n'était qu'un jeu, rien de grave, nous n'aurons jamais de chance; il s'essuie les yeux, les rouvre, se remet à sourire tandis que je me tourne de côté et plonge à toute allure, inerte, comme une pierre dans le miroir. A-t-il deviné que je l'ai vraiment aimé le temps d'un éclair et que j'ai eu tant pitié de lui, de moi, de toute cette histoire qu'il ne m'était pas possible de continuer et de le laisser comme ça dans un tel abandon. Pourtant, je le sens encore contre moi, il tapote de ses doigts le long de mon dos et gazouille des bouts de paroles en français qui ressemblent de moins en moins à celles de tout à l'heure. Il n'a sans doute rien senti, j'ai dû me raconter encore un de mes romans, nous voilà seulement revenus chacun dans notre monde.

Après on s'est endormis. Tout de même, il avait dû se passer quelque chose pour qu'on se sente tellement épuisés. Quand on s'est quittés, les boîtes avaient fermé et les marchands pour touristes faisaient un vacarme infernal en rangeant leur camelote dans les containers en fer. J'ai voulu avoir son e-mail mais il ne connaissait que ses lettres en thaï; j'ai compris qu'il me suffirait d'écrire au club en indiquant son numéro, j'avais du mal à imaginer qu'un quelconque courrier pût parvenir à une adresse aussi aléatoire; il m'a aussi redit qu'il s'appelait Bird mais je ne l'avais pas oublié; c'est joli comme nom, Bird, même si cela ne veut sans doute pas dire oiseau dans leur langue. D'autres s'appellent Tom ou Brad, cela vient des films et quand on creuse un peu on trouve le vrai nom thaï qui lui ressemble; il n'y a pas beaucoup de choix, ils s'appellent souvent pareil, c'est aussi pour cela qu'ils insistent sur le numéro. En partant, il s'est retourné en me décochant une dernière fois son incroyable sourire et il m'a montré du doigt la petite rue du club, j'ai senti qu'il me donnait sans doute rendez-vous pour les autres soirs, et puis il a disparu très vite en me laissant à la nuit où je l'avais trouvé. Je suis reparti pour Paris quelques heures plus tard. Je pense souvent à lui, j'espère que personne ne lui a fait de mal; chaque fois que je vais avec un garçon, je le revois au moins un instant, devant moi, dans l'affreuse chambre fermée comme un bunker et j'ai l'impression de le trahir, lui, là-bas, si loin, mon garçon de Patpong.

Sur l'écran de la machine, je ne vois plus qu'une ligne plate. Le jeune infirmier coiffé à la Tintin me demandait tout à l'heure si j'avais des places pour le concert de Mylène Farmer. Maintenant, il appuie sur le bouton de la machine et elle s'éteint. Il se tourne vers nous et il dit « c'est fini ». Son demi-sourire vaguement goguenard m'exaspère ; j'ai sans doute tort, il faut être blindé quand on fait ce genre de travail ; c'est une expression qui doit lui être naturelle et il est probable qu'elle ne signifie rien ; juste une manière comme une autre pour tenir les chocs à répétition. Je ne connais pas bien Mylène Farmer ; c'est une vedette de variétés très secrète et qui entretient son mystère, un peu marketing sans doute ; il est difficile de l'approcher. Si j'appelais son agent j'obtiendrais peut-être des places et le Tintin en blouse blanche serait content ; j'en profiterais pour lui demander qu'il me parle de son métier, de ce qu'il ressent lorsqu'il appuie sur le bouton de la machine pour l'éteindre, plusieurs fois par semaine. De toute façon, il doit se dire qu'à quatre-vingt-sept ans c'est on ne peut plus normal et qu'il n'y a pas de quoi en faire une histoire. Les gens pensent toujours ce genre de choses, même s'ils n'osent pas trop vous le dire en face. Aujourd'hui, nous sommes un soir de décembre et mon père vient de mourir.

Ma belle-mère pleure ; ils ont été mariés plus de quarante ans, elle l'a toujours aimé et elle l'a soigné avec un dévouement dont je n'aurais jamais été capable ; depuis son attaque il y a six ans, il était très diminué. Maintenant, il y a cet immense chagrin auquel on n'est jamais vraiment préparé, la vieille peur de devoir vivre désormais sans lui qui est revenue d'un coup, la fatigue aussi de toute cette lutte qu'ils ont menée ensemble en reculant le plus possible l'instant de la défaite. Sa fille pleure aussi. Mon père n'était pas son père, mais c'était tout comme ; il m'a toujours semblé qu'il la préférait à ses propres enfants ; juste un peu et sans l'avouer ; la seule fille parmi les fils, une relation qu'ils avaient pu choisir, plus libre, sans l'habituelle accumulation de devoirs et de griefs. Je ne leur en ai jamais voulu.

Mon oncle, le dernier des frères, est parti juste après que Tintin eut appuyé sur le bouton. L'air sonné quoiqu'on ne puisse jamais augurer des sentiments des hommes de cette génération dans une famille où ils n'embrassaient guère, ne versaient pas de larmes, dissimulaient sévèrement leurs émotions. Gais et diserts pour les échanges intellectuels, volontiers charmeurs dans le monde et en l'absence de menace affective, mais d'une pudeur froide et sèche face au risque de se trahir. Il n'a certainement pas voulu se retrouver pris au piège des pleurs, des mots de réconfort inutiles, des paroles qui ne changent rien et se perdent dans le vide. Pas le genre à s'enfuir cependant ; je ne me risquerai pas à prétendre lire dans ses pensées mais ce départ en hâte me laisse imaginer qu'elles se bousculent dans sa tête, avec les souvenirs de toute cette histoire des quatre frères ; à l'heure qu'il est, il doit marcher sur le boulevard sans même chercher sa voiture, avec le désir d'être seul et la désolation de l'être vraiment puisqu'il n'a plus personne à qui parler ; enfin, une femme qui est bien fatiguée, deux sœurs qui le sont également alors que lui, avec son gros manteau d'hiver, son profil acéré, ses yeux gris, la fameuse ressemblance, il a encore cette énergie qu'ils auront tous manifestée jusqu'à la fin. Ce n'est vraiment pas le moment de se lancer à sa poursuite pour lui dire les sentiments affectueux que j'éprouve pour la première fois à son égard. Il détesterait cela.

Tintin n'est plus là, on dîne tôt aux Invalides. Le gendarme à la retraite et sa femme, qui nous disaient en regardant l'écran lorsque la machine marchait encore « il a un cœur extraordinaire, vous voyez comme il tient », sont retournés à la maison pour chercher le costume bleu qui devrait lui aller. Depuis le couloir, deux généraux en grande tenue hasardent un regard discret pour présenter leurs condoléances. Hôpital militaire, Légion d'honneur, références familiales, j'oublie toujours que nous sommes en pleine nomenklatura et qu'on n'y traîne pas dans l'observance des usages. Ma belle-mère et sa fille sortent ; par la porte entrebâillée, léger écho d'un timide retour de la vie sociale. Je suis seul avec mon père. Cette expérience connue d'à peu près tout le monde, la chair est souple et chaude, j'ai l'impression qu'il bouge, je guette le moment où sa poitrine va se soulever pour respirer ; que s'est-il donc passé d'incompréhensible et d'irrémédiable il y a quelques instants ? Mais non, son corps est immobile, il s'éloigne déjà de moi à la vitesse fantastique de la mort. Et il sera bientôt tellement hors d'atteinte que je ressentirai peut-être alors cet apaisement relatif que l'on éprouve à regarder la dépouille d'un proche, comme la preuve bien ordonnée d'une vie qui s'est achevée, avec un début, une fin, une existence que je pourrai imaginer dans son ensemble et résumer avec mes propres souvenirs. Mais je n'en suis pas là, cette chambre est sinistre, il fait froid dehors, le programme des prochains jours s'annonce plutôt mal, et subitement je n'ai plus qu'une seule envie, cette intention compulsive de me sauver au moins encore une fois à Patpong.

Cela fait bien trois ans que je n'ai pas repris cet avion où les folles qui vont par paire, éparpillées çà et là dans la cabine, dévisagent hargneusement les solitaires. La folle bien dans la norme des critères popotes actuels, voyage en couple, et Bangkok est la destination lune de miel la plus prisée des heureux pacsés. Les réfractaires au petit ménage n'ont pas la cote ; ils gênent comme les trublions d'une communauté qui pense avoir des droits sur eux. Un film avec Matt Damon, moins beau mais plus excitant que Brad Pitt, Cesaria Evora aux écouteurs et turbulences au-dessus de la Bulgarie ; un jeune coopérant agréable et bien lisse me parle de la difficulté à comprendre les Thaïs et de ses vacances à La Baule chez ses beaux-parents. Pour simplifier, j'évoque une brève escale à Bangkok, la poursuite de mon voyage au Cambodge pour des repérages de cinéma ; je suis intarissable sur Angkor, Sihanouk, les Khmers rouges. Tous les prétextes sont bons pour noyer le poisson, je n'ose jamais dire que je m'arrête en Thaïlande. Ce serait pourtant amusant de détailler mes activités siamoises à mon voisin et d'observer ses réactions, comme lorsque Robert Hirsch et Jacques Charron se bécotaient dans les stations-service et tapaient familièrement sur le cul des pompistes, juste pour voir ; le bon vieux fantasme de faire déraper les hétéros. Mais je ne suis jamais franc du collier dans ce domaine, les anciennes angoisses sont bien accrochées. D'ailleurs il suffit que je pense à une catastrophe aérienne et je redoute aussitôt de devoir aller en enfer avec tous mes péchés mortels. Pour qui se prétend libre penseur, il reste des progrès à faire. Au deuxième tournoi amical de tennis à l'hôtel des Pins, celui où il a connu sa femme, je m'endors quelque part en Turquie.

Au fait, j'ai déjà longé la Thaïlande quelques mois plus tôt, avec la furieuse tentation de m'y arrêter. Je me rendais à Djakarta pour une émission de télévision et le survol des forêts malaises où disparut à tout jamais cette closet queen de Jim Thompson dont j'avais visité la merveilleuse maison de Bangkok, la descente spectaculaire vers Singapour, les dépliants touristiques à l'aéroport vantant les mérites de l'île chinoise, puritaine et friquée, sur le thème « gogo bars, pas de ça chez nous, voyez ailleurs », le chapelet des îles plus ou moins désertes au-delà du détroit de Malacca qui servent de repaires aux pirates thaïs après leurs tournées de pillages et d'assassinats sauvages où ils coulent sans merci rafiots de clandestins misérables et jolis yachts d'Anglo-Saxons inconscients en ne gardant que les jeunes femmes, la chape de chaleur humide à l'arrivée et cette odeur d'Asie légèrement fétide qui flotte dans la pollution des villes dépotoirs, tout me rappelait Bangkok et m'entretenait de sa nostalgie.

Djakarta n'intéresse personne, hormis les hommes d'affaires planqués dans les palaces climatisés de l'ère Suharto où ils prennent le pouls du grand malade indonésien en attendant la guérison par le retour de la corruption universelle et des marchés foireux. On la dit dangereuse, labyrinthique, pourrissoir à bandits et fanatiques de tout acabit. Les touristes l'évitent; ils ne veulent que Bali, les îles de la Sonde; quelques aventureux la considèrent comme un moindre mal, point de départ obligé pour les randonnées à travers Java. Ils n'y restent jamais longtemps. C'est pourtant une ville émouvante, accumulation relativement ordonnée d'utopie coloniale batave, d'illusions tiers-mondistes triomphales, d'orgueilleux buildings pour rêve de dragon économique et de villages bidonvilles où les téléviseurs distillent en plein cloaque de sirupeux feuilletons chantants. On s'y repère facilement et sans péril particulier malgré des canaux pestilentiels qui décimèrent les Hollandais perdus par leur regret d'Amsterdam et le bourdonnement hallucinatoire d'un trafic asphyxiant. Ville de Javanais musulmans qui croient aux esprits et aux sortilèges, de Chinois qui prétendent ne plus l'être et se font prudemment catholiques, de déracinés des îles lointaines entre mosaïques malaises et peuples de la mer aux ancêtres mélanésiens. Souvent gracieux et joliment vêtus, plutôt gais, industrieux, pratiquant le cynisme indulgent de ceux qui en ont vu de toutes les couleurs et sont bien obligés de vivre ensemble ; peu portés sur la poignée de dingues lanceurs de bombes qui prospèrent dans l'anarchie générale et pas très concernés non plus par un civisme officiel tonitruant qui dresse le couvert pour des flics rutilants et imprévisibles et des militaires à lunettes noires pressés de se payer sur la bête. Un grand coup d'amok collectif passe de temps à autre sur toute cette humanité avec son cortège d'incendies et de massacres ; en général ce sont les Javanais qui émargent au règlement de comptes et les Chinois qui font les frais du bain de sang ; puis les manipulateurs du théâtre d'ombres s'arrangent entre eux, les marionnettes rangent leurs kriss et s'apaisent, tout redevient aimable et tranquille. Retour au batik de soie et à la jolie musique. Le visiteur occidental, un peu dégrisé, s'en tire avec des promesses de romanesque.

Heidi me fixe près du McDo. Heidi pas comme Mitchell ou Cochran, il insiste d'emblée sur l'orthographe et j'imagine un échappé de l'Oberland bernois dans son passé, rendu fou par la chaleur et l'amour. Il travaille un peu plus loin comme serveur à l'hôtel Indonesia, celui de *L'Année de tous les dangers*, le film avec Mel Gibson sur l'apocalypse sanglante du régime Soekarno. Heidi se débrouille en *broken english*, la langue universelle, il a vu le film et il connaît toute cette histoire; quoiqu'un peu insolite pour les circonstances de notre rencontre, cela nous fait un sujet de conversation adapté au décor. Vingt-trois ans, d'aspect agréable sans être vraiment beau, instruit, l'esprit délié, très sympathique. Il attend l'un de ces autobus brinquebalants d'où bondissent des contrôleurs adolescents qui hurlent les noms des prochaines stations, houspillent comme des diables les passagers pour les enfourner à l'intérieur déjà bondé, et remontent en marche dans un nuage de fumée noire. On déambule un peu tout autour, on évoque son métier, le faubourg éloigné où il habite; les Lucifer de l'autobus me donnent le prétexte de glisser sur les petits métiers, les arrangements du quotidien et les pourboires. Je rame et j'ai l'impression d'avoir tout faux; il s'agit sans doute de l'un de ces jeunes gens qui aiment parler aux étrangers pour le seul plaisir d'un échange amical. Je n'ai pas encore l'usage de Djakarta et je suis finalement prêt à me contenter de la vision peu encourageante des gosses faméliques draguant dans les ténèbres du parc au pied de mon hôtel et des voyous aux yeux exorbités par la colle qui me serraient dans l'affreuse boîte à pédés surpeuplée que j'ai découverte la veille. Spectacles angoissants et risques inutiles. En revanche, le malentendu avec Heidi s'estompe assez vite. On est en pays musulman, la retape exubérante n'a pas cours, une réserve minimale est de mise, mon Cicerone improvisé s'y conforme. Pourtant, je ne tarderai pas à apprendre que la ville n'est pas en reste de débordements variés et qu'à peu près tout le monde est disponible pour peu que l'on connaisse le code. Heidi sent bien que je flotte et que notre entretien tire en longueur. Il s'en tient là pour les convenances et propose de m'accompagner à mon hôtel; il connaît les types de la sécurité et ils laissent monter les boy-friends dans les chambres. Il a dit les boy-friends au pluriel et entreprend de me présenter plusieurs de ses copains qui attendent également leur autobus; sans me laisser le temps de réagir et de décliner cette soudaine proposition de nouvelles connaissances. C'est l'heure de la sortie des bureaux et de la relève au centre commercial géant de l'hôtel Hyatt, il y a foule de jeunes gens sur le boulevard et les passerelles qui permettent de traverser; avec leurs panoplies d'employés modèles, chemises blanches et lunettes noires, j'ai cette fois l'impression d'affronter l'un des ballets de clones de *Matrix reloaded*, remixé asiate, avec moi en Keanu Reeves passablement défraîchi. Heidi connaît décidément bien son affaire et persévère dans son casting infernal tout en me surveillant du coin de l'œil; c'est fascinant de le voir opérer tel un épervier qui fond sur ses proies. En quelques instants nous voilà à la tête d'une petite troupe on ne peut plus aimable et souriante. Il ne reste qu'à choisir. La grande affluence qui nous entoure est au spectacle : cet Occidental lessivé par la moiteur équatoriale et les heures de vol au milieu de tous ces petits jeunes aussi nets que s'ils sortaient de leur douche, c'est une page de plus au grand chapitre de la récupération populaire du tiers-monde; je dois avoir l'air d'un Américain prisonnier des Vietcongs ou de l'un de ces routards naïfs que l'on promène avant de les dépouiller. Bref la situation m'échappe; je suis passé d'un seul coup de la conversation débat pour étudiants méritants à la perspective d'une partie fine entre inconnus; je flaire le traquenard;

l'atmosphère ne me dit plus rien qui vaille car préten-
dants et public rivalisent d'exclamations et de grands
rires en javanais, sans doute pour évaluer l'article blafard, froissé et transpirant qui leur est proposé ; gêne et
scandale à l'horizon, tout ce que j'appréhende. Je coule
des regards anxieux vers les flics qui passent toutes
sirènes hurlantes sur leurs motos japonaises ; s'ils s'arrê-
taient je suis certain qu'ils préféreraient m'embarquer
contre une rançon au lieu de me prêter main-forte. Un
gentil Chinois, mieux que mignon et particulièrement
avenant, profite de ma tétanie, s'accroche et s'auto-
proclame vainqueur officiel, le *primus inter pares* de toute
la confrérie. Heidi me glisse à l'oreille que c'est l'un de
ses amis intimes, une vraie chance pour moi qu'il soit
justement passé par là. Dans un sursaut d'énergie dont
je ne me croyais plus capable, j'évoque le décalage
horaire et la fatigue et je suggère une démobilisation
générale en laissant vaguement entrevoir une reprise
des discussions pour le lendemain. J'ai tellement envie
de m'en aller et de me retrouver seul. Pourtant je me
suis trompé sur leur compte ; ma résistance est agréée,
l'étau se desserre, sans manifester amertume ni déception, chacun repart de son côté en souriant et le joli
Chinois me glisse sa carte de visite avec portable et
e-mail pour le cas où je changerais d'avis. Reste Heidi
qui insiste pour me suivre ; fataliste et tout de même un
peu curieux je le laisse faire en restant sur mes gardes.
Autres précautions inutiles, en parlant avec lui sur le
chemin de l'hôtel, je comprends qu'Heidi a seulement
cru bien faire ; nous avions respecté le délai de politesse
raisonnable, moi par timidité et lui par courtoisie ;
ensuite le projet de passer à une seconde étape en y
associant un ou plusieurs nouveaux venus s'était imposé
naturellement puisqu'il pouvait désormais répondre

aussi bien d'eux que de moi-même. Sans doute la double influence des urbanités de l'islam et de l'occupation nippone : longue phase d'observation déférente puis on pique en escadrille sur l'objectif; cela très gentiment et avec l'espoir qu'à l'arrivée tout le monde sera content. Nous franchissons sans encombre l'obstacle des vigiles qui regardent obstinément ailleurs à notre passage et, en refermant sur nous la porte de ma chambre, je me demande ce que je vais bien pouvoir faire de ce garçon qui ne m'attire pas beaucoup. Je suis familier de ce genre de situations, il arrive qu'un étrange souci de civilité et la crainte de décevoir m'entraînent dans de telles aventures; au pied du mur je ne songe plus qu'à abréger toute conversation et à m'endormir au plus vite.

Heureusement, Heidi n'est pas un amant frénétique, il se prétend aussi fatigué que moi et on se couche devant la télévision comme un couple de retraités; je devine pourquoi la présence du jeune Chinois lui semblait souhaitable, il doit avoir l'habitude de lui déléguer ses attributions; en revanche sa présence m'est déjà précieuse, il est décidément très intelligent, gai et discret; il apprécie le confort de la chambre avec naturel et sans rien demander, et finalement c'est intéressant d'évoquer avec lui la vie des garçons de Djakarta, leurs rêves, leurs expériences. Bientôt nous dormons chaque nuit ensemble comme deux frères. Son apparent désintéressement me touche et il a l'air vraiment heureux de me retrouver le soir, après la fin de son service à l'hôtel Indonesia. Heidi connaît la ville comme sa poche et les bordels n'ont pas de secrets pour lui; il voudrait absolument m'y emmener alors que je deviens de plus en plus pudique et sage. Nous vivons à peu près nus dans notre chambre, j'éprouve beaucoup de plaisir à sentir sa peau, douce et mate, contre la mienne quand nous sommes couchés mais, comme il n'y a pas de désir entre nous, j'aurais honte à lui faire partager mes divagations sensuelles. C'est un comportement que je ne m'explique pas mais auquel je tiens. Il y entre de l'orgueil à ne plus me montrer sous ce jour-là, l'envie de protéger la tranquillité de nos sentiments, une sorte d'exaltation quasi amoureuse quand je sais que notre relation s'achèvera inexorablement dans quelques jours. Heidi, pourtant si fin, ne comprend rien à mes états d'âme et il se fiche royalement de mes scrupules. Il revient régulièrement à la charge ; puisque je persiste à ne pas vouloir de son ami chinois, il faut que je le suive chez ces *nice boys very clean* qui brûlent manifestement de me connaître. Toujours cette manie de déléguer et sans doute le besoin d'obtenir un peu de considération supplémentaire de la part de ses copains tout en s'assurant peut-être encore mieux de moi. Puisque *to play with boys, it's fun*, le désarroi de l'homme occidental lui apparaît comme une sorte de désaveu, et pour un peu ça l'inquiéterait et le rendrait triste. Il ne faut pas tarder, je repars demain matin ; je cède pour qu'il n'y ait pas de nuage entre nous et aussi parce que je voudrais tout de même voir à quoi ressemble la *very good place* qu'il a choisie pour moi. Une expérience intellectuelle somme toute plutôt amusante et le corps froid comme une bûche.

Ça ne marche pas du tout comme à Bangkok ; les bordels sont répartis un peu partout dans la ville, il n'y a pas de mise en scène plus ou moins sophistiquée, et là où me conduit Heidi tout se passe dans une sorte de garage à garçons largement ouvert sur la rue où les candidats vautrés sur des matelas à même le sol regardent vaguement les habituelles séries guimauves à la télévision, échangent des plaisanteries salaces tout en feuilletant des magazines pornos remplis de filles nues. Des

Chinoises et des Japonaises aux yeux débridés et au sexe recouvert d'un string couleur chair. Le patron, sa femme, leurs enfants, entrent et sortent à tout instant avec des sodas, des bols de soupe ; les marmots changent de chaîne, on rigole en famille. Aux murs des photos de sportifs et de vedettes, des portraits de Soekarno et de sa fille, en matrone à lunettes et chignon dans le style « goudou » quinquagénaire, qui est le nec plus ultra des dames convenables, et puis aussi des chromos relatant la vie du Prophète. C'est assez sale, ça sent un peu les pieds, le parfum à bon marché, le frichti qui mijote dans la pièce à côté. On se croirait dans un club de quartier pour jeunes travailleurs bichonnés par un couple d'animateurs socioculturels au grand cœur. Au fond de la salle un escalier qui va vers les chambres ; on entend des rires, des chansons de walkman, des bruits de douche. Clientèle de pères de famille qui sortent du bureau, de flics ou de militaires bien balancés qui ont troqué leur uniforme contre un survêtement faux Adidas, de motocyclistes qui ne font que passer et sont à peine plus âgés que les postulants. Pas d'étrangers et l'impression que tout le monde se connaît. On ne s'éternise pas à faire son choix, les garçons n'émettent aucune objection, le prix est connu d'avance, le patron ou sa femme encaissent avec de grands sourires, on monte comme si on allait visiter.

Heidi sent que je suis un peu hésitant et il me propose d'aller dans un autre établissement. Mais nous avons déjà roulé plus d'une demi-heure dans l'une de ces mototaxis giclant de cambouis qui menacent de se fendre en deux à chaque chaos et la chaleur m'a transformé en serpillière. Tout est toujours très loin dans cette ville. La pluie bienfaisante commence à tomber ; un orage de mousson qui ne tarde pas à changer la rue en fondrière et tambourine de plus en plus fort sur le toit de tôle ondulée. Alors, autant ici qu'ailleurs. Lorsque Heidi me propulse finalement à l'intérieur, les garçons sont intrigués par ma présence, ils lèvent un peu la tête de leurs magazines et se renseignent sur mon compte. Français ? Ah oui, Zidane, Barthes, Karambeu, avec de tels parrains je leur parais d'emblée sympathique. Puis tout retombe, ils retournent à leurs petites Asiates déshabillées, la télévision chantonne, les patrons vont et viennent. Je m'assieds par terre dans un coin, je n'ai envie de rien ni de personne. Les garçons ne sont pas beaux ni très nets. L'éclairage verdâtre des ampoules qui pendent au plafond, et vont bien finir par déclencher un court-circuit avec toute l'eau qui traverse la tôle mal ajustée et dégouline sur les fils, n'est pas précisément flatteur ; je ne vois que les boutons, les cicatrices, les dents foutues, les traces de crasse. Ils portent tous des maillots de sport douteux, des shorts effrangés pour faire ressortir leurs muscles, des tongues qui laissent à l'air libre de gros orteils écrasés par des années de marche en va-nu-pieds. Ce sont de pauvres gosses qui s'habillent à la fripe, déjà à demi mangés par la misère ; je préfère ne pas imaginer tout ce qu'on risque d'attraper quand on les serre contre soi et je calcule le temps qu'il faut pour sortir de cet endroit sain et sauf, entre le moment où une étincelle embrasera la baraque et celui où la mousson, maintenant déchaînée, éteindra l'incendie. Prenons un soda pour être poli, attendons que l'affreuse sorcière du feuilleton-télé se transforme en jolie princesse, quand le jeune premier poussera sa sérénade, et arrachons-nous ensuite gentiment sans demander notre reste. Heidi est désolé. Je ne baise pas avec lui, je ne veux pas du joli Chinois, je dédaigne ces garçons qui n'ont peut-être pas très bonne mine mais sont quand même bien baraqués. Qu'est-ce que je veux au juste ? Je ne peux pas lui répondre, je ne le sais plus moi-même. Depuis longtemps sans doute, mais cela me frappe soudain comme une évidence. Je ne bouge pas, Heidi prend son mal en patience, il s'assied près de moi, regarde la télévision et ne dit plus rien. Les garçons m'ignorent, même si les petites affaires continuent gentiment ; malgré les trombes d'eau qui font un barouf du diable et les flaques sur le sol qui montent à l'assaut des matelas, il y a un peu de remue-ménage dans l'escalier. Je suis encore au sec dans mon coin et c'est comme si tout le monde m'avait oublié ; ils pensent peut-être que je suis venu seulement pour m'abriter.

Un grand type surgit du déluge ; il porte un ciré jaune luisant de pluie, une sorte de casque de chantier par-dessus un foulard qui masque presque complètement son visage ; on dirait l'un des manifestants samouraïs des guérillas urbaines asiatiques. Heidi me donne un coup de coude ; merci, j'avais remarqué ; cette apparition soudaine a d'ailleurs réveillé l'assistance qui accueille le rescapé de la tempête avec force salutations et rires sonores ; c'est manifestement le caïd de la bande. Il dépose sa panoplie, enlève son tee-shirt de base-ball et l'essore sur le pas de la porte tout en apostrophant gaiement ses acolytes. Trempé, torse nu et vigoureux, il exsude l'énergie, la vitalité ; la peau mate et un peu sombre ; des tatouages abstraits d'initié sur les épaules, les traits du visage marqués et les muscles saillants, un paysan qui n'a pas été démoli par la ville, bien rustique et fier de l'être quand la mode est aux poupées chantantes. La vieille poigne d'acier à laquelle je ne croyais plus s'est abattue brusquement sur ma nuque ; mes molles résolutions s'envolent, ma léthargie s'évapore ; au fond, la pluie ne va sans doute pas s'arrêter de sitôt ;

dans *La Mousson*, Lana Turner la voyait tomber pendant des heures et ça la rendait folle ; cet endroit est finalement très sympathique, c'est mon dernier soir à Djakarta et demain je serai dans l'avion.

Il s'appelle « Bogos », ça ne s'invente pas et il paraît que c'est un prénom très courant par ici. Heidi respire. La chambre est évidemment au-delà du sordide et le grabat de fer rouillé une bombe à tétanos. Je passe la serviette humide et dégueulasse sur la toile cirée qui recouvre le matelas pourri. Mon côté fée du logis envers et contre tout amuse le fauve samouraï qui m'observe d'un air narquois ; avec ce qu'il me réserve à quoi bon jouer les vieilles demoiselles occidentales ; je laisse tomber mes nostalgies d'eau de Javel et je concentre ce qu'il me reste de sagesse sur quelques précautions élémentaires. La suite ne s'annonce quand même pas trop mal, une sorte de croisière exotique dans le vertige sidéral de notre silence et du vacarme obsédant de la pluie. Mais la bande-son nous réserve une sacrée surprise ; en plein flash, soudain, le muezzin débarque sans crier gare et appelle à la prière. Une de ces cassettes que des mains pieuses envoient plein tube. *Allah Akhbar* écrase tout sur son passage et Mohammed El Rassoul, le Prophète, s'assure du terrain ; comme s'il relançait ses disciples à l'assaut des villes perverties, il fend le fleuve céleste, déborde partout dans la chambre, bat comme un ressac contre les murs ; électrochoqué, je tente de l'apercevoir par la lucarne, dans le placard, sous le lit ; omniprésent, insaisissable, le messager du Clément, le serviteur du Miséricordieux est intraitable ; il enfle avec la voix du muezzin, pompe tout l'air de la pièce, me paralyse sous l'incantation du verbe et la violence de l'attaque. Je sens qu'il darde ses yeux sur moi et j'ai l'impression de respirer son haleine. Et si mon timonier personnel, brusquement dégrisé par ce retour offensif de la foi, s'avisait de me rejeter brutalement en criant au sacrilège ? *Haram, haram,* le client n'est qu'un roumi qui détourne les jeunes croyants, repoussons le péché et sus aux infidèles corrompus ; ça ne doit pas plaisanter avec la religion et la protection des bonnes mœurs sur les hauts plateaux de Java ; des barbus au regard fou, des fillettes en hijab défilent devant moi, ils réclament le châtiment du ciel pour ramener le jeune égaré sur le droit chemin et piétiner l'impie comme une bête venimeuse. Mais non, mon Bogos a les idées larges et tout ce boxon l'amuse ; il tape en souriant contre la paroi près du lit pour me montrer que le muezzin psalmodie de l'autre côté, la cloison est mince comme une feuille de papier, nous collons à la mosquée du quartier ; ça ne me rassure pas, les fidèles ont dû nous entendre, un peu plus et on se retrouvait en plein minaret. Il se tord de rire devant ma réaction, je prends sur moi pour avoir l'air d'attendre plus calmement la fin de cet autre orage ; lui, couché qui m'observe en continuant à se marrer et moi, assis sur le rebord du lit, encore aux aguets. Bientôt la cassette pile sur un dernier *Allah Akhbar*, l'appel à la prière s'achève et le muezzin se tait, le Prophète, les barbus et les fillettes sortent de la chambre et réintègrent la mosquée, c'est à eux maintenant d'être envahis par les odeurs de cuisine de la patronne et les hurlements des teenagers qui accueillent des idoles de la chanson sur Canal Indonesia. Il me semble que la pluie se fait moins forte ; j'ai eu peur, je me sens seul, étrangement mélancolique, le cœur lourd d'être si loin ; le garçon devine-t-il quelque chose ? Il me serre dans ses bras, très doucement, il me chantonne à l'oreille des sourates du Coran comme s'il me disait des mots tendres. En arabe et sans savoir que c'est un peu mon autre langue.

Nice boy? me demande Heidi qui est sûr de la réponse.
J'acquiesce sans hésiter pour lui faire plaisir; j'oublie
déjà le charme insolite de mon aventure, je n'ai plus
que des envies de douche à l'hôtel, de chambre climati-
sée et de room-service. La moto-taxi zigzague entre les
flaques où sautent des enfants à demi nus avec des cris
joyeux, Djakarta s'égoutte et reluit dans la nuit quand
on passe près des lumières que la mousson n'a pas
éteintes. J'ai beau chercher, je ne comprends toujours
pas les motivations d'Heidi, la raison principale de son
insistance à me présenter des garçons. Les vagues explications que j'ai tenté d'aligner n'ont plus vraiment de
sens; je ne vois pas ce qu'il a pu gagner de notre équipée au bordel; s'il s'agit d'une commission elle a dû être
bien maigre; toute cette fatigue, cette attente, mes
sautes d'humeur, après sa journée de travail, franchement ça n'en vaut pas la peine. Je suis épuisé, sapé par
la poisse qui suinte de partout; les à-coups de la moto-
taxi, l'odeur d'essence et d'huile brûlée me donnent mal
au cœur, le bruit m'assomme; je n'ai plus la moindre
idée de l'endroit où nous nous trouvons car depuis les
bas-fonds où nous roulons je n'aperçois plus les grands
buildings de bureaux qui me servent de repères; le type
même de l'étranger vulnérable qu'on peut traîner dans
un coupe-gorge. Pourtant je sais bien que je n'ai rien à
craindre, Heidi est fiable à cent pour cent, il ne profite
jamais de mes passages à vide, il s'arrange de mes
silences et de mes absences sans avoir l'air de les remarquer. Il est tellement bizarre ce jeune mec qui s'active
pour me plaire et qui ne me demande à peu près rien
en échange. Un paquet de Marlboro, un compact-disc
de chanteur, vraiment pas grand-chose. On sort du
cloaque, le grand boulevard, les buildings, les passerelles, là où je l'ai trouvé la première fois. C'était il y a

quelques jours, j'en sais si peu sur lui et nous vivons ensemble comme si nous nous connaissions depuis très longtemps.

Et voilà, maintenant, le moment est venu de se séparer. Je dois être très tôt à l'aéroport, j'aurai juste le temps de rassembler mes affaires et de dormir un peu. Seul. J'arrête la moto-taxi devant le centre commercial, je lui achète un portable, le sien ne marche plus, cela lui fera au moins un vrai souvenir de moi. Mais Heidi n'en veut pas, il a compris que j'ai l'intention de me débarrasser de lui pour la dernière nuit et il est décidé à ne pas se laisser faire. Scène étrange, moi sur le trottoir qui argumente en tentant de fourrer le portable dans son sac, lui qui refuse et s'incruste dans la moto-taxi, le driver qui s'impatiente en faisant ronfler son tas de ferraille. Notre première dispute. J'ai l'air malin avec mon cadeau inutile, ce truc dont je ne sais même pas me servir et dont il ne veut pas. Des camions passent en trombe près de nous, la pluie recommence à tomber, mais ce sont des sentiments de honte et de remords qui me submergent. Je sais que je lui ai fait de la peine, je n'ai pas le droit de mettre fin à notre relation, comme ça, sans prévenir, et sans qu'il m'ait causé de tort. Je suis l'Occidental, le riche qui croit pouvoir décider de tout, celui qui peut se payer le luxe d'être gentil, parce qu'il n'aime pas et qu'il ne donne rien. Enfin, c'est ce que je devine, j'ai un peu de mal à le suivre, son *broken english* se délite sous le coup de l'émotion. Je sens surtout qu'il est blessé, mécontent, pas d'accord pour qu'on se quitte d'une manière aussi abrupte et sur ce faux pas que je viens de commettre. Je remonte dans la moto-taxi, on repart, il boude encore un peu, mais retrouve tout son allant et sa gaieté quand nous arrivons à l'hôtel ; il ne veut pas gâcher les moments qui nous restent à partager. Étendu en peignoir sur le lit, il me regarde quand je fais mes valises, puis nous parlons un peu, de choses et d'autres, rien d'important sans doute, je ne me souviens plus ; nous échangeons aussi nos adresses, il accepte finalement de garder le portable et je note le numéro quand j'éteins la lumière ; il me demande à plusieurs reprises : *When you come back?*, je dis l'année prochaine sans doute. L'année prochaine, à la même période. J'ai l'air sûr de moi. On pourra s'écrire. Il s'endort assez vite, j'écoute son souffle régulier dans son sommeil. Je pars à la première heure du jour, sans faire de bruit, il m'avait demandé de le réveiller, mais je le laisse dormir. Je lui écris un petit mot affectueux où je dessine des palmiers pour l'Indonésie, des sapins pour la France, un avion qui vole entre les uns et les autres. Et je le pose bien en évidence sur la table de nuit. Il me semble aujourd'hui qu'il s'agit de quelqu'un qui m'a aimé et qui a voulu me le faire sentir avec les moyens dont il disposait. L'attrait pour un Européen n'explique pas tout, je ne sais pas ce qu'il faut en penser. Il doit y avoir en moi des choses que je ne vois pas.

Je ne suis pas retourné à Djakarta, je n'ai pas eu de nouvelles d'Heidi, je me dis parfois que, si je le voulais vraiment, je parviendrais peut-être à le joindre sur le portable.

Je m'éveille au-dessus de la Birmanie ; mon voisin, le jeune type bien sous tous rapports, doit se douter finalement de quelque chose, l'exposé sur le Cambodge était bêtement prolixe, on s'enferre à trop vouloir prouver ; il est moins liant et tapote sur son ordinateur ; ça m'arrange, nous n'aurons pas besoin de sacrifier à la comédie du « gardons le contact », ces coordonnées que l'on traîne avec soi sans rien en faire et dont on se dit « peut-être » dans les moments où ça va franchement mal. Je regarde par le hublot, la côte, les îles, toute cette beauté de l'océan Indien, malgré la chaleur humide qui étouffe les contrastes, cette lumière plombée si différente de celle de la Méditerranée. À l'horizon l'énorme nuage de pollution qui enserre Bangkok. Atterrir dans un tel brouillard c'est bien ce que je cherche. Souffle court et vision floue, j'ai l'habitude. Formalités ; j'ai toujours un peu peur d'être démasqué, j'ai mis « business » sur le formulaire de douane mais de toute façon les policiers s'en foutent, la Thaïlande se démène pour garder son contingent de touristes depuis la série noire qui a sinistré le Sud-Est asiatique. Autoroutes ; cette impression de Solaris quand le cosmonaute de Tarkovski fonce sans fin en surplomb d'un autre Métropolis, la vie qui grouille en dessous, les gratte-ciel qui émergent en désordre, les panneaux publicitaires démesurés où de petites sœurs de Gong Li clignent de l'œil en brandissant leur portable, accrochées à l'ossature d'acier des chantiers arrêtés par la crise ; je me sens de mieux en mieux, inconnu de tous, libre pour quelques jours et quelques liasses de bahts échangés à l'aéroport, jouant de l'euphorie et du mensonge ; l'hôtel ; un caravansérail des années trente, construit sur les plans d'un architecte futuriste italien quand la Thaïlande flirtait avec le fascisme. Tout le quartier est de la même trempe, mais noyé par le retour des petits commerces ambulants, brouillé par l'individualisme inoxydable des Thaïs, recouvert des portraits géants de la famille royale enguirlandés par des myriades d'ampoules multicolores ; les tarifs sont modiques, les chambres vastes et tristes, la clientèle cosmopolite évadée des groupes organisés mais ne roulant pas sur l'or ; on entre et on sort à l'insu de tous ; la patronne est un vieux dragon polyglotte qui porte des lunettes à monture de strass et fait semblant de me reconnaître comme si j'étais un habitué ; au fond, je suis en passe de le devenir. L'avion arrive en fin de matinée, il me reste du temps, je peux encore un peu tricher en prétextant le tourisme, la belle promenade sur le fleuve limoneux que je ne manque jamais. Temples, maisons de bois sur pilotis, palaces buildings de science-fiction, vieux comptoirs de commerce envahis par la végétation, ponts géants, trafic de Champs-Élysées aquatiques, aussi bien que Venise ou le Bosphore ; si j'étais un de ces jeunes hétéros américains en voyage de routard avec sa petite amie, fumant leurs joints sur les vedettes rapides, je m'en contenterais bien ; palais de teck pour *Le Roi et Moi*, dont les remakes hollywoodiens successifs exaspèrent les Thaïs, balade sur les canaux avec ou sans marché flottant, barges royales, retour par l'Oriental et Somerset Maugham, soirée boxe thaïe au milieu des vociférations des parieurs ou danses traditionnelles mitraillées par les flashs des Japonais, et pour finir un peu de shopping à souvenirs, bouddhas birmans et statuettes d'Angkor introduites en contrebande, portraits de Rama VII, le père de tous les Siamois et soieries de Jim Thompson ; qui prétend que Bangkok ne serait plus une ville merveilleuse ? Je ronge mon frein dans la douceur du crépuscule, j'attends la nuit où s'allume l'autre Bangkok. C'est devant mon hôtel où je repasse pour me changer que les factions d'étudiants rivales s'entre-tuèrent à coups de machette, il y a une quinzaine d'années avant que la police ne tire dans le tas des survivants. On pendait des gosses tuméfiés aux poteaux où sont accrochés les lumignons de couleur ; le sang coulait à flots dans le hall même où les Allemands comparent leurs coups de soleil attrapés à la piscine, on se poursuivait en hurlant dans les couloirs menant aux chambres barricadées avec les meubles et les lits, et c'est par-dessus la balustrade de l'escalier monumental où l'on peste contre les ascenseurs en panne qu'on précipitait les cadavres décapités des assaillants et des assiégés, mêmes corps graciles massacrés par une émeute fratricide à laquelle on ne comprend toujours à peu près rien quand on est étranger. Ce sont les grands frères des garçons que je vais bientôt retrouver à Patpong qui ont fait tout ce joli travail, la chance seule partageant morts et rescapés, victimes et tortionnaires. En casquettes américaines, tee-shirts de marque et jeans collés par la sueur de la chasse, de grands sourires éclairant leurs visages d'ange, ils posaient pour les photographes avec leurs gourdins et leurs coupe-coupe maculés, en exhibant fièrement restes humains et têtes coupées ; vifs, charmants, taquins devant les objectifs. Leurs cadets leur ressemblent trait pour trait et il n'y a pas de raison pour que l'esprit de famille se soit perdu. La violence demeure même si elle est plus difficile à repérer, on compte plus de mille cinq cents morts depuis quelques mois, les autorités invoquent des règlements de compte entre bandes de malfaiteurs, des assassinats de mouchards perpétrés par une pègre aux abois depuis que les autorités ont déclaré la guerre aux trafiquants de drogue, mais ce sont surtout des cadavres de gamins que l'on repêche dans les canaux tandis que les parrains dont les noms circulent ouvertement continuent à parader à la télévision avec des starlettes dans les émissions de variétés qu'ils produisent pour les œuvres d'entraide de la police. Le ministre de l'Intérieur est populaire, il organise des descentes dans les saunas pour y saisir des stocks d'amphétamines et jeter en pâture aux journaux de vieilles folles blanches terrorisées qui ont certainement bien plus besoin de Viagra que d'autres excitants. Guerre des gangs et flics héroïques, l'empire du crime agonise et l'État de droit triomphe, le roi écrit un livre que l'on s'arrache sur son chien fidèle ; serait-il tellement désabusé par le spectacle de cette mascarade qu'il préférerait les qualités de son animal familier aux vertus dont se targue son gouvernement ? Tout de même il semblerait que le sida soit endigué dans Patpong où les affaires n'ont jamais été si florissantes. Le big business se gère sans trafiquants ni malades.

Cette fois, je voudrais tout voir, tout explorer ; il y a au moins trente clubs, si je parviens à me contrôler un tant soit peu je n'en raterai aucun, et peut-être retrouverai-je le garçon dont le souvenir me hante ? Le conducteur du touk-touk, ce cousin nettement plus performant des motos-taxis de Djakarta, traverse à toute allure la ville chinoise et me crie, entre deux embardées, que le quartier des plaisirs s'est encore étendu ; il se propose de m'orienter en jaugeant mes faiblesses ; le Jupiter est toujours ce qu'il y a de plus chic, il a été entièrement rénové, *young students, good show, very modern,* le Blue Night tient encore la corde, *thaï boxers, lot of fun, not expensive,* le Shangri-La est en revanche *no good, big trouble with police,* mon driver a dû avoir un problème avec la direction pour ses pourboires de rabatteur, Apollo c'est son préféré, *body builders, Australians like very much.* Il se retourne pour voir si j'ai bien l'air d'un Australien ; mais, terreux et affalé sur la banquette de moleskine, il devine à l'accent que non ce n'est pas un Australien, je suis français et son visage s'éclaire ; ça change tout, il a une nouvelle proposition à me faire, *young boys, no trouble, very safe.* Je mesure le chemin parcouru par la réputation des

Français, depuis le french-lover hollywoodien des années trente au pédophile planqué des années deux mille. Je décline ses offres de service, mais, comme il a l'air vraiment suppliant sous l'éclairage blafard au dernier feu rouge avant Patpong, je lui promets de le reprendre pour le trajet du retour, à 2 heures du matin, la fermeture, et ça suffit à lui rendre sa bonne humeur. J'aime ces trajets en touk-touk, le crépitement du moteur qui s'emballe à chaque démarrage, les plaisanteries incompréhensibles que les drivers échangent à propos des touristes qu'ils trimbalent, aux arrêts, quand ils ne font pas la course, l'air chaud, les odeurs lourdes, qui fouettent le visage, la nervosité des reprises et la brusquerie des virages, cette sensation de mors aux dents et de poursuite aveugle dans la nuit ; mais pourquoi vont-ils si vite ? Je ne m'en plains pas, ce ne sont ni le calme ni la patience que l'on recherche à Bangkok.

D'un soir l'autre, je ne sais pas si le quartier s'est étendu, mais en tout cas c'est pire que jamais. Fêtes de fin d'année, il n'y a pas de temps à perdre durant cette semaine bénie pour tirer tout le jus des sex-tours et la circulation de l'argent s'emballe. Cette fois ça ressemble à peu près aux descriptions crapoteuses des enquêtes télé ; fuyant les catastrophes, les tantes blondes refluent en masse sur Patpong et les fameuses ruines sexuelles qui étaient dures à dénicher valdinguent entre les portiers de clubs surexcités, *good night, sir, come here, best boys.* Un Américain en fauteuil roulant, encore jeune mais tellement émacié qu'il semble à l'article de la mort, est la star de tous ces pantins désarticulés qui grignent et grésillent à son approche comme s'il s'agissait du veau d'or ; un géant black manœuvre fermement le fauteuil et n'hésite pas à distribuer des claques à la volée quand les plus effrontés de la meute tentent de prendre les commandes ; on gesticule, et on se contorsionne de plus belle pour s'attirer les bonnes grâces du gorille qui obéit au marqueur tremblant du squelette à roulettes lorsqu'il pointe un doigt décharné vers le club de son choix. L'affreux attelage sort de son hôtel de demi-luxe dès que les néons s'allument et ne rentre que lorsque les touk-touk remballent les derniers clients dans une atmosphère de kidnapping général pour les ramener à leur *luxury resorts* des bords du fleuve ; six heures de poussette méthodique où l'infirme roule d'un bouge à l'autre, palpe des gymnastes gonflés aux anabolisants qui lui sourient comme s'ils rencontraient une top-modèle et régale de consolants pourboires les gringalets qui n'ont pas eu la chance de se faire peloter par ses pattes d'araignée. De quoi souffre-t-il ? Est-il au stade final de l'horrible maladie, et s'il s'agit bien de cela est-il venu ici pour se venger ou pour dire adieu, avec l'énergie du désespoir, à ce qui l'a fait vivre et a causé son malheur ? Le black n'aime pas qu'on se montre curieux, il repère très vite les types dans mon genre et, devant son air menaçant, j'évite les regards trop appuyés. Certains clubs sont à l'étage, on s'y désole de ne pouvoir y accueillir la charrette fantôme. À force de me voir aller et venir d'une boîte à l'autre, les patrons finissent par me connaître et nous avons noué des relations de politesse. Ils me font des confidences imprégnées de la complicité du vice et de la suspicion du commerce. Mes bonnes manières, ma solitude les intéressent et les intriguent, et je ne suis pas en reste d'interrogations à leur endroit. L'un d'entre eux est un Anglais entre deux âges, très chic et très poli, qui reçoit la clientèle comme un butler de grande maison ; il n'a rien de l'épave roucoulante faisant l'article de ses petits chéris que l'on pourrait s'attendre à trouver dans un établissement si nettement orienté ; je soupçonne un militaire autrefois marié avec enfants, qu'une affectation exotique aurait fait dérailler ; à moins qu'il ne s'agisse d'un ancien pasteur anglican à qui il serait arrivé des bricoles au cours de son ministère dans une public school ; bien planqué, tout à son affaire au milieu de ses boxeurs en slip et de ses loufiats à courbettes, l'air parfaitement satisfait de son sort. Les patrons thaïs sont plus onctueux et plus méfiants ; ils poussent à la dépense et se renseignent par petites touches ; ils doivent cafarder un maximum aux flics en leur refilant des ristournes. Ma préférée est une vieille mère maquerelle impeccablement coiffée d'un gros chignon de rombière qui me raconte que ce ne sera plus jamais aussi bien que pendant la guerre du Vietnam ; la belle époque des GI's en permission qui cherchaient des filles et tombaient sur des garçons ; elle avait alors le chic de trier entre les balourds indignés qui menaçaient de tout casser et qu'elle envoyait de l'autre côté de la rue chez les gogo girls, les rigolos pleins de forfanterie qui se jouaient la méprise de bonne foi, et le petit gars candide du Wisconsin ou de l'Idaho pour qui l'aventure serait fatale ; une vraie salope, cynique, dure et très marrante, qui m'a pris en amitié comme le naja hypnotise un lapin et m'offre des consommations en extra pour que je reste plus longtemps car, selon elle, ma présence relève le niveau de la clientèle. C'est flatteur et je n'ai pas le droit à ce genre de compliments chez le Néo-Zélandais d'à côté, une grande gueule de baroudeur qui fait tourner à toute allure son manège de minets et invective les clients quand ils tardent à faire appeler un numéro. Cette méthode lui réussit, son club est toujours plein à craquer ; mais je ne lui plais pas, il se méfie des isolés à faciès d'Européen, il flaire le journaliste cafteur, l'humanitaire à embrouilles et préfère nettement les bandes de militaires en goguette, les séminaires de Singapouriens, les brochettes en chemises hawaïennes de décoratrices et d'informaticiennes débarquées de Sydney qui inclinent leurs calvities pour renifler les pieds nus des garçons. Et il y en a tant et tant de ces managers qui se livrent à une concurrence féroce pour attraper les garçons qui font le plus de chiffre et fidéliser une clientèle évanescente à coups de photos-souvenirs et de cartes de visite qu'on cachera dans des tiroirs. Je progresse un peu plus chaque soir sur la voie de la connaissance ; les petites serveuses de la cafétéria chinoise qui me trouvaient si convenable me font un peu la gueule depuis qu'elles ont compris que je ne cherche pas les bars à filles ; c'est le Français barbu, tenancier du Pretty Club qui m'a certainement balancé auprès d'elles ; il me colle à chaque fois que je passe devant la porte ouverte de son comptoir à jolies petites putes en me racontant qu'il vient de la Nièvre et qu'il a bien connu François, et puisque j'esquive sans avoir l'air de vouloir en savoir plus, le neveu pédé l'agace comme si j'étais coupable d'une trahison de plus. Le mauvais whisky m'aide à tenir le programme ; la limite des garçons, celle où j'en aurai marre, celle de l'à quoi bon se noyer dans un tel foutoir, est toujours plus loin ; je tangue un peu sur les trottoirs qui débordent d'échoppes, de roulantes fumantes, de petits métiers, de pharmacies affichant leurs flacons d'aphrodisiaques chinois, de Viagra sans label et de capotes parfumées comme des ice-creams ; je suis baladé entre les groupes ricanants de touristes, les familles qui font le marché, les gosses hurlant *body body, foot massage – beautiful girls very clean*, les pickpockets et leurs copains flics harassés par les plaintes inutiles de vol à la tire, les travelos qui courent d'un club à l'autre, les gamins qui cornaquent un éléphanteau mélancolique et vendent des épis de maïs qu'on lui glisse dans la trompe, les filles qui sortent pour voir où on en est, se trémoussent, houspillent les étrangers, et comprennent d'emblée que je ne suis pas pour elles, les rabatteurs à garçons qui tournent convulsivement autour de moi comme des crécelles, les boys qui ont fait leur passe et partent en discothèque avec leur copine qui les attendait au McDo, lavés par le tee-shirt Armani noir et le bracelet montre plaqué or des souvenirs d'il y a une heure ; et je me saoule un peu plus aux vapeurs des touk-touk, au vacarme de la foule humaine, à la cadence obsédante de la techno qui ne faiblit jamais. Je fais attention tout de même, il faut savoir où mettre les pieds ; il y a moins de rats qu'avant dans les ruelles adjacentes mais le sol est parsemé de chausse-trappes, jonché d'épluchures et de rebuts en tout genre.

Une fois, j'ai bien failli marcher sur un tout petit enfant qui dormait comme un mort, tas de chiffons misérable auquel personne ne faisait attention, et dont le malheur m'a dégrisé d'un seul coup. J'aurais voulu le prendre contre moi, le dorloter à l'hôtel, l'emmener par le premier avion en France, pauvre chose abandonnée à la survie si fragile que je n'osais même pas l'éveiller de peur que ce soit inutile et qu'il ne fût vraiment mort. J'ai appelé un flic qui l'a touché avec un air répugné, du bout de sa matraque comme s'il s'agissait d'un chien crevé et qui a haussé les épaules en me jetant un regard soupçonneux quand le gosse s'est un peu redressé. Je n'avais plus qu'à passer mon chemin, mais j'ai attendu que le flic s'éloigne et je suis revenu vers l'enfant qu'il avait menacé. Il vacillait de sommeil sans oser se traîner jusqu'aux marches de la banque d'à côté où il aurait été hors de portée du flot des passants. Je lui ai donné un beau billet, il a mis un peu de temps à comprendre et s'est enfui d'un coup, effrayé mais le trésor enfoui dans ses hardes, détalant comme un animal devant l'incendie.

Le jour, Patpong est un gentil quartier propre et tranquille où passent des écoliers en cartable à dos et où l'on n'arrive pas à retrouver les portes des clubs, leurs devantures, leurs tréteaux de photos suggestives. Il y a une mission chrétienne qui date du siècle dernier, un club de gym où s'activent en vitrine des musclors trentenaires au-dessus de tout soupçon, des hôtels trois étoiles pour représentants de commerce. Des ménagères en bigoudis balayent dehors. Les filles font leurs courses avec des mines d'hôtesses de l'air affairées, des vieux lisent le journal, les rabatteurs tapent le carton en pleine rue avec des gestes nets, virils, petits hommes secs, sortis de leur gangue d'automates grimaçants. Pas de garçons, ils dorment encore dans leurs banlieues à deux heures de sky-train.

J'ai cru reconnaître mon cher souvenir dans le même club où je l'avais rencontré. Number Ten, le plus demandé d'entre tous, m'a glissé le patron et il n'était pas nécessaire de regarder longtemps pour comprendre. Cependant je n'étais pas sûr. Là-bas, c'est aussi un peu comme dans les scènes de film à la police, lorsqu'on montre un type derrière une glace sans tain parmi des flics qui lui ressemblent et que l'on ne sait plus si c'est lui. J'avais vu et revu le garçon dans mes rêves, je pouvais me le raconter, mais le temps, l'imagination, les réminiscences d'autres garçons peut-être, avaient travaillé en douceur à brouiller graduellement son image. Je me souvenais parfaitement de la sensation, des sentiments attisés par le regret ; il ne m'avait pas quitté ; pourtant, il était également devenu irréel, flou et lointain comme les morts que l'on n'oublie pas et que l'on aime encore, mais dont il faut examiner la photo pour retrouver exactement les traits. En plus, j'étais surpris de constater que cette vie eût infligé aussi peu de casse à Number Ten ; toujours aussi beau et net après trois ans d'un tel commerce infernal ; les garçons s'abîment vite à Patpong. Près de moi, un vieux couple de limaces scandinaves le dévorait des yeux en s'agitant de plus en plus, il fallait faire vite. J'ai presque crié Number Ten à l'oreille de l'une des marionnettes qui l'a sorti du lot en gargouillant. Il n'a manifesté ni surprise ni émotion particulières, il n'avait aucune autre idée que celle de suivre le programme habituel ; gentil, aimable, peut-être assez satisfait tout de même d'avoir échappé aux deux limaces qui m'auraient bien poignardé sur-le-champ, il leur jetait par en dessous des regards d'ironie mordante ; je n'arrêtais pas de chercher ; c'était lui et ce n'était pas lui. Quand je me suis finalement décidé à lui dire Bird, il a souri sans répondre et puis il a montré des garçons, d'autres Bird sans doute ; tout de même le sourire avait changé ; quelque chose de naturel et de spontané s'était perdu, c'était plus mécanique et professionnel. Qu'avait-il fait pendant tout ce temps ? Malgré la pléthore d'Australiens qui se cherchent un darling, il ne parlait toujours pas anglais, juste les mots utiles.

Je me suis arrangé pour faire exactement le même parcours, louer la même chambre, dire à peu près les mêmes mots en français, mais ces stratagèmes étaient bien dérisoires et n'éveillaient en lui aucun écho. Tout s'est passé très doucement, je n'ai rien demandé, je me suis laissé conduire, je touchais son corps et mes illusions comme du cristal, c'était infiniment agréable, mais si léger, si fragile, j'avais tellement peur de m'être trompé et je protégeais le mirage. Il était gai, très content de moi, le bon client étranger sans problème et généreux. Je me suis senti libéré lorsque nous sommes partis chacun de notre côté; le passé restait intact et je pouvais admettre qu'il ne s'agissait sans doute pas de lui. Je l'ai revu le lendemain; mais c'était trop tard pour tirer le bon numéro; un travesti adipeux, Joan Collins très renforcée en version thaïe, m'avait brûlé la politesse; il serrait avec impudence le garçon à peu près nu contre toute sa panoplie de fric en toc, robe boudinante très décolletée pseudo-Versace et gros sac en faux Vuitton d'où s'échappaient des liasses de bahts pour les contorsionnistes du service. Une vedette locale assurément, le genre proprio de cabarets paillettes dans le quartier des affaires et marraine d'une écurie de boxeurs. Je le sentais peu partageux. Le garçon babillait contre lui comme le gosse qui a retrouvé sa maman et j'avais le cœur un peu serré en pensant que cette créature était peut-être l'un de ses réguliers. Mais il me restait quelques vestiges d'aberration et je tentai un petit signe amical vers mon compagnon de la veille. Le garçon me renvoya un regard de haine épouvantée qui me glaça le sang; un crotale sautant au visage de l'imprudent qui a soulevé les pierres, éclair de venin et de mort subite, nulle rémission, aucun espoir. J'avais enfreint une loi qui ne connaît aucune exception, surtout pour les étrangers de passage; quand le taximètre s'arrête on charge un autre client et priorité aux habitués. Le plus stupéfiant pour moi, à cet instant, ce fut de découvrir dans cette violence soudaine à me rejeter et à vouloir m'anéantir le reflet inversé mais parfaitement fidèle de la douceur et de la complicité dont j'avais gardé si longtemps la nostalgie. Il n'y avait plus à hésiter, je ne m'étais donc pas trompé, je venais enfin de retrouver le fanal de mes songes, la consolation de mes nuits solitaires, mon cher amour de Patpong. Je m'absorbai dans la contemplation rêveuse des autres numéros en attendant que le couple s'en aille.

Je voudrais bien rentrer en France mais il me reste une semaine à tirer. À quoi bon écourter mon séjour, je risquerais de le regretter ensuite; la perspective d'une fin d'année repentante à Paris ne m'attire guère, je ne reviendrai peut-être jamais dans ce pays où il y a tout de même aussi bien d'autres choses à voir. Je passe mes journées à visiter la ville avec un vieux motard taciturne qui m'a repéré devant l'hôtel et file à toute allure dans les embouteillages, le trafic démentiel. Assis derrière cet inconnu, affublé d'un vieux casque cabossé qui ne tient pas, je ne donne pas cher de ma peau mais l'instinct de survie du motard est le plus fort, il m'épargne l'ultime épisode romanesque auquel je ne tiens pas vraiment non plus. Je me débrouille de mieux en mieux dans ce Bangkok méconnu des étrangers de passage et où je me sens pourtant tellement à l'aise, sensible au charme persistant du passé en plein bordel d'urbanisme sauvage et à la farouche énergie de la suractivité permanente, littéralement en vacances au cœur de la termitière indifférente. Mon hôtel est toujours aussi agité et lugubre, mais j'y ai de bonnes conversations au breakfast lounge avec M. Lee, un Chinois de Hong Kong à la retraite qui est venu pour se recueillir dans certains temples bouddhistes que je n'ai pas trouvés, dans le *Guide bleu*. C'est un homme adorable, il m'a pris en amitié et me parle du chemin de la sagesse qui est jonché d'embûches, dans un français parfait appris aux écoles chrétiennes du temps du Guomindang. Il me donne sa carte, il me dit que je ne dois pas l'oublier, et je lui raconte l'histoire de Tchang, l'ami de Tintin que j'ai bien connu. Je prends également plusieurs fois le thé à l'Oriental avec Corinne, une Française que j'ai rencontrée sur le fleuve et qui est mariée à un architecte thaï. Elle a changé de vie pour lui, je pressens qu'il doit être un homme très remarquable pour qu'elle en parle avec tant de confiance et de tendresse. Je lui trouve ces qualités que je recherche chez les femmes, la douceur, la générosité, l'humour qui vont avec un fond de détachement un peu mélancolique. Grâce à elle je découvre encore mieux la ville, le pays qu'elle connaît si bien et qu'elle aime. Je me dis que son mari a beaucoup de chance. Elle me rappelle Selma que j'ai connue au Liban et à qui je repense constamment ; la même intelligence, le même élan pour donner son amitié. Ce sont des rencontres qui me sauvent et qui continuent à me protéger, j'en suis certain, malgré l'éloignement et le temps qui passe. Je comprends qu'elle fait un long parcours, à chaque fois pour me rejoindre ; je la raccompagne au sky-train et nous donnons à manger à l'éléphant qui se balance d'un pied sur l'autre en bas de l'escalier mécanique, un parent peut-être du petit tristounet de Patpong. Notre relation inattendue est ignorée de tous, le côté clandestin nous amuse et nous rapproche encore un peu plus ; elle a quand même parlé de moi à son mari et il se demande sans doute quelle sorte de personne je dois bien être. Le soir, je disparais dans les clubs de garçons et le déclic fonctionne toujours.

J'ai acquis de l'expérience ; tous les garçons ne sont pas aussi faciles et gentils que je voudrais m'en persuader. Certains s'exécutent avec réticence, la colère et le ressentiment affleurent ; un signe qui ne trompe pas, ils mettent plus de temps que les autres à se changer après avoir été choisis et puis ils gardent leur portable allumé dans la chambre pour pouvoir partir plus vite.

Mais, comme je fais comme si de rien n'était et que j'ai vite acquis la réputation d'être large sur les tarifs, ce sont eux, les amers et les rebelles, qui s'ingénient à faire durer leur tour ou à repasser plus souvent devant moi pour que je désigne leur numéro. Je les emmène parfois dîner à la cafétéria chinoise, par groupes de deux ou trois, la bière les aide à retrouver leur gaieté, ils ont des fous rires d'enfants sortis du bagne, ils me parlent de leur *duty* et des clients qui sont parfois *real sheet*, ils me posent des questions sur la France et regrettent que ce soit si loin ; je n'ai malheureusement pas le profil du *costumer* idéal, l'Australien *old and kind* qui installe dans un studio, paye les vivres et la Honda et revient un week-end sur deux les bras chargés de duty free. Deux inséparables s'accrochent à moi, je leur ai dit où j'habitais et ils viennent me relancer un matin à l'hôtel ; nous allons à la mer et prenons une chambre au palace style tropical où l'on a tourné *Killing fields* ; la réceptionniste est très belle avec une dent qui manque sur le devant ; les familles d'expatriés qui constituent l'essentiel de la clientèle me dévisagent avec dégoût et ricanent sur notre passage ; je suis assez content de les faire chier et les garçons sont ravis de se prélasser au bord de la piscine au milieu des enfants blonds et de leurs bouées canards. Ils portent le sacro-saint portable dans leur slip, ça leur fait une bite de plus et n'arrange pas mes affaires avec les petits Blancs désagréables. La nuit, nous allons manger des poissons grillés sur le port et nous nous endormons comme des frères. Je n'ai aucune envie de faire l'amour et eux non plus bien sûr. L'un est bouddhiste et fait ses prières en s'éveillant ; il prend soin de mes affaires comme s'il était un boy de cinéma à mon service depuis longtemps. L'autre est musulman, originaire de la frontière malaise, plus vif, plus insolent, il veut que je le ramène en France où il me promet d'être très sage. Je l'imagine dans deux mois, frigorifié porte Dauphine. Je suis surpris par leurs bonnes manières, leur propreté, cette éducation qu'ils ont reçue je ne sais pas comment et qu'ils gardent malgré leur volonté féroce de s'en sortir, la tension permanente pour ne laisser échapper aucune opportunité. J'aimerais bien rester un jour de plus, mais les portables s'agitent et je ne me sens pas le droit de priver les garçons de leur réveillon à Bangkok. Et puis j'en ai un peu marre de la belle fille avec sa dent qui manque et me file le cafard, des regards tordus des ingénieurs de chez Total en vacances d'esclavage sur les offshore de Birmanie, de cette fausse vie de riche avec d'autres gosses qui se vendent sur la plage.

La fête du Nouvel An est à peu près aussi nulle qu'en France. Toute la ville est dans la rue et déambule avec des pétards et des confettis. J'ai laissé quartier libre aux deux garçons qui se sont aspergés d'eau de toilette Alain Delon et m'ont emprunté des chemises hawaïennes avant de filer comme des dératés pour rejoindre leurs copines. Je suis moi-même un peu contaminé par toute cette atmosphère de liesse imbécile, je voudrais me trouver le plus beau garçon de Patpong pour les douze coups de minuit. Les clubs sont pris d'assaut et les petits rabatteurs bondissent dans tous les sens comme des lapins affolés, déchirant de leurs cris stridents la techno qui a encore monté de quelques décibels. Chez l'Anglais, plus gourmé que jamais, blazer bleu et cravate assortie, je demande un Number Twelve, un peu plus âgé que les autres, cheveux de jais, épaules larges et sourire de bon camarade. Pas de ces brushings décolorés à la rousseur japonaise qui font fureur, coupe militaire, et pas de minauderie non plus, des muscles longs de maître nageur, un air de franchise désarmante. Sous l'éclairage de la chambre au néon livide, je remarque les taches, les vilaines marques sur la peau ; autour du cou, sous les aisselles, au bas du ventre, on ne voit pas ce genre de détails quand ils sont sur leur estrade. Je ne sais pas comment j'arriverai à le toucher et en même temps, pour rien au monde, je ne voudrais le vexer, le blesser dans la certitude qu'il a peut-être encore de la séduction, de l'attirance qu'il inspire. Quand ils commencent à vieillir, tout juste au début, c'est à ça qu'ils se raccrochent, la puissance sexuelle qu'ils exercent sur les hommes ; c'est leur dernier rempart avant la vie foutue. Mais il devine mon trouble et reste debout devant moi, les bras ballants, son beau corps miné de l'intérieur, immobile, le regard qui m'avait plu un peu perdu face au mien qui s'enfuit. C'est traître ce genre de trucs, on ne sait jamais si c'est grave ou si c'est rien. Finir l'année en attrapant la maladie, la commencer en rapportant la bombe, à force de chercher des ennuis, on se retrouve un jour ou l'autre au pied du mur. Pourtant je m'en tiens à ce que j'ai décidé, il ne sera pas dit que je le laisserai tomber un soir de fête, bonne année à toi et tamisons les lumières puisque c'est réveillon. Je me suis débrouillé comme j'ai pu en évitant à peu près le danger, j'avais l'air très content et lui aussi ; il était tout à fait rassuré et comme j'étais quand même parfois un peu distant, il a dû penser qu'il faut y aller doucement avec les Français, ce sont peut-être des gens timides et prudes qu'il convient de ne pas forcer.

Après, j'ai un peu de mal à le perdre. On a laissé passer minuit mais il voudrait absolument m'emmener sur le *roof garden* d'un grand hôtel pour voir le feu d'artifice. J'invente un e-mail, il m'attendra demain chez l'Anglais. Il paraît vraiment triste de me quitter. La ville est totalement bloquée et les touk-touk pétaradent en faisant du sur-place; il suffit d'attendre que ça se passe. En guise de vœux du Nouvel An, je me souhaite à moi-même de ne pas croiser Number Ten avec son travesti. Pour l'Américain, son black et son fauteuil roulant, je n'ai pas d'inquiétude à me faire. Il y a tant de monde dehors qu'ils n'ont pas osé sortir. Je traîne chez la vieille maquerelle, la boîte déborde de garçons et de clients jusque dans l'escalier et sur le trottoir, parmi les Duracell à ressorts qui s'égosillent en *Happy new year* tous azimuts. Elle me repère dans la mêlée, me traite comme un invité de marque au grand bal de la cour et me saoule d'un alcool indistinct servi dans des verres maculés que je ne prends même plus la peine d'essuyer. Elle voudrait que je monte sur scène, je serais l'attraction inédite du love show, elle a dû saisir que je travaillais aussi dans le spectacle, mais il me reste un vague relief de lucidité et je parviens à éluder cette alléchante proposition. On ne dira jamais assez tout ce qu'on peut obtenir dans la vie avec un peu de politesse. Les clubs ferment, la techno continue. On danse dans la rue; les putes, les travelos, les petits marchands et les drivers de touk-touk, les loufiats et les marionnettes, les filles et les garçons qui n'ont pas été choisis, tous ces gens qui ne peuvent plus sortir du quartier, qui m'ignorent et que je ne connaîtrai jamais, virevoltent en pleine techno entre les poubelles et les néons qui s'éteignent. Un petit pantin qui voudrait sans doute finir la nuit sans être seul me crie *Happy new year* sur un rythme de mitraillette. Oui *Happy new year*; à l'entendre contre moi, à les voir tout autour, j'éprouve un sentiment d'une étrange douceur, quelque chose de tranquille et d'apaisant qui ressemble au bonheur.

Le lendemain je suis très malade. Je donne congé aux deux inséparables en leur laissant une bonne liasse de bahts. J'ai été un excellent *customer*, ils repartent gonflés à bloc pour une nouvelle saison de Patpong. Je tousse énormément, j'ai beaucoup de fièvre. Le motard taciturne me laisse à un carrefour, sous une pluie battante, au milieu de *nowhere*. Je ne peux plus avancer, je pense que je vais mourir, qu'est-ce qu'ils feront de mon corps ? J'ai encore la force d'appeler Corinne qui me retrouve par miracle, me bourre de médicaments, s'occupe de tout et me met dans l'avion.

Enfance

Quand ils ont sorti le cercueil, j'ai été surpris qu'il ne soit pas plus grand et j'ai repensé à son corps ; ce beau corps plus long et plus fort que le mien, qui m'avait imprégné durant des années avant que je ne finisse par l'oublier ; les épaules larges, les muscles bien dessinés, la peau et le reste. Je n'ai connu aucun corps aussi bien que celui-là, ni avant ni après, le corps désiré à tel point que je voulais alors, chaque nuit, m'endormir contre lui pour continuer à sentir sa présence dans mon sommeil. Perdu, regretté, et ensuite peu à peu enseveli dans ma mémoire comme il allait l'être maintenant dans la terre.

J'imaginais qu'il n'avait sans doute pas tellement changé malgré la négligence, l'abandon de soi-même, les dommages de l'alcool. Le visage revenait aussi, les expressions, même le timbre de la voix ; les visages, ceux de la jeunesse et de l'insouciance, du désordre et de la souffrance ; les expressions qui ont continué assez longtemps à me saisir à l'improviste alors que je n'y pensais plus ; la voix que j'aurais peut-être pu entendre en fermant les yeux, mais je n'avais plus aucune intention de fermer les yeux même pour un instant. Avant, je m'étais dit que l'on devait éprouver un sentiment de perte singulier quand on avait vécu intimement avec le corps de l'autre et je m'apercevais que cela n'avait pas tant d'importance ; ce sentiment de perte c'est quand on quitte et que l'on s'en va, il se dissout avec les autres sur la photo. J'ai encore plein de photos de lui, je les regarde à peine. Pourtant, devant cette boîte lisse où on l'avait enfermé je me suis à nouveau demandé si je n'aurais pas dû essayer de le revoir une dernière fois comme je l'avais fait pour ma grand-mère et mon père, ce qui m'avait procuré un certain apaisement ; mais après l'appel d'une voisine étonnée par la lumière allumée depuis plusieurs jours les pompiers l'avaient emmené tout de suite et d'ailleurs personne n'avait souhaité aller le reconnaître. L'enquête de routine avait suffi en concluant arrêt du cœur. J'avais appris la nouvelle trop tard, il aurait fallu que je fasse des démarches et que je me rende à la morgue ; je m'étais passé de ce film morbide ; et puis ce n'était pas comme pour ma grand-mère et mon père, le froid de la chair, le faux sommeil qui fige et rajeunit les traits auraient peut-être réveillé en moi des sentiments de gâchis et d'amertume.

Je n'y ai pas repensé très longtemps ; malgré leur gravité de commande les employés étaient pressés ; ils avaient fait un long parcours en roulant toute la nuit pour arriver jusqu'ici à l'heure dite. J'ignore si on peut prévoir des étapes dans ce genre de trajet, s'arrêter pour faire une pause, boire un café dans une station-service ; il faut bien faire le plein d'essence de temps en temps. Devant leurs yeux cernés de fatigue et leurs vêtements froissés, j'ai un peu vagabondé autour du scénario d'humour noir où des voleurs dérobent par erreur un corbillard garé sur un parking et déclenchent toute une série de gags et de poursuites ; dans leur métier, ce sont des histoires qu'on doit se raconter pour se détendre. Je ne ressentais aucune peine, juste une sorte d'hébétude vague à l'idée de me retrouver à cet endroit en face de cette vie terminée et dont je m'étais détaché depuis si longtemps.

Nous n'étions pas nombreux au cimetière de Mougins ; sa belle-sœur, ses deux neveux, trois de leurs copains que je ne connaissais pas et à qui je n'avais pas envie de parler ; il y avait aussi Maurice T., rescapé fidèle des années de cinéma, et mon ami Francis sur qui on peut compter ; son père est enterré quelques allées plus haut. Francis m'a récupéré un jour où j'étais parti vraiment trop loin dans cette folie d'amour qui me semblait encore plus inexplicable maintenant dans ce cadre funèbre inondé par la lumière du printemps. L'enfant était aussi avec moi ; je lui avais acheté des cassettes d'Eminem en espérant qu'il resterait dans la voiture, mais il n'aime pas que je le laisse seul. Il s'est comporté très sagement ; il regardait les tombes avec curiosité ; dans son pays il n'y a qu'une dalle sur le sol. Les perpétuels fêtards d'autrefois n'avaient pas dû lire les carnets du *Monde* et du *Figaro*. De toute façon, on était bien trop tôt le matin, en plein « after » comme ils disent ; et peut-être étaient-ils déjà eux aussi en instance de naufrage. Pas de prêtre non plus, une messe était prévue pour plus tard, à Paris. À quoi bon, il n'avait pas de religion.

Sa belle-sœur, ses neveux étaient tristes. Ils ne l'avaient pas laissé tomber quand je ne répondais plus à ses lettres ; je ne me donnais même pas la peine de déchiffrer jusqu'au bout son écriture qui penchait dans tous les sens. Il me semble qu'ils ont lu des textes, j'avais du mal à fixer mon attention; j'aurais voulu essayer de me souvenir de lui sans eux. Ensuite, on a répandu des fleurs sur le cercueil et un employé du cimetière en bleu de travail est venu pour sceller la tombe avec du ciment. Il reposera auprès de son père avec qui il ne s'entendait pas et de sa mère qu'il aimait d'une manière infirme et barbare qui m'a toujours paru incompréhensible; et d'une tante aussi qui ne lui était rien et que je n'ai jamais rencontrée. Son frère qui s'est autodétruit comme lui est enterré à La Bastide, près de la maison de haute Provence qu'ils n'ont pas su garder et qui hante encore mes regrets et mes rêves. Une autre histoire affreuse que celle de cette maison que nous avions aménagée ensemble avant que je ne m'en aille et où il aurait pu reprendre tranquillement son équilibre au lieu d'y tituber entre ses chimères, ses parasites et ses exploits d'huissiers. La plus belle que j'ai connue, emportée par le désastre avec tout le reste.

Le fossoyeur était un jeune gars du pays au physique agréable; je regardais sa nuque pendant qu'il travaillait, accroupi devant le caveau, et je me disais que c'était le genre de type qu'il aurait certainement tenté de draguer; j'en ai vu passer de semblables; on a des idées minables pendant ces cérémonies qui traînent en longueur. La pierre tombale était fêlée et le garçon procédait lentement, avec beaucoup de précautions pour éviter qu'elle ne se fende entièrement; une formule émouvante comme on en lit dans les cimetières était gravée dessus, il a été obligé de la recouvrir de ciment car l'ensemble était trop friable. Sur le moment j'ai voulu faire l'effort de la retenir par cœur avant qu'elle ne disparaisse mais je l'ai quand même oubliée très vite; elle m'avait semblé pourtant moins conventionnelle que celles que l'on inscrit généralement sur les tombes et j'y avais vu la signature de sa mère qui était une femme intéressante et cultivée. C'était curieux, j'avais plutôt de la peine pour elle; tout ce mal qu'elle s'était donné et qui n'avait servi à rien, pour ce fils qui aurait dû lui survivre longtemps et qu'on enterrait déjà auprès d'elle. Quand le garçon a eu fini et qu'il s'est relevé, on lui a donné un peu d'argent; il a remercié avec l'accent du Midi; c'était la première fois qu'on l'entendait, il avait travaillé en silence; cet accent et sa belle gueule que j'ai dévisagée un instant m'ont sorti de ma torpeur. Francis a souri, il me connaît mieux que personne.

Après, comme on avait quand même un peu de mal à se séparer tout de suite, j'ai eu peur qu'on s'enferre dans la légende de la belle vie du passé, l'aventure des cinémas et tous ces gens formidables qu'on a connus, les nuits du Palace qu'on ne reverra plus, la maison de La Bastide, encore la maison, dont il aurait fait un endroit de rêve si ces salauds de propriétaires ne l'en avaient pas expulsé injustement en le poussant au désespoir, mais les portables des jeunes ont commencé à sonner et on s'est rappelé qu'on avait tous quelque chose à faire. J'étais attendu pour un déjeuner avec Francis, l'enfant voulait aller voir *Schrek*, la belle-sœur avait son train à prendre et Maurice T. était en retard pour préparer la fête d'une société de production de films prévue dans la villa qu'il avait louée. Les autres, je n'ai pas cherché à savoir pourquoi ils bourdonnaient, des affaires de leur âge sans doute, c'était le premier jour du festival de Cannes. On l'a donc laissé dans sa tombe et on est descendu vers la Croisette.

Dans la voiture, nous avons reparlé avec Francis de la coïncidence entre cet enterrement où il y avait eu si peu de monde et l'ouverture du festival qu'il n'aurait ratée sous aucun prétexte, le cimetière désormais désert et ses propres fêtes alors aussi courues que celle de Maurice T. Je revoyais la foire habituelle de pique-assiette, de malabars à oreillettes et d'abrutis qui se poussent dans la piscine ; et moi au milieu, pas mieux que tous les autres, m'accrochant à lui et prêt à faire n'importe quoi pour qu'il soit content et qu'il me garde ; années de merde, sales gens, triste histoire. J'ai eu une flambée de haine aveugle pour tout ce temps perdu et plutôt que de m'en prendre à moi-même j'ai forcé sur la rancœur en me disant qu'il ne serait pas venu si on m'avait enterré là-haut au premier jour du festival ; c'était un garçon que même le passé proche n'intéressait pas et qui tournait les pages à toute vitesse. Francis avait aussi appris qu'il appelait encore les hôtels de luxe quelques semaines plus tôt pour réserver une chambre en se faisant passer pour un ami des stars ; il citait des noms célèbres, cette sorte de monde qu'il avait plus ou moins croisé et qui ne savait à peu près rien de lui ; dans son studio de Clichy, il était vraiment devenu dingue les derniers temps. Je l'ai vu à son abjecte solitude, téléphonant à des concierges de palace évasifs, écrivant des lettres que je laisserais sans réponse ; et même le petit chien que je lui avais donné avait disparu dans la dégringolade. La hargne s'est éteinte d'un coup, comme elle était venue et j'ai demandé à Francis s'il avait remarqué la formule gravée sur la pierre avant que le garçon ne l'efface ; elle l'avait frappé lui aussi et il a murmuré sans me regarder : « Écoute, ô mon amour, le bruit que fait un grand amour au reflux de la vie », c'était du Saint-John Perse, je ne m'étais pas trompé, tout à fait le genre de sa mère ; j'ai compris aussi pourquoi je n'avais pas su la retenir; on n'a pas insisté, il y avait beaucoup de circulation et ce n'était pas le moment d'avoir un accident. J'ai eu seulement l'intuition que je rêverais de lui bientôt dans mon sommeil; jeune, amical et tranquille; je rêve bien de ma grand-mère, de mon père, de tous ceux qui me manquent et même d'Edwige Feuillère.

Voilà le grand soleil après l'hiver et l'ombre à l'abri des platanes, sur la banquette arrière l'enfant est heureux, il découvre Cannes, le walkman à plein tube.

Table

Cet ouvrage a été composé et imprimé par

FIRMIN DIDOT

GROUPE CPI

Mesnil-sur-l'Estrée

pour le compte des Éditions Robert Laffont
24, avenue Marceau, 75008 Paris
en mars 2005

Imprimé en France
Dépôt légal : mars 2005
N° d'édition : 46081/05 - N° d'impression : 73268

« Un homme se penche sur son passé.
Le passé ne lui renvoie que les reflets
d'une mauvaise vie, bien différente de celle
que laisse supposer sa notoriété.

Autrefois on aurait dit qu'il s'agissait
de la divulgation de sa part d'ombre ;
aujourd'hui on parlerait de *"coming out"*.

Il ne se reconnaît pas dans ce genre de définitions.

La mauvaise vie qu'il décrit est la seule qu'il a connue.
Il l'a gardée secrète en croyant pouvoir la maîtriser.
Il l'a racontée autrement à travers des histoires
ou des films qui masquaient la vérité. Certains ont pu
croire qu'il était content de son existence puisqu'il
parvenait à évoquer la nostalgie du bonheur.
Mais les instants de joie, les succès, les rencontres
n'ont été que des tentatives pour conjurer la peine
que sa mauvaise vie lui a procurée.

Maintenant cet homme est fatigué et il pense
qu'il ne doit plus se mentir à lui-même. »

Avec une liberté d'esprit exceptionnelle,
Frédéric Mitterrand, ici, ose tout dire.

20 €
2005-III
www.laffont.fr

9 782221 092255